TAX INSPECTION

税务稽查

破解迷案与申辩救赎

潘洪新　著

中国财经出版传媒集团
中国财政经济出版社

图书在版编目（CIP）数据

税务稽查：破解迷案与申辩救赎／潘洪新著．--
北京：中国财政经济出版社，2020.3(2024.9重印)
ISBN 978－7－5095－9674－6

Ⅰ.①税… Ⅱ.①潘… Ⅲ.①税务稽查－案例－中国
Ⅳ.①F812.423

中国版本图书馆CIP数据核字（2020）第035633号

责任编辑：陈志伟　杨振英
封面设计：MXK DESIGN STUDIO

中国财政经济出版社 出版

URL：http：//www.cfeph.cn
E－mail：cfeph@cfemg.cn

社址：北京市海淀区阜成路甲28号　邮政编码：100142
营销中心电话：010－88191537
中煤（北京）印务有限公司印刷　各地新华书店经销
787×1092毫米　16开　19.5印张　288 000字
2020年3月第1版　2024年9月北京第3次印刷
定价：66.00元
ISBN 978－7－5095－9674－6
（图书出现印装问题，本社负责调换）
本社质量投诉电话：010－88190744
打击盗版举报热线：010－88191661　QQ：2242791300

推荐语

（排名不分先后，姓氏音序排序）

企业界人士

读完潘老师的书后，对税务稽查的理解更深入了一步，潘老师从税务局的角度阐明了稽查过程中查与被查的各种“套路”，税务稽查的架构运营的方式，检查双方的博弈点，纳税人面临的税务风险的变化，角度都非常独特。

近几年，营改增，国地税合并，金税三期，个税改革，税收政策频出，这样的大环境让很多人无所适从，此时如果被稽查更会手足无措。相信很多朋友看过潘老师这本书后，内心会坦然一些，因为这本书让读者更进一步了解税务风险在哪里，以及如何化解风险……

陈伟忠

杭州税云网络科技有限公司　CEO

这本书著述内容以税务稽查为重点，集知识性、工具性、实用性于一体，体现了作者严谨的思维、广博的税务知识、丰富的实践经验。在当前经济全球化、税务管理信息化以及我国税务改革加快推进、趋于与国际接轨的大背景下，该书对于丰富广大企事业单位经营管理人员和一线业务工作人员的税务知识、快速提高业务技能大有裨益，对在具体工作实践中依法经营、活学活用税法大有帮助，是一本难得的案头实用工具书。

李丽

乌鲁木齐智慧岛文化发展有限公司　总经理

我在财务岗位多年，长期学习研究财税及稽查合规相关政策和实务，和潘老师有诸多业务交流。他是一个有情怀的税务人，多次通过著书的方式给财税人带来税务稽查合规的福音。他的系列书籍，通过多年一线税务稽查经验，用通俗易懂的案例方式，帮助广大财务人员识别业务风险点、了解风险应对策略，助力财务人专业知识更新、业务自查合规升级，阅读了他的书，纳税人与主管税务机关的业务沟通会更为顺畅。

卢晓艳

财税从业人士

即使企业自身并无偷漏税款的主观意愿，作为企业的财务人员，在日常工作中也是很怕听到税务稽查一词的。但是，随着各种财务、税务法律法规不断完善，企业的不合规操作，还有财务及相关管理人员的疏漏，纳税人被稽查的风险反而在加大。潘洪新老师以一名优秀税务稽查人员的理论功底和实践经验，用大量的真实案例、原始数据和资料，抽丝剥茧，向我们清晰地勾勒出在税务稽查中“我们常犯的那些错”。从这个角度来看，本书是一部企业财务及管理人员自救的宝典。

潘琳琳

山东广电网络有限公司　注册税务师

初识潘老师，是在2011年中国税务报社在上海召开的特约撰稿人年会上，那时候的潘老师就卓尔不群，参会的十几个人中他是唯一一位部队转业、从零开始的稽查专家。时光荏苒，多年的一线实战成就了潘老师三本著作、业界名师、稽查能手，我也由衷地将“潘老师”“尊称”为“潘教授”，无论多么让人“山穷水尽”的财税问题，都能在潘老师的书里找到我想要的答案。读潘老师新书，且看“套路”，且观“博弈”，且听“风险”，且感人生……

秦文娇

注册税务师　高级会计师　中国税务报特约撰稿人

随着国家的进步与发展，民营企业也在不断地自我更新与成长。对于企业财务人员来说，努力学习和了解国家税法政策，仅限于理论知识，那是非常不足够的，倘若能通过真实案例，将税法融会贯通在一起，就好比做了一场情景演练，迅速将您带入角色当中，并自查自问，我们有这种现象吗？修正了吗？因为我们要对企业负责！而潘老师的书，恰恰做到了这一点，就好像一个小舞台，呈现出各种不同而生动的场景，让您从中受到启发！

杨玲

广州尊博医疗器械有限公司　财务经理

几年前听过潘老师的一次讲座，印象特别深刻，从此念念不忘。潘老师讲课风格幽默有趣，条理清晰，从税务稽查、财务风险防范等各个方面给了我们很多的建议。潘老师的书籍实用性很强，工作中涉及到的税务相关问题都能从中找到应对措施。书中涉及到的每一种税种，都给我们进行了详细的分析，提出了有效的解决及筹划方案。感谢潘老师，期待您的新书！

张丽丽

青岛琛蓝生物股份有限公司　会计师　税务师

近年来，财税新政频出、合规环境趋紧，在执法机关与纳税人的“博弈”中，有的纳税人经常是上有政策下有对策，给自己埋下了风险的隐患。潘老师的书作从稽查一线的视角透视案件背后的本质，平铺直叙、娓娓道来，提示纳税人日常税务处理可能存在的风险。这本书有着大量基于真实案例的稽查实战经验及深度剖析，一如既往的务实落地，见书如见人，匠心之作，值得典藏！

张小贝

上海为匠文化传播有限公司　联合创始人　CEO

读潘老师的书，包括前两本专著《税务稽查那些事儿》《税务稽查：明争与暗战》，用一个字来形容，读这书“值”！用两个字来形容，对实际业务“适用”！用三个字来形容，讲述的内容“接地气”！用四个字来形容，各个案例“信手拈来”！用五个字来形容，“实践出真知”……潘老师将亲身经历过的税务稽查案例无私展现在读者眼前，是公司税务管理的好帮手。

邹励川

深圳市鑫立信财务咨询有限公司　总经理

中审亚太会计师事务所深圳分所　副所长

税务机关人士

本书以案释法，介绍了税务稽查四个环节的工作流程及各环节的救济途径和策略，深入浅出、内容丰富，彰显了作者精湛的业务功底和良好的职业素养。作为在税务稽查一线苦战21年的“老兵”，我读罢此书仍感觉耳目一新，启发颇多。该书不仅能够让广大纳税人从中学到很实用的税务稽查救济途径和应对方法，而且能够让广大税务稽查人员学到可贵的税务稽查方法和技巧。

管雪松

国家税务总局德州市税务局第二稽查局　主任

这是一部凝练经典却又易读易懂的书稿，承载了作者数十年税务稽查一线实务工作经验，行文风趣幽默，绘声绘色地为每一位读者讲述着稽查故事和趣事。无论你是企业财务人员还是稽查一线实务工作者，这都将是一本非常值得一读的“实用”之书。既有查与被查的常见“套路”，又有涵盖企业所得税、增值税、个人所得税及其他税种的常见问题与博弈。既能帮助稽查人员掌握要点、提升质效，又能帮助企业诚信纳税、防范风险。因此，无论你是检查人员，还是被查对象，均能从此书中受益，从中汲取到你所想要的。

王华

国家税务总局税务干部进修学院　讲师

最近两年，税务稽查部门新入职了一大批年轻干部，这些“新鲜血液”提升了税务稽查人员的整体知识水平，增加了稽查干部队伍的活力。与此同时，他们也面临稽查工作经验不足的问题，而对于税务稽查工作来说，虽然理论与实践并重，但在具体工作中，实践经验往往是融会贯通运用知识、正确解决疑难问题的金钥匙。如何解决新入职稽查人员的经验不足问题？这本书以及作者的前两本书——《税务稽查那些事儿》《税务稽查：明争与暗战——慕容税官的稽查故事》，都是作者稽查经验的凝练，作为一个系列，深入浅出，通俗易懂，作者用平实的语言深入阐述了税务稽查专业知识，无疑是稽查人员学习业务入门及提高的好帮手，同时也是社会各界财务人员及广大纳税人了解税务稽查、规范财税处理、预防税收风险、正确履行纳税义务不可多得的有益参考读物。

王杰

国家税务总局济南市税务局第二稽查局　主任

这本书完全摒弃了目前稽查业务类书籍理论性强，案例少，缺乏实践性的缺点，作者从选案开始，带领读者认识稽查，在一个个案例中走近稽查，字里行间体现着作者深厚的业务功底和丰富的人生阅历。对于稽查人员来说，这是一本用丰富的案例和生动的文字来书写，凝聚着经验和心血的“业务教材”，对稽查工作实践有很强的指导意义；对于纳税人来说，这本书则是提醒他们规范日常财务管理，自觉维护税收秩序的警示鸣钟。

杨雪莹

国家税务总局济南市税务局第一稽查局

读潘老师的《税务稽查：破解迷案与申辩救赎》，被深深吸引——税案追踪、迷案重重、破解真相、申辩救赎，本书将独家稽查案例与最新税收政策相结合，层层剖析深入解读，既有税务稽查中常见的“套路”解析，又有税务处理中错弊的梳理与归纳，是财务、税务、法律工作人员工作中的重要参考书。潘老师从军20年，转业到税务局，在一个全新的领域里，从零开始，孜孜不倦，十年磨一剑，佳作频传。其才气、锐气、豪气，溢于字里行间，读之印象深刻，不能释卷！

杨泳

国家税务总局沈阳市税务局货物和劳务税处

潘老师的这本书，从税务稽查是做什么的，到各个税种的检查与博弈，娓娓道来，向读者展示了一个查与被查博弈的场景。对于财务人员来说，从这本书中可以得到不少实务方面的知识和技能。而对于税务人员来说，这本书就是一本教材，认真阅读，稽查、征管岗位的工作人员都能从书中受益。

姚萍萍

江苏省税务干部学校　高级讲师

拿到这本书，初翻一下便爱不释手。文字通俗易懂，内容生动有趣，特别是稽查人员与财务人员之间的博弈部分，更让我流连忘返。该书介绍了税务稽查工作的基本流程及常见“套路”，对税务稽查人员和企业财务人员在以后的工作中更好地做到履职尽责、规范风险有很好的指引作用。特别是对企业，税务稽查的“减法”，一定会能换来企业价值的“加法”。

张丽

国家税务总局黔西南州税务局稽查局　中级会计师　税务师

书中的案例都是作者在“真刀真枪”的税务稽查实战经验中提取的精华，是数十年在一线稽查工作中积累的宝贵经验的集中体现。读完后收获的，不仅仅是案例关联的税收政策，也让我看到了在税务稽查中税务稽查人员应该拥有的智慧和果敢，以及对自己职业的敬畏与尊重。

张晓晖

国家税务总局济南市税务局第二稽查局

推荐序一

早春二月，煦暖的阳光透过高高的窗台洒进屋里。扶桑花悄然开放，虽然新冠肺炎疫情还没有结束，大家还都在焦急地等待复工，但是都觉得这一段时间最适合阅读、最适合学习。我也利用这段时间读了一些法律、会计、税务、历史方面的书，有的是第一次看，有的是旧书新读。恰好在这个时候，收到了潘洪新老师发过来的《税务稽查：破解迷案与申辩救赎!》一书的稿子。一看，这本书就是出自一位税务稽查“老司机”之手。

在我们业内，很多人不一定知道潘洪新老师的原名，但是一定知道那个大名鼎鼎的“慕容税官”。我认识潘老师，也是因为中国财税战士王占伟老师组织的一次读书活动，那个时候潘老师恰好推出上一本新书，在郑州搞了一场别开生面的发布会。讲课也是幽默风趣，引人入胜的感觉，很是吸引人的注意力。很多粉丝从全国各地赶过来，聆听潘老师的新书介绍和专门准备的一次“小课”。

我没有当过稽查税务干部，但是无论是在企业工作，还是在事务所工作，都不可避免与税务稽查打交道。这些年也处理了很多税务稽查案例，但是基本不涉及企业主观偷税，也不涉及现在虚开增值税专用发票的热门话题，绝大多数都是针对具体案例适用政策口径引发的税企争议。由于很多税企争议案例的背后往往都缺乏规范性文件的明确口径，因此需要经常代表企业和税务稽查官进行各种风格的“争辩”。稽查干部尽管身份都一样，但是每一个人的个性都不一样。我所了解的潘老师，一方面为人谦和，一方面又坚持原则。喜欢学习，因而对很多问题或者争议的理解要更加细致到位，一切以事实为依据、以法律为准绳在他的身上体现得淋漓尽致。而且，我发现潘老师的语言表达能力很强，思维逻辑清楚，对业务的解释有理有据，不胡搅蛮缠，绝不为了反对而反对。扒一个小小的“八卦”，潘老师是行伍出身，如今已经成为税务系统著名的稽查专家和讲课能手，足可见他私下里付出了很多的心血。《韩非子》有言：“宰相必起于州部，猛将必发于卒伍”，我们的潘老师在业务上还会有更大的提升空间。

书如其人，潘老师的新书打破了传统的稽查书籍刻板、教条的固有模式，很有一种“小清新”的风骨，不落俗套，让你很容易读进去、跟进去、“陷”进去。里边所讲的很多东西，如果你遭遇过稽查，你会觉得很多都跟你曾经亲身接触和体会过的东西类似。他正是把我们很多人的经历，总结成经验，写进了一本生动活泼的书里。特别是潘老师总结的各种“套路”，千条万条，总有一条适合你。

在税务稽查中，我们经常会遇到各个税种在执行上的争议。有一次一家大的国企遭遇了一次非常严重的检查。被查企业的处理是按照所在省国税局的操作指南来进行的，指南里边每一个列举的条件都符合，资料也很齐全，资料的真实性和完整性没有任何问题。但是主办稽查的税官坚持认为这个省的规定只是自己的口径，不符合国家税务总局的文件要求。我们代表企业和检查者经过多次沟通，最终达成了统一的意见。这期间，我们也就其中涉及的争议和潘洪新老师进行了请教，感觉他对相关知识的把握非常娴熟，涉及的证据资料的判断也非常讲究严丝合缝，对我们的后续检查应对起到了非常大的帮助作用。当时我们对潘老师的评价就非常高，现在我们发现他的书里也对增值税、个人所得税、企业所得税的诸多争议进行了探讨，很多问题我们都遇到过。我想这些典型案例的分析，也会对未来的读者起到很大的启发或者指导作用。

书的价值在哪里？不在于精美的装帧、不在于最一流的出版商、不在定价的“码洋”，我们有一句老话叫“书到用时方恨少”，可见书籍的价值就在于他的运用，它带给读者的收益才是最大的价值。

是以为序！

中国财税浪子　王骏（中翰税务集团理事长）

2020 年 2 月 20 日于北京

推荐序二

作为高校专业教师，在多年对本科学生、税务专业硕士及MPA学员进行税务稽查课程教学过程中，深感高校使用的教材虽系统性、专业性较强，但过于偏重理论而实务操作性不足，远远不能满足培养高层次应用型税务专业人才的需要。虽用大量的税务稽查案例作为补充，但可用的、能深入细致地展现整个税务稽查过程的“明争暗战”、稽查分析、具体适用法律依据的解读及定性处理方面的案例少之又少。近年来，随着经济的发展、企业商业模式不断创新，税制改革不断推进，税收政策变化频繁。金税三期的上线使得税收征管中大数据的运用日趋完善，出于少纳税的目的，一些不合规的纳税人也是在不断翻新逃税、避税手段，在这种情况下，适合高校教学的税务稽查案例尤为稀缺。《税务稽查：破解迷案与申辩救赎》这本书在《税务稽查：明争与暗战——慕容税官的稽查故事》后，又一次给了我们一个惊喜。

潘洪新老师的这本书，将自己在税务稽查工作中多年积累的大量案例和丰富的经验与感悟，通过一个个生动的稽查故事，不仅把选案、检查、审理和执行等税务稽查基本工作流程和税务稽查常用的方法生动地展现在读者眼前，还让读者能够对增值税、企业所得税、个人所得税等具体税种常见的涉税问题及其检查思路、疑点分析确认、检查方法、定性处理及适用法律法规的解读等有着全面地了解，其中涉及贯穿税务稽查过程的“查”与“被查”双方之间的精彩博弈内容更会令读者受益匪浅。本书的语言既通俗易懂又体现了很强的专业性，内容多案例又具有一定的理论阐述和分析。

笔者在日常教学之余，也从事财税社会服务工作。我认为潘洪新老师的这本书，对于高校、职业院校财税专业、会计专业税务稽查课程的教学是难得的有益的补充，对于企业会计人员、企业高管增强法治思维，防控企业涉税风险，进而做好纳税规划提升企业经济效益，更有着极大的实用价值。

潘老师这本书，如良师益友，值得用心读。

山东财经大学财税实验教学中心主任　神方立

前言

Preface

最近几年，新政频出——环境保护税法、新的个人所得税等开始实施，增值税即将立法，针对不同税种的减费降税政策连续出台……与不断变化的税收新政相对应的是，税务机关税收征管的手段也在不断迭代——国地税合并、金三并库、增值税发票管理系统升级、持续保持高压态势的批虚打骗专项行动等，在这种情况下，纳税人、扣缴义务人因出现风险而接受税务检查的可能在加大，而对于一些重点税源户以及国家税务总局指令下达要检查的稽查对象，则一直保持较高的被查概率，因此，企、事业单位财务人员、其他与财务有关的管理人员，以及为企、事业单位服务的会计师事务所、税务师事务所工作人员在其职业生涯中，不可避免地要和税务稽查人员打交道，不可避免地要在税收问题上与对方进行博弈。

对于税务机关稽查部门来说，在新的涉税问题不断出现、避税、逃税手段不断翻新的情况下，要充分发挥税务稽查最后一道“防线”作用，税务稽查人员也不可避免地要和企业财务人员打交道，不可避免地要在税收问题上与对方进行博弈。

知已知彼，百战不殆！税务稽查人员只有充分了解纳税人、扣缴义务人，掌握了发现税务问题的技巧，才能在税务稽查中做到应查、尽查，将所有的涉税问题“一网打尽”。而纳税人、扣缴义务人只有了解了税务稽查的基本思路和技巧后，才能知道在被查过程中，如何与税务机关进行“博弈”，以维护企业的合法权益。

本书以案例的形式再现了查与被查过程中检查人员与被查单位财务人员就

涉税问题的事实与处理进行“博弈”的过程，对税务稽查人员和企业财务人员更好地履行自己的职责会起到一定的借鉴作用。

著者

2020年1月

目录

Contents

第一章

税务稽查是做什么的？纳税人面对稽查如何“自我救赎”？

记得一些从业时间较长的税务稽查人员说过，20世纪90年代的税务稽查非常随意，想查谁就查谁。看哪家单位不顺眼了，自己动手填一份《税务检查通知书》马上就可以去查。查完了，自己写报告，自己审理，执行同样还是自己——检查人员可以自己去企业拿税款、罚款的支票甚至现金，然后上交。查了多少、罚了多少、能入库多少，基本都是检查人员说了算……也许他们的叙述有些夸张，但的确可以反映出当时税务稽查工作的不规范。在今天，有了门类齐全的各类行政法律、法规，有了税务稽查局更加明确的职能定位，特别是国家税务总局于2017年出台并实施了《全国税务稽查规范（1.0版）》，税收违法案件查处、税收违法案件管理、税务稽查综合管理等方面更加规范。

本章对税务机关稽查部门的架构、职能及税务稽查工作的基本流程做一介绍，使纳税人知晓如何在依法诚信纳税的前提下，检视和监督税务稽查人员的执法工作是否规范，以保护自己的合法权益不受侵害。

第一节　税务机关稽查部门的基本架构及职能是什么？

科学、合理的组织架构，并有目标、职能明确的岗位责任体系相配套，对于充分发挥组织效能是非常重要的。税务机关稽查部门的架构设置经历了从无到有、从不太合理到比较合理的发展完善过程。

一、基本架构

2018 年国地税合并前的架构有两种，即一级稽查体制和与之相对应的二级、三级稽查体制。所谓二级、三级稽查是指市、县级税务机关设立稽查局，同时下属城区又设检查分局、股、所等。所谓一级稽查体制，就是将一定范围内的各级税务稽查机构合并统一、集中执法的一种稽查运行模式。

在一级稽查体制模式下，市、县级税务机关统一设立一个稽查局，统一调配稽查力量，统一管理，克服了二级、三级稽查体制下稽查力量分散、执法尺度有差异、有行政干扰等缺点，而检查权由分散行使变为集中行使，也加大了对涉税违法行为的打击力度。同时，这种模式也适应了以市、县为单位集中征收的需要。这些优势使很多地区采用了一级稽查的模式。

2018 年下半年，国地税稽查合并完成。合并后，税务稽查以全新的架构出现在纳税人面前，而且这个架构是全国统一的，一改过去国地税分设时不同的地区架构不同的情况。

合并后，直辖市、副省级城市、计划单列市、地（州、盟）城市设国家税务总局××市税务稽查局，负责全部辖区内的举报案件的受理与大案、要案检查，同时分设第一稽查局、第二稽查局、第三稽查局（甚至第四稽查局，数量多少视情况而定），负责对应分管辖区的税务稽查工作，市局稽查局对其他区域稽查局有业务管理职能。当然，在此之前的 2017 年 12 月，国家税务总局新设驻北京、重庆、广州特派员办事处。办事处职能是承担对省区市国税、地税机关贯彻执行党中央、国务院决策部署情况的督查、税收执法合规性检查、财务内审、跨区域涉税大案要案稽查等任务，其中明确具有涉税大案要案稽查的职能。2018 年特派办首次对选定的部分千户集团成员企业进行检查，取得明显成果。

国地税合并后，与过去相比，纳税人接受税务检查的方向已经变得简单。一般情况下，只会受到来自所在区对应的某稽查局的税务检查；特殊情况下，会受到来自国家税务总局某特派员办事处的检查。这对纳税人来说是一件好事，与过去相比，被检查的概率下降。

二、职能

以上介绍的是税务稽查局的基本架构，那么，法律赋予了税务稽查什么样的职能呢？《中华人民共和国税收征收管理法》（以下简称《税收征收管理法》）第四章五十四条至五十九条赋予了税务机关税务检查权。《中华人民共和国税收征收管理法实施细则》（以下简称《税收征收管理法实施细则》）第九条规定：税收征管法第十四条所称按照国务院规定设立的并向社会公告的税务机构，是指省以下税务局的稽查局。稽查局专司偷税、逃避追缴欠税、骗税、抗税案件的查处。国家税务总局应当明确划分税务局和稽查局的职责，避免职责交叉。上述法律、法规对稽查局和税务检查职能做了纲领性、原则性的规定。

更确切的规定是国家税务总局印发的《税务稽查工作规程》（国税发〔2009〕157号）。该文件第二条规定：税务稽查的基本任务是依法查处税收违法行为，保障税收收入，维护税收秩序，促进依法纳税。税务稽查由税务局稽查局依法实施。稽查局的主要职责是依法对纳税人、扣缴义务人和其他涉税当事人履行纳税义务、扣缴义务情况及涉税事项进行检查处理，以及围绕检查处理开展的其他相关工作。稽查局具体职责由国家税务总局依照《税收征收管理法》《税收征收管理法实施细则》有关规定确定。

总的来看，税务稽查有两个方面的职能，一方面税务稽查依据税收法律法规赋予的执法权，对纳税人纳税义务履行情况进行监督检查，并依照税收法律法规的规定，对纳税人税收违法行为给予处罚或纠正，以促进纳税人自觉履行纳税义务；另一方面是对税务机关和税务人员的日常征收管理工作进行监督检查。这就是税务机关常提的“一案双查”。当然，作为纳税人来说，与税务稽查打交道，主要面对的是稽查局第一方面的职能。

但是，对于税务稽查的职能，有的时候会有不同认识。2015年，华润置地（上海）有限公司（以下称原告）与上海市国家税务局第五稽查局、上海市国家税务局（以下称被告）发生过一起诉讼，具体内容可参看《上海市黄浦区人民法院行政判决书（2015）黄浦行初字第256号》。相关判决文书显示，被告上海市国税稽查五局对原告进行税务检查时发现原告华润置地（上海）有限公司2012年计提工资未实际发放，未做纳税调增；2011年计提未实际缴纳的土地增值税未做纳税调增，被告上海市国税稽查五局依法对原告做出了追缴税款并加收滞纳金的处理决定。原告不服，先后提起行政复议、诉讼，主张：被告上海市国税稽查五局作为专司偷税、逃避追缴欠税、骗税、抗税案件查处的税务机关，并没有做出被诉税务处理决定的职权。被告上海市国税稽查五局在选案、立案、检查、审理和执行阶段存在伪造文件、审理流程超期等程序违法。要求撤销被告上海市国税稽查五局做出的沪国税五稽处（2015）6号税务处理决定；撤销被告市国税局做出的沪国税复决（2015）2号行政复议决定。最终，法院判决驳回原告华润置地（上海）有限公司的诉讼请求。

法院观点：被告上海市国税稽查五局和被告上海市国税局提交的职权、程序及法律适用的依据属于现行有效的法律、行政法规及规范性文件等，且所涉条款与两被告做出被诉税务处理决定和行政复议决定相关，予以认可。关于被告上海市国税稽查五局是否超越职权的争议，可以参考《税收征收管理法实施细则》第九条第二款的规定："国家税务总局应当明确划分税务局和稽查局的职责，避免职责交叉。"国家税务总局在国税函（2003）140号文中明确，"稽查局的现行职责是：稽查业务管理、税务检查和税收违法案件查处；凡需要对纳税人、扣缴义务人进行账证检查或者调查取证，并对其税收违法行为进行税务行政处理（处罚）的执法活动，仍由各级稽查局负责"。对此，原告在诉讼中请求对国税函（2003）140号文一并进行合法性审查。法院经审查后认为，国家税务总局经行政法规授权，有权对税务局和稽查局的职责做出明确和划分。该被审查的部门规范性文件的做出有上位法依据，文件中规定现阶段各级稽查局职责范围的条文，可作为被告上海市国税稽查五局做出被诉税务处理决定的职权依据。因此，被告上海市国税稽查五局具有对税收违法行为进行执法，做出被诉税务行政处理决定的职责。另外，依据《行政复议法》的有关规定，被告上海市国税局对申请人不服下级行政机关所做行政行为提起的税务行政复议申请亦有做出复议决定的法定职权。由上述判决我们也可以看出，稽查局对纳税人立案检查并最终处理处罚，是有充分法律依据的。

实际工作中，纳税人还会遇到这样的困惑：为什么我所在的主管税务机关没有设税务稽查局，他们也来查我们？原来，税务检查权并非稽查局独享。有时，主管税务机关虽然未设稽查局，但出于工作需要，他们也会按法定程序选取一部分纳税人进行纳税检查。这里面还有一种情况就是，未设稽查局的主管税务机关通知纳税人要进行“检查”时，可能纳税人理解有误，实际上他们走的并非稽查程序，很有可能是自查，也有可能是纳税评估，或是“调研式”稽查等。这些都是主管税务机关履行管理职能的一种方式，有的工作环节可能与税务检查有接近的地方，却并非稽查。它们与稽查最大的不同是，出具文书不同，执法依据不同，处理结果不同。税务稽查发现涉税问题的结果是追缴税款、处罚，加收滞纳金——稽查是“拳头”，是有刚性的。

第二节　稽查选案——为什么又是我？如何降低被查的概率？

这几年，税务机关税收征管的理念发生了新的变化，税务机关更多地强调放权于纳税人。也就是说，一般情况下，纳税人可以更多地自主依照税法规定进行申报，包括各种税收优惠的享受，但是和这种自由度加大相伴而生的是风险加大。因为税务机关对纳税人的监管还有最后一道防线：税务稽查。税务稽查处理的结果一般是追缴税款、处罚、加收滞纳金。涉及刑事犯罪的，还会移送公安机关侦办。所以，一般情况下，没有哪个纳税人愿意被稽查。

虽然不愿意被查，不过每年税务机关总是要查一些企业，总归要有一些企业会“中枪”。纳税人可能比较关心的就是，自己被选中稽查的概率有多大。我们可以简单测算一下：一般情况下，一个地级市的企业户数大约为10万～100万户（这个差距是由于地区经济发展水平导致的）。假设某一地级市辖区内有大约20万户企业，一个地级市全年稽查的户数一般不会超过1 000户（国地税合并后，稽查总人数减少）。这样算下来，企业被选中稽查的概率大约为1/200，这个概率并不高，而到了一线城市，被选中的概率更低，能低到1/2 000。那么，看到这个数字，有的被查过的纳税人可能会问：为什么看上去这么低的比例，我们却总是“中枪”？是不是税务机关专门和某个企业过不去？这么低的概率，为什么对某些企业来说，被选中的概率却几乎是百分之百？回答这个问题，就要了解税务稽查是如何选案，也就是说如何确定稽查对象的。

税务稽查一般分四个环节：选案、检查、审理、执行。这四个环节环环相扣，互相制约，通过这种方式确保案件检查质量，防止执法错误、强化执法监督、防止“放水”。

这里面，决定查谁或不查谁的，就是选案环节，这个机构一般叫作选案科或者选案处。那么，一个地区有那么多的企业，他们是怎么确定查谁或不查谁的呢？如何确定稽查对象，2017 年出台并实施的《全国税务稽查规范（1.0版）》规定了这么几个来源。

一是推送案源。现在，一般省、市、县税务机关都设有风险控制管理部门。平时，这些部门对“金三”数据进行分析，发现纳税人有大的疑点问题需要稽查时，就把相关信息和线索推送到稽查部门，然后稽查部门对企业立案进行检查。

有这么一个案例。风险控制部门在对一家发电企业的申报数据进行分析的时候，发现这家企业 2014 年全年增值税不含税销售额大于申报的主营业务收入数。大家知道，一般情况下，增值税销售额、企业所得税收入、会计收入是不一样的，它们的确认方法依据各自的规则进行，会有差异。但是，对于发电企业来说，每个月发出电力，并按发出电量计量收费，这种情况下，一个纳税年度，增值税销售额、企业所得税收入、会计收入应当一致。如果不一致，一定有原因。于是，风险控制部门将这个情况推送到稽查局，稽查局立案调查，发现了问题的原因。

原来，被查的这家企业几年前按照政府的要求，兼并了另一家发电企业，兼并时安置被兼并企业职工花了不少钱。原先政府承诺将这笔钱全额补偿给这家企业，结果政府没钱，没法兑现。最后双方想了一个办法：政府协调国家电网，让国家电网收购这家电厂的电力时，每度电提高一分钱。由于要给国家电网开发票，所以这一分钱的增值税全额缴纳。但这家企业认为，这笔收入属于财政性资金，不应该征收企业所得税。所以，将其从收入中冲减出来，这就是增值税销售额和企业所得税收入不一样的原因。

通过稽查，税务机关认为，这家发电厂每度电多收的一分钱并不符合《财政部 国家税务总局关于专项用途财政性资金企业所得税处理问题的通知》（财税〔2011〕70号）文的规定，不是来源于财政部门，没有拨付文件，也没有相应的管理办法，所以，不属于不征税收入，应计入当期应纳税所得额申报缴纳企业所得税。最终，由于基数大，时间跨若干年度，这家企业补缴了几千万元企业所得税款。

该案例中，案源的确定来自“金三”对风控部门对纳税人各项申报资料预警信息进行的分析。从这个案例中，纳税人需要借鉴的是，一定要基本保证自己的纳税申报数据没有异常，各类纳税申报指标在正常区间内，否则被选中的概率会大大增加。

二是督办案源。它一般是指上级机关以督办函的形式下达的稽查任务。这类案件，往往案情重大，社会影响和社会危害也比较重大，需要重点进行打击，如前几年盛行的“黄金票”。

“黄金票”大行其道，我觉得，一方面是因为违法的人法制意识淡薄，另一方面就是增值税的计税原理所导致。“黄金票”的涉案人基本的操作就是从黄金交易市场买来黄金，取得进项税额，然后卖给个体加工户。个体加工户一般都不要发票，于是这部分收入不入账，也不申报缴纳增值税。“黄金票”的涉案人联系到下家后，就可以对外虚开，由于有进项可抵，他们开出发票也不用申报缴纳增值税，或者即使缴，税额也很少。当然，这是基本的手法。实务中，“黄金票”的操作手法要复杂些、隐蔽些。通过这种手段，不法人员把不能抵的增值税额一个环节一个环节按照增值税原理传导出去。这个行为，对税收秩序破坏很大，一直是税务机关整治和打击的重点。一些类似于“黄金票”的案子，一般来自督办案源。

三是交办案源。它一般是指上级以交办函形式下达的稽查任务，也就是上级认为这个企业要查，交办案源和督办案源有些类似。

四是安排案源。税务机关根据年度稽查工作任务安排，有重点地对辖区内的企业、行业进行定向检查，确定案源。比如，某地房地产企业纳税遵从度不高，税务机关想集中整治，于是，把房地产企业作为年度稽查工作重点，然后重点选取辖区内的房地产企业进行检查。

有时，国家税务总局还会针对某些全国性的大企业集团（如全国性的银行、保险、通信、发电和石油企业等），组织各地国、地税稽查局进行检查，按照分工，各地国、地税稽查局对大企业集团在本地的下属单位（分支机构或子公司）进行检查。省级稽查局有时也会组织对本省内的大企业集团布置各地市税务稽查局同时进行检查。对大企业集团同时开展检查的好处是，便于沟通信息，便于检查和处理共性涉税问题，便于检查关联交易可能存在的涉税问题。虽然这种大规模的检查，组织工作比较复杂，但往往检查成果比较丰硕。笔者曾参与检查一家大型企业集团，各个检查组同时进行，并经常性地就检查所发现的问题互相沟通信息，结果很快就锁定了该企业集团所属企业共同存在的多项问题，且数额较大，成果显著。

五是检举案源。这里要划重点，因为举报的信息一般都比较准，所以对纳税人的杀伤力、破坏作用特别大。有的企业就是因为偷税被举报，最后查完了，企业也“死”了，这个代价是很大的。

举报的来源，大体可以分四种情况。第一种情况是来源于内部，也就是局内人。美国有一部电影叫《局内人》，拍得不错。这个局内人，一般也是知情人，所以这种举报最为精准。第二种情况是来源于竞争对手，出于商业竞争的需要。由于竞争对手都是业内人士，他们了解行业的运行规则和偷税手段，所以举报得也比较准。第三种是职业举报客。这种举报很恐怖，因为这类人已经非常专业化了，他们有自己的律师团队、税务师团队，熟悉法律、专业水平高、分工明确，而且是隐形的，对纳税人威胁相当大。第四种是“吃瓜群众”，闲着没事，举报个没开发票这类的，这种情况杀伤力极小，因为他们一般提供不了有价值的线索，所以很难立案。

有一次，一家村办企业被举报，内容是这家村办企业在集体土地上建了一个物流中心，出租给物流企业。由于大多数物流企业是个体户，支付租金不需要发票，所以这家村办企业只就开具发票的极少部分申报纳税了，其余部分没有申报纳税，进到了村委会账上。村委会一部分留用，另一部分发放给村民。一部分村民认为村干部贪污了其中的经营款，于是，联合向纪委、税务机关举报。这个问题，税务机关一调查，偷税的事实很快就认定了。

再说一个职业举报客的案例。一家电商企业，平时有刷单行为，也就是雇了职业刷单客帮其刷单。由于销售对象都是个人，所以一般也不开发票，不开发票的部分没有申报纳税。然后，它就被职业举报客盯上了。职业举报客下单后，全程取证。收到货后，就联系电商，说：“你们没开发票，你们偷税了，我要举报你们。举报的后果你们也知道，如果不想被举报，也有办法，你们打给我一万块钱，要不然，有你们好看。”

电商想：你这是敲诈呀，不能服软！结果没给钱，职业举报客一听，什么，你不服软，举报！于是将其举报。税务机关立案检查，这个好查，因为一调取电商的交易记录，就可以查清少缴多少税款的问题了。但是对于电商来说，麻烦的是，没开发票的是没缴税，税务局让补不冤，关键是，交易数据当中有一半是刷单刷出来的，是虚构的交易！这些要是交税款、罚款，不得亏死了！于是向税务局解释，税务局不听，说：我没办法证明你是刷单，吹牛也要上税！

这家企业老板后来对笔者说，早知是现在这个结局，当时职业举报客找其要钱的时候，不如给他了，不就一万块钱吗？实际上，据笔者所知，职业举报客已经形成了一个灰色产业。操作得当的，收入相当可观。因为很多被敲诈的企业考虑到被稽查的后果，一般情况下都是选择给钱，破财免灾。不给钱的，只是个别的。

从被举报的案例中，纳税人应当得出什么教训呢？从税务机关的角度来说，当然是举报越多越好，群众举报完了，税务局“坐享其成”。对纳税人来说，当然要尽量避免被举报，即使没有问题，被举报也不是好事，因为只要查，一般都能查出些问题。

那么，怎么样才能防范这个风险，降低纳税人被举报的可能呢？基本的操作就是依法诚信纳税，除此之外，还要平衡好内部、外部关系。对内，老板要清楚本公司的工作氛围。如果员工有怨气，那么就要及时了解是什么原因造成的，是不是工作方法太简单。要及时化解矛盾，避免矛盾激化。对外，所有的业务要经得起合规性审查，合规了，就不会让别人抓住把柄。

六是协查案源。这个案源来自其他地区的税务机关。比如，A 地税务机关通过稽查、评估或其他方式，发现 B 地甲企业存在涉税问题，或甲企业虽然没有问题，但需要从甲企业取证，便会把相关信息发送给 B 地税务机关请求他们协助调查。这种情况，一般都是由于上、下游企业出现问题连带出来的，有点像“躺枪”。

有这么一个案例，A 省某地检查一家房地产开发公司的时候，项目在 A 地，老板是 B 省人，结果发现账上列支 3 000 万元广告费，广告公司就是老板老家的广告企业。检查人员问老板，老板说广告业务是真的，在老家做的广告。检查人员知道，这个房地产开发项目就在当地，房子也只能是卖给当地的，不可能跑到老板老家 B 省去做广告，于是向 B 省发出协查。一查就发现了问题，这个广告公司，光开票，并没有真实的业务。

七是转办案源。这个是指来自公安、检察、审计、纪检监察这些外部单位，还有税务局督察内审、纪检监察等部门提供的税收违法线索。这种情况，纳税人也很难把握，有点像“躺枪”，因为你不知道哪里出问题连累到你。最好的办法当然是尽量守规矩，如果守规矩了，“躺枪”的可能性当然会大大降低。这里面，份量比较重的就是纪委牵头多部门对企业进行的检查，因为这种情况下涉及的，税务问题可能还不是最主要的，对纳税人影响比较大。

曾经有一个案例，纪委牵头的，法人代表因为有经济犯罪问题，被隔离审查了一年多。同时，多部门进驻，包括税务机关，最终查证这家民营企业少缴税款数千万元。这种情况其实不光中国有，国外也有。比如，美国 20 世纪 30 年代的黑帮头子阿乐·卡彭，当时他参与了很多黑帮事件，已经成了全民公敌，联邦警察一直想将其绳之以法，但始终没有确凿的证据，因为他并不是一系列违法事件的直接实施者。那么，最终怎么解决的呢？依靠的是联邦税务局的调查小组，这个调查小组找到了一本拥有阿尔·卡彭亲笔签名的账本，而这个账本记载了阿尔·卡彭集团的收入情况。最终，阿尔·卡彭因逃税罪被起诉，判刑入狱，最终病死在监狱。这个其实也相当于转办的案例。

八是自选案源。即案源部门根据本级税务局制订的随机抽查计划，还有打击偷、逃、骗、抗、虚开发票等计划而确定的检查对象。这个案源确定过程，分两种情况。其中一种是随机抽查。随机抽查模式下，要根据本年度计划任务的安排，建立重点稽查对象名录、非重点稽查对象名录、随机抽查对象异常名录，然后从中随机选定或者重点选定稽查对象。

这里需要纳税人注意的是，随机抽查对象异常名录的建立和纳税人的日常纳税申报表现密切相关。一般来说，有以下七种情况会被列入随机抽查对象异常名录。纳税人如果有了这些情况之一，“中枪”的可能性非常大。

（1）税收风险等级为高风险的。

（2）2 个年度内 2 次以上被检举且经检查均有税收违法行为的。

（3）受托协查事项中存在税收违法行为的。

（4）长期纳税申报异常的。

（5）纳税信用级别为 D 级的。

（6）被相关部门列为违法失信联合惩戒的。

（7）存在其他异常情况的。

自选案源中，除了随机抽查选案，还有指标模型选案。也就是税务机关对各类违法行为的表现进行分析总结，建立起数据模型，然后依照模型对税务机关已经掌握的纳税各类数据资料进行分析比对，最终经过人工进一步筛选，确定稽查对象。指标模型选案所依据的素材有：税务机关内部所掌握的纳税人税收征管资料，如企业注册登记信息、纳税申报及库信息，各税种的纳税申报表，自查报告表，各类财务报表（资产负债表、利润表），对纳税人的日常检查、纳税评估资料等。而来自税务机关外部的，可能有车辆管理部门信息、房地产管理部门信息、海关信息、银行信息等。

“金税三期”工程的运行，统一了全国征管数据标准、口径，实现了全国征管数据应用大集中，指标模型选案无疑将因此而直接受益，不合规纳税人因为大量数据被税务机关掌握而被发现疑点问题的可能性越来越大。这种情况下，和同行相比，长期税负偏低的企业尤其要注意，自选案源被选中的概率大。自选案源还有一种情况就是税务机关从其他各种渠道获取的纳税人信息，有理由怀疑纳税人可能存在涉税问题，从而立案进行检查。

比如，在检查A企业时，发现A企业2016年向B企业预付了五年、5 000万元的厂房租金，A企业以收据入账，每年的租金已经在税前扣除，一直未取得发票，也未纳税调增。检查人员根据这一情况，有理由怀疑B企业少计收入，少缴增值税和企业所得税。检查人员将情况反馈到选案部门后，立案检查，最终确认B企业收到的5 000万元租金未申报缴纳增值税和企业所得税。这是通过检查获取的线索来确定新的案源。

还有一种情况是主动出击。比如，检查人员以财务人员身份潜伏在当地一个较大的财税微信群里。有一次，一位财务人员在群里问：我们企业获取了一笔土地返还，挂往来好几年了，金额比较大，怎么处理比较好？群里纷纷给他出主意，大家也并没有往别的地方想。可是言者无心，听者有意。检查人员注意到了他的这个问题，于是翻看了这位提问者以前的提问记录，同时又查看了他的朋友圈。通过朋友圈年会晒图、聊天记录这些信息，检查人员大体知道了他所在企业的名称，马上把信息反馈到选案部门，立案检查后，果然发现这家企业取得土地返还并不符合不征税收入条件，少缴了企业所得税。

现在是大数据时代，不管是个人信息，还是企业信息，外泄的途径太多太多，稍不留意就会带来麻烦。而这一点，显然对税务机关越来越有利。对纳税人来说，基础的工作还是要遵纪守法，规范纳税。这样，即使不小心信息外泄了，也不至于出现什么大的问题。

第三节　稽查实施：税务检查流程是怎样的？纳税人如何解释、申辩？

这是稽查流程中比较重要的一个环节，这个环节中，税务稽查人员将接触企业相关人员，查阅企业账目或相关资料，分析、核对、确定涉税问题，取证、制作《稽查工作底稿》、计算应补缴或补扣补缴税款数额，撰写《税务稽查报告》，详细报告被查单位存在的涉税违法事实、性质、税款金额，并提出处理意见——被查单位有无问题，有多大问题，如何处理，基本上是在这个环节确定的。在一般情况下，一到两个月的检查期间内，被查单位的相关人员，特别是财务部门的相关人员，考虑到被查出涉税问题可能要承担的责任问题，很多都是在“忐忑不安”中度过的。

一、制作税务稽查预案

这是近年来各地稽查部门逐步推广的一项工作流程。所谓税务稽查预案，是指检查实施前，稽查人员依据被检查对象的税收征管资料、举报线索以及选案部门确定案源时的分析依据等信息，运用计算、审核、经验判断等方法，对纳税人的纳税申报情况进行综合分析、评估，根据分析评估的结果确定需要重点检查的项目和内容，以便有针对性地进行检查的工作方案。

税务稽查预案实际上是将检查人员检查前的案头分析规范化、程序化的一个措施。这项措施将可能的疑点问题在查前就分析、确定并透明化，一方面使下一步的税务检查工作有的放矢，另一方面减少了检查人员暗箱操作的可能——在疑点问题已经摆在桌面的情况下，检查人员在接下来的检查中，必须对已经分析的疑点逐一进行落实。因此，税务稽查预案制度的实行，对于增强税务稽查实施的针对性、提高税务稽查质量有着积极作用。

有的检查人员可能认为这项制度增加了检查人员的工作负担，而且由于信息不充分，案头分析后制作检查预案所确定的疑点有时并不准确，所以对这项工作制度的态度并不积极。但笔者认为，作为检查人员，应当学会用科学的流程规范自己的检查行为，这才是对自己、对工作负责任的态度。

案头分析完成后，拟定稽查的组织实施方法，填写“稽查预案审批表”，分析存在的疑点，并逐项列示，审批后执行。本书第二章将结合具体案例介绍案头分析的过程，这里不再赘述。

二、制作相关法律文书并送达被查对象及调取相关账簿、资料

检查环节常用的与纳税人有关的法律文书，一个是《税务检查通知书》，另一个是《调取账簿资料通知书》。《税收征收管理法》第四章是检查人员实施税务稽查的法律依据，这一章同时对稽查双方的权利义务进行了明确。例如，关于被检查人的权利，第五十九条规定："税务机关派出的人员进行税务检查时，应当出示税务检查证和税务检查通知书，并有责任为被检查人保守秘密；未出示税务检查证和税务检查通知书的，被检查人有权拒绝检查。"

目前，稽查局派出的税务检查人员一般都有比较强的规范执法意识，非常注意执法程序的正当，如检查时首先出示税务检查证以证明身份，然后送达《税务检查通知书》——严格履行程序对双方都有好处，因为如果执法程序出现问题，最终的结果是检查结论被推翻，同时检查人员还有可能被追究行政责任。

一般情况下，检查人员采用的是直接送达方式，因为在送达《税务检查通知书》时可一并送达《调取账簿资料通知书》，同时调取被查单位相关资料。在这个环节，被查单位财务负责人要认真核对检查人员的身份，仔细阅读《税务检查通知书》等法律文书，明确并核对相关事项，如稽查对象、检查期间、相关权利义务等。如有疑问应及时与送达该文书的检查人员沟通。企业名称有改变的、同一个财务部管理多家企业账目的，要注意和检查人员一道核对检查对象，以纳税识别号为准，以免出现错误。

履行必要的法律程序后，检查人员会调取纳税人的账簿及相关资料。账簿主要是被查年度的总账和明细账。《调取账簿资料通知书》上已载明经批准后需要调取账簿资料的年度。原则上，检查人员只能调取通知书规定年度的账簿，其他年度的，如检查人员提出要求，可以拒绝。其他的资料可能包括：被查年度的合同、协议，相关的审计或税务鉴证资料，房产证、土地证复印件，各税种申报表（特别是"企业所得税年度纳税申报表"）。作为法定义务，被查单位的财务人员应如实提供。

目前大多数情况下，税务稽查局都要求检查人员采取调账检查的方式，一

个好处是，尽量减少与被查单位相关人员情感接触的机会，防止“日久生情”导致腐败和渎职问题的发生。另一个好处是，对被查单位正常工作影响较小，检查成本较低。这种方式的不足是：查阅未调取的与纳税申报有关的资料不方便，不能深入了解被查单位的生产经营情况，可能会漏掉一些账外的涉税线索。在很少的情况下，不方便调账时，检查人员会采取实地检查的方式，即到企业查阅相关账簿、资料。这种方式的好处和不便与调账检查正好相反。就笔者本人来说，主要是采取调账检查的方式，这样可以静下心来研究所提取的账簿资料。在阅账时遇到问题，随时与被查单位相关人员通过电话或QQ、微信联系，确实有问题需要到企业核实时，去上两到三次，基本上就能完成检查任务。常见的、税务机关提取的与稽查有关的涉税资料如表1－1所示。

表1－1　　常见的涉税资料

分类	来源	分析对象	分析要点
被查单位内部信息	被查单位内部	财务报表	余额异常，变动异常，占比异常
		申报资料	填写错误，政策理解错误
		审计资料，自查资料	是否披露涉税疑点，疑点问题是否已经纠正
		年报、半年报资料	经营数据
		举报资料	涉案线索
税务机关	发票管理系统	发票资料，进销项	是否虚开虚抵，是否多列成本、对外虚开
	检查、评估资料	稽查报告、评估报告	是否有已经检查发现的问题，但未处理的
	“金三”系统其他相关数据	各类关联数据	数据间是否符合关联逻辑
第三方信息	住房建设管理部门	房产、土地资料，环保资料	申报数据与平台数据是否一致，是否还存在其他应税未税房产和土地
	不动产登记部门	财产转让信息	是否平价或低价转让
	相关政府部门	招标采购资料	中标取得收入是否按规定入账及申报
	法院公开资料	诉讼资料	涉及诉讼的税务处理是否正确
	水、电、气公司	水、电、气的耗用	是否与其经营状态一致
	企业披露	年报及网络资料（通过爬虫）	是否有重要应税行为，该行为税务处理是否存在问题

实务中，两种检查方法应当根据场景需要灵活运用。特别是与生产经营有关的或与房产、土地等资产有关的涉税问题，必要时必须到现场检查。

有一次笔者对一家房地产开发企业进行检查。这家房地产开发企业主要开发、销售别墅，一套价值数百万元。由于是别墅，所以项目地远在郊区。检查时，调取了纳税人相关涉税资料，包括账簿、凭证和销售台账。销售台账显示，2018 年该公司完工 300 套别墅，实际销售 270 套，剩余 30 套未售出，该信息与该企业账载数据一致。为保险起见，笔者决定到现场看一下。2019 年 7 月的天气十分炎热，笔者一行开车一个小时到售楼处，又开车半小时才到达别墅区。别墅区面积大、绿化好，果然是片世外桃源。由于未售的 30 套别墅分散在不同区，距离较远，为提高效率，笔者和被查企业财务人员商定，30 套别墅，抽查其中的 6 套，如未发现问题，就算审核通过。我们随机选取了其中 6 套挨个查看，结果 6 套看下来浑身是汗，没有发现问题。笔者有些失望，于是决定开车返回售楼处。刚起步不远，笔者还是有些不死心，于是对被查企业财务人员说："这样吧，反正是要回去，回去的路上，我们可能会经过没有售出的别墅。经过时，我们再抽查一个，可否?"财务人员没表示异议。按照图示，在返回的路上，我们经过一个图上标记为未售的别墅时，下来查看，也许是天意，一看，不要紧，这个别墅已经装修多日，显示已经售出！这一发现使我们高度怀疑销售台账的真实性。接下来，我们不再抽查，而是逐一核查剩余 29 套别墅的销售情况。通过核查发现，30 套台账显示未售的别墅中有 7 套已经售出，但未见账载收入。最终财务人员承认，7 套售出别墅已经通过关联公司收取款项，未计收入，未申报纳税。这个案例说明，实地检查同样非常重要。

还有一次，笔者到一家制药企业进行检查，检查前已经通过"金三"平台数据对该单位申报缴纳的房产税、城镇土地使用税进行了核对，核对后确认，其名下登记的房产、土地数据与申报缴纳的房产税、城镇土地使用税是相吻合的。考虑到尽量不要遗漏什么，于是检查人员又来到该企业现场进行检查。这家制药企业厂区在开发区，为了充分利用厂区土地，该企业厂房设计成"口"字形。检查人员到企业后，与企业提供的房产、土地资料进行了核对，未发现问题。要离开时，检查人员提出，顺便参观一下车间。参观时，不经意间发现，这家企业的厂房并不是“口”字形，而是“回”字形。“回”字形中间的小“口”是私自加盖的厂房，无任何手续，税务机关无该房产数据，该房产未申报缴纳房产税。幸亏进行了实地核查，否则真的会遗漏这部分房产的税款。

三、实施检查时常用的检查方法

税务检查质量的好坏，关键在于方法运用是否恰当。在稽查实践中，经验丰富的税务稽查人员总是能根据不同的企业、不同的经营模式、不同的财务核算办法，甚至财务人员的不同性格灵活运用多种检查方法，而不是“以不变应万变”。方法的单一，在很多情况下容易使检查工作走入死胡同。

税务检查的方法有多种，按检查的方式不同，可分为审阅法和核对法；按检查的详细程度不同，可分为详查法和抽查法；按检查的顺序不同，可分为顺查法和逆查法。

（一）审阅法和核对法

1. 审阅法。

审阅法是指对被查单位会计凭证、账簿、报表和其他有关资料进行详细阅读和审查，以判断其反映的经济活动是否真实、是否与纳税申报情况相符的一种税务检查方法。审阅的具体内容包括会计凭证、会计账簿和财务报表。其他与财务核算、纳税申报有关联的资料也要审阅，如生产经营计划、各类合同、相关会议纪要等，以便掌握情况，发现问题。

审阅会计报表，要注意各项经济指标有无异常变动，各种收入、成本、费用构成比例是否正常，各税目当年余额是否正常；审阅账簿，着重注意记账是否正确，核算有无错误，有无异常的调账行为等；审阅凭证，应注意凭证所反映的经济业务是否合法、合理，会计分录和科目的对应关系是否正确等；对其他相关资料的审阅，要注意审查其形式的合法性、内容的真实性。

笔者在进行检查时，有好几个案例都是在审阅凭证时，因为会计分录异常而发现的。

2. 核对法。

根据会计核算的基本原理，企业的表与表、表与账、账与账等之间都存在一定的勾稽关系，而这种关系就是核对法的基础。所谓核对法是指对被查单位的账簿、凭证、报表等书面资料之间的有关数据，按照其内在联系进行相互对照检查的一种方法。核对法侧重审查各种相关资料的一致性，其主要内容有：财务报表上各有关项目的数字计算是否正确，各报表之间的有关数字是否一致，财务报表与各相关税种纳税申报表有关数据的勾稽关系是否正确等。笔者有一次在检查一家企业时，发现其“企业所得税年度纳税申报表”上营业税金及附加与账载数并不一致。就此问题询问财务人员时，财务人员说出了实情。原来，差额是补缴的以前年度营业税金及附加，补缴后，未通过损益类科目计提，所以通过“企业所得税年度纳税申报表”加在当期营业税金及附加里直接税前扣除，没想到却被核对了出来。

（二）详查法和抽查法

1. 详查法。

又称全查法，就像对一个人进行全面的体检，检查人员全面、系统、细致地对被查单位检查期内所有会计凭证、账簿、报表等会计资料和纳税资料进行检查，适用于经济业务比较简单、账簿资料较少的单位。这种方法检查得比较彻底，能够比较全面地发现问题，检查结果一般情况下是真实可靠的。但是，这种检查方法，检查的内容和范围太广泛，工作量大，很多时候是在没有问题指向的情况下进行检查，所以盲目性也比较大，一般不大采用这种方法。

2. 抽查法。

又称选查法，是指对被查单位的会计凭证和账簿等，有针对性地选取一部分进行检查的一种方法。这种方法好像检查人员一般都不太用，因为有时很难确认被查单位财务核算是否规范或规律。如果只选取某类会计科目、某类凭证或某项专题进行检查，或只选取某段时间，对其会计核算和纳税情况进行检查，搞不好就会遗漏些什么。而遗漏的如果是比较大的问题，那么无论是对检查人员还是对被查单位，其实都是有风险的。

（三）顺查法和逆查法

1. 顺查法。

又称正查法，它是按照会计核算的程序，依次对证、账、表各个环节进行审查的方法。使用该方法，首先要审查原始凭证是否真实、完整、合理合法，然后核对记账凭证内容是否真实、项目是否齐全、科目是否正确；然后再核对账簿，审查账证是否一致；最后以账簿核对财务报表，审查账表是否一致。

这种检查方法系统、精确、简单，易于核对，不易遗漏问题。缺点是面面俱到，费时费力，容易忽视重大问题。因此，这种方法一般适用于规模较小、凭证资料少、会计核算制度不健全的被查单位。

2. 逆查法。

又称倒查法，它是按会计核算的相反顺序，依次对表、账、证各个环节进行检查的一种方法。使用这种方法，先审阅、分析财务报表，从中发现问题或线索，然后根据问题，有针对性地核对相关账簿，再有重点、有目的地审查记账凭证和原始凭证。

这种方法目标明确，便于抓住问题重点，效率高，效果好；缺点是不能全面检查问题，一些在报表上反映不出来的问题可能会检查不出来。因此，这种方法主要适用于规模大、业务量多、会计核算制度和财务管理比较健全的被查单位。

需要说明的是，采用什么样的检查方法，每个检查人员都会有自己的习惯，但更多情况下是以上方法的综合使用。不过，一般情况下，逆查法更具优势。真正有经验、会查账的，一般都是采用这个方法。逆查法下，要先看报表。笔者在查一家企业时，发现其资产负债表“应付职工薪酬”有较大余额，对比当期其“企业所得税年度纳税申报表”工资总额发现，期末“应付职工薪酬”余额基本等于当年工资总额。当期“企业所得税年度纳税申报表”还显示，当期“应付职工薪酬”无纳税调整项。查看以前年度相关情况，基本类似。上述信息表明，该单位有以前年度计提工资未实际发放且未纳税调整问题。这是报表分析得出的结论，接下来的查看账簿资料及询问当事财务人员，证实了笔者的判断，最终结果是调增、补税。

四、检查结束时的收尾工作

根据《税务稽查工作规程》第四十条规定，检查过程中，检查人员应当制作《税务稽查工作底稿》，记录案件事实，归集相关证据材料，签字并注明日期。其中，《税务稽查工作底稿（一）》主要用于记录从被查对象的账簿凭证资料中摘录的内容；《税务稽查工作底稿（二）》主要用于记录案件具体事实。《税务稽查工作底稿》制作完成后，需要被查单位核对后签署意见。在签署意见时，被查单位财务负责人应认真核对，数字是否正确，记录的案件事实是否属实，有问题应及时与检查人员沟通，以免自己的权益因检查人员的错误而受到损害。因为检查人员不是“完人”，不可能不出一点差错，虽然会有后续的审理流程及听证、行政复议等救济途径，但如果在检查阶段发现错误并纠正自然是最好。

在此过程中，检查人员会遇到这样的问题：即使事实清楚，依据充分，证据全面，也有个别纳税人会拒绝在《税务稽查工作底稿》上签署意见，甚至拒绝在已经取得的书证上签字，那么此时检查人员该如何处理呢？

保持良好的沟通是必要的，检查人员要耐心说明问题存在的事实和自己处理的依据，做到“以理服人”，让被查对象认识到自己存在的涉税问题并接受处理意见。同时，也要认真听取对方的意见和拒绝的理由，如果取得的证据资料确实存在问题或《税务稽查工作底稿》确有疏漏之处，应及时纠正。如果不存在问题，那么检查人员应当向其说明拒绝签字的利害关系，耐心说服被检查企业一方当事人遵从税务机关的合法工作程序。否则会依据相关法律采取进一步措施。《税收征收管理法》第七十条规定：“纳税人、扣缴义务人逃避、拒绝或者以其他方式阻挠税务机关检查的，由税务机关责令改正，可以处一万元以下的罚款；情节严重的，处一万元以上五万元以下的罚款。”第七十二条规定：“从事生产、经营的纳税人、扣缴义务人有本法规定的税收违法行为，拒不接受税务机关处理的，税务机关可以收缴其发票或者停止向其发售发票。”在已经存在涉税问题的情况下，因纳税人拒不配合而导致税务机关进一步采取措施，对纳税人来说，是得不偿失的。

那么，对已经查证的问题，纳税人采取拒不签字的软对抗措施，是否会收到效果呢？笔者认为，如何检查人员在检查过程中无不当之处，应当配合检查人员。该核对的，核对；该签字的，签字。因为在问题已经比较确定的情况下，和检查人员对抗没有多大意义。在事实比较清楚的情况下，拒绝在相关书证上签字，检查人员可以用其他方法取证。比如，直接调取原件，采用录音、录像的方式取证，只要程序合法，形成了完整的证据链，一样可以对纳税人相关涉税问题进行处理、处罚。而拒绝在《税务稽查工作底稿》上签署意见也没有意义，因为《税务稽查工作底稿》的作用是“记录案件事实，归集相关证据材料”，它将案件证据串联起来，使案卷脉络清晰、便于审理，案件定性以及税款的计算最终取决于检查人员收集到的各种证据资料（总账、明细账、凭证、合同、原始单据、房产证、土地证、计算表格等），纳税人不在工作底稿上签字，并不影响案件的处理。所以，在这个问题上，纳税人“恭敬不如从命”。

笔者曾遇到过几次拒绝签字的这种软对抗，但他们的这种软对抗并不是对笔者的检查、取证有什么异议，而是想通过这个办法拖延时间，为他们找关系“摆平”创造条件，但在笔者的耐心说服和坚持下，一般都能最终完成相关程序。

完成相关程序后，整理相关证据材料，撰写《税务稽查报告》并审批后，在5个工作日内移交审理部门审理，并办理交接手续，至此检查过程结束。

第四节　稽查审理：纳税人如何维护自身合法权益？

审理是指检查过程结束后，审理人员根据税收法律、法规、规章及相关法规对检查人员提交的检查案卷进行审查、核对，以确认其执法的合法性与适当性的过程。审理工作结束后，审理部门将制作《税务行政处罚事项告知书》和《税务处理决定书》《税务行政处罚决定书》或《税务稽查结论》，审批后，交相关部门送达纳税人。

稽查工作“四环节”中，审理环节的工作是比较独特的，因为这是一个审查和纠错的过程。在审理工作中，审理人员检查、核对相关证据资料，看检查人员有无执法不当的问题，涉税问题的定性和处理依据是否充分，证据资料是否充分，数字计算是否正确。一旦发现问题可以在这一环节得以纠正，一方面保护了被查对象的合法权益，另一方面则减少了检查人员不当执法行为产生的可能性。

一、审理的主要工作内容

检查人员移交过来的案卷资料主要包括税务文书、证据材料及其他材料三类。审理人员收到检查人员提交的资料后，应重点从以下几个方面进行审理。

（一）审查稽查对象主体是否正确

要查看《税务稽查任务通知书》《税务检查通知书》《税务稽查报告》等税务稽查文书中所涉及稽查对象的名称、纳税识别号是否正确、完整、一致。对被查单位发生名称变更或有重组行为，或存有多个名称相近的分支机构时，应重点核对，以免出现稽查对象主体错误的情况。

（二）审查程序是否合法

主要从税务文书的审查入手。《税收征收管理法》及其实施细则、《税务稽查工作规程》对稽查实施过程中应办理的手续及审批权限都做了严格的规定，因此要审查“立案审批表”、《税务稽查任务通知书》，以确定税务稽查的程序是否合法。审查“税务行政执法审批表”等相关文书，以确定检查人员的执法行为是否经过审批，文书的送达是否符合法律规定，在执法过程中，是否按规定出示了证件并履行了告知义务。

《税收征收管理法》及其实施细则、《税务稽查工作规程》还对稽查实施过程相关业务流程的法定完成时限做了规定，因此这一环节还要从税务文书上审查是否按照法定时限完成了相关的事项。如查看《调取账簿资料清单》的退还时间，看是否按规定时间退还了账簿资料——按规定，调取当年的账簿、记账凭证、报表和其他有关资料检查，税务机关必须在30日内退还；调取以前会计年度的账簿、记账凭证、报表和其他有关资料，应在3个月内完整退还。

（三）审查案件证据是否确凿、事实是否清楚

要重点审查案卷所附的证据材料及其他材料。从税务稽查的角度来看，常规使用的证据主要是书证，即书面证明材料，且多为复印件。这是由于税务稽查主要检查纳税人的账簿、资料所决定的。审理人员应认真审查相关证据资料，看其是否合法、完整、充分、有效，并足以支持所证明事实的存在。因此，稽查审理时要认真审核证据与事实之间、证据与证据之间、主证与佐证之间的逻辑关系以及证据的合法性、有效性、关联性，保证证据确凿有效。

（四）审查数据是否准确

审理人员要对《税务稽查报告》《税务稽查工作底稿》、相关证据资料、有关税款的计算表格进行审查，看税种、税目是否认定正确，税率适用是否无误，已纳税款、未缴税款或未扣未缴税款数是否正确，税款归属期确定是否正确，计税依据的确定是否符合相关税法的要求，工作底稿、稽查报告与证据资料上有关的数据是否一致。对于涉及税种、税目多，案情比较复杂的案件来说，检查人员在《税务稽查报告》中计算的税款数难免会出现错误，审理人员审查计算的数据是否正确，可以及时纠正错误，对于维护执法的权威性非常有意义。实际上，从审理中发现的问题大多数都属于这种情况。

（五）审查适用法律是否准确，处理意见是否得当

税务检查人员在提交的《税务稽查报告》中会对案件的定性和处理提出

意见，由于立法的原则性和执法的复杂性，以及每个检查人员对法律法规理解的差异等因素，检查人员提出的案件的定性和处理意见可能会不适当，审理人员应认真审查用以认定和处理涉税问题的法律法规依据，以纠正不当之处。

审查适用法律法规是否有问题：一是看适用的法律法规是否列明法律法规的名称和相关的条款，以判断是否仍继续有效，条款的引用是否完整，特别是条件部分，断章取义的引用很有可能出现错误；二是看引用的法律法规是否正确，是否适用所陈述的违法事实；三是看引用法律法规的位阶是否正确，上位法应优先。目前，一般情况下，审理部门会向检查人员提供常见涉税问题适用法律法规模板。因此，事实上，检查人员依据模板撰写《税务稽查报告》就不会出现问题。而关于案件处理意见，一般情况下，税务机关内部会有一个自由裁量权的标准，检查人员提出的案件处理意见也是按标准操作，也不会出现什么问题。

需要说明的是，一般情况的案件审理，完成上述过程就基本结束，但特殊案件会有所不同。各地税务稽查部门会规定，达到一定数额标准的案件，审理人员初审后，要呈交本局案件审理委员会集体审理。对特大案件，还要呈交上一级市局审理委员会审理。

二、处理

对稽查人员提交的证据材料和税务文书审查结束后，审理人员提出处理意见，制作《审理报告》，审批后，分以下三种情况做出相应的处理。

（一）有涉税问题并需要对其进行行政处罚的案件

审理人员应向案件当事人送达《税务行政处罚事项告知书》，告知拟做出的行政处罚决定的事实、理由、依据以及拟处罚标准和金额，并告知当事人所拥有的陈述权、申辩权与听证等权利以及相关权利的时效。

案件当事人对处罚决定的事实、理由、依据和拟订的处罚金额有异议的，可以采取以下措施维护自身权益。

1. 陈述申辩。

纳税人对行政处罚进行陈述与申辩时，可自行提供陈述申辩材料或到税务机关进行陈述申辩，税务人员应当充分听取当事人的意见，制作《陈述申辩笔录》。同时，审理人员应对当事人提出的事实、理由和依据进行复核，确实成立的，税务机关应当采纳。税务机关不得因当事人的陈述与申辩而加重处罚。

2. 听证。

根据相关法律规定，凡做出对公民 2 000 元以上、法人 10 000 元以上的税务行政处罚，当事人有权在税务机关告知后的 3 日内提出听证。当事人要求听证的，税务机关应在 15 日内举行听证，指定非本案调查人员主持听证，并在听证举行前的 7 日内通知当事人时间、地点。陈述、申辩及听证中当事人的理由成立的，行政处罚决定应当重新做出。

对执行告知程序并履行相应的法律手续后，被查对象未提出异议的，审理人员应制作《税务处理决定书》，审批后，交执行人员执行。

被查对象对税务机关最终做出的处罚决定不服的，可以按照《中华人民共和国行政复议法》《中华人民共和国行政诉讼法》的有关规定分别提出行政复议或行政诉讼。

有意思的是，虽然相关法律给了稽查对象相应的救济权利，但在目前的工作实践中，却很少有要求听证的，也很少有对税务机关做出的处罚决定不服而提出行政复议或行政诉讼的。目前，在稽查实施过程中，双方都比较注意依法处理有关问题。特别是稽查局，一般没有税收任务，不会因为有税收压力而有过当的行为；而被查对象也不像过去那样对相关法律、法规不太熟悉，税务机关一旦有什么不当行为，被查对象会马上提出来。笔者曾经给一家企业打电话，要求了解一些情况，对方财务负责人马上就提出疑问：你们有没有相关的法律文书？这个问题问得非常好，考虑到确有不妥，笔者马上答复他：第二天给他出具相关文书，接到相关文书后，再请他协助调查。这就是对方有较强法律意识的表现。

（二）无问题案件

已立案的稽查案件经审理人员审理确认无问题的，审理人员应制作《税务稽查结论》，报批后，由执行部门送达被查对象。对这样的案件，无论是检查科室，还是审理科室，都比较审慎。因为税务稽查局一般情况下会有一个选案准确率的考核，如果选案科室选定的稽查对象检查后未发现有涉税问题，说明稽查对象选得并不准确。但如果这么简单地回复选案科室，选案科室肯定会提出异议：是检查科室未查深查透！为了避免扯皮，一般情况下，检查人员对检查的案件不会做出查无问题的结论，除非有足够的把握认定稽查对象确无问题。

（三）涉嫌犯罪的案件

对涉嫌犯罪需依法移送的税务违法案件，应填制《涉税案件移送意见书》，审批后，交相关部门移送司法机关处理。

需要注意的是，2009 年颁布执行的《中华人民共和国刑法修正案（七）》中，对《中华人民共和国刑法》第二百零一条第一款做出了修改，规定：有第一款行为经税务机关依法下达追缴通知后，补缴应纳税款，缴纳滞纳金，已受行政处罚的，不予追究刑事责任。这一修改，提高了偷税行为的刑事处罚门槛，给了偷税犯罪行为人一次弥补过失、改过自新的机会。

第五节　被查出有涉税问题后会有什么样的处理、处罚?

被查过程中，当事企业和财务人员会感到不爽，不过，最不爽的还是查完后被处理、处罚。好在税务机关的处理、处罚必须依照一定的规则进行，而这些规则制定过程中，也充分考虑了纳税人权益保护问题。所以，虽然税务机关是“强势”一方，但也须依法合规；而纳税人虽然是“弱势”一方，但合法的权益可以理直气壮地申辩、维护。

一、标准模式下的处理、处罚

（一）追缴税款

《税收征收管理法》（以下简称征管法）第三十一条第一款规定，纳税人、扣缴义务人按照法律、行政法规规定或者税务机关依照法律、行政法规的规定确定的期限，缴纳或者解缴税款。比如，税务机关 2018 年在对 A 公司 2016 年、2017 年纳税情况进行检查时，发现 A 公司 2017 年与 B 公司签订销售合同。产品是定制的，在即将发货时，购买方 B 公司单方面违约，买卖没有做成。经过协商，B 公司赔偿 A 公司 10 万元，该笔违约金 A 公司已经收到，计入了“其他应付款”，未计入当期企业所得税应纳税所得额，少缴企业所得税 25 000 元。于是，税务机关对 A 公司少缴的企业所得税，依据征管法第三十一条第一款规定进行追缴，这就是追缴的标准模式。

（二）处罚

标准模式下，除了追缴少缴的税款，还要处以少缴税款的罚款。对于处罚，定性不一样，处罚依据的条款不同。比如，如果被定性为偷税，那么根据征管法第六十三条规定，是处以少缴税款 50% 到 5 倍的罚款；如果不被定性为偷税，那么可能引用的是第六十四条，视情节，处以少缴税款 50% 到 5 倍的罚款。这里面，虽然罚款的倍数区间是一样的，但两种情形性质不一样。

以刚才纳税人少申报缴纳 25 000 元企业所得税为例，如果该行为并没有定性为偷税，那么税务机关是依据征管法第六十四条第二款规定，处以少缴税款 50% 的罚款，也就是 12 500 元。

还有一种情况是扣缴义务人少扣缴税款，这时的处罚依据是征管法第六十九条。第六十九条规定，扣缴义务人应扣未扣、应收而不收税款的，由税务机关向纳税人追缴税款，对扣缴义务人处应扣未扣、应收未收税款 50% 以上 3 倍以下的罚款。当然，如果扣缴义务人未扣未缴行为被定性为偷税，则根据征管法第六十三条第二款规定，处以不缴或者少缴税款50%以上5倍以下的罚款。

比如，税务机关在对B公司进行纳税检查时，发现该公司支付高管的租房补贴未合并工资薪金所得计算扣缴个人所得税，少扣缴个税10万元。那么，税务机关会依法责令B公司补扣补缴，同时，处以少扣缴税款50%的罚款，也就是5万元。

有意思的是，征管法针对不同情形下，处以少缴税款的罚款有很大的裁量空间，如50%到5倍。那么，实务中，税务机关到底是依据什么确定罚款的倍数区间呢？要知道5倍的罚款和0.5倍的罚款，对纳税人的影响差别太大了。

理论上，罚款倍数的确定，应当根据违法情节的轻重。但是，这种轻重的判定很难有一个非常准确的尺度去衡量。所以，实务中，有的税务机关处以少缴税款罚款的倍数确定太随意，引起纳税人不满。纳税人和扣缴义务人，对征管法处罚裁量空间规定的太大，一直有比较大的意见，民间也有呼声，要求征管法修订的时候，进一步缩小处罚的裁量空间。

为了减少这方面的争议，很多省份制定了《税务行政处罚裁量基准》，这个基准针对具体的行为和情节规定了处罚倍数和额度范围。例如，山东省税务系统自由裁量基准规定，纳税人行为已经构成偷税，但纳税人违法行为的事实、性质、情节以及社会危害程度一般的，处不缴或者少缴税款50%以上1倍以下的罚款。这个裁量范围就大大缩小了，这对降低税务机关执法风险，减少税企争议是相当有好处的。

总的来看，目前状态下，如果违法性质比较恶劣，如偷税、故意虚开或接受虚开这一类的，税务机关往往倾向于处罚的倍数较高，而一般性的违法行为，如纳税人政策理解不正确或纳税人内部流程问题导致的未按期申报纳税的问题，一般处罚较轻，会按最低的0.5倍进行处罚。

以上讨论的是处罚的倍数区间，除此之外，关于是否处罚，各地执行起来，尺度也不太一样。例如，有的地方强调稽查案件的处罚率，这种情况下，稽查部门在办理案件时，会不分情形，一律处以少缴税款的罚款；而有的地方出于优化营商环境的考虑，处罚是从轻的。比如，有的地区内部掌握，只要不定性为偷税，就只追缴税款，不处以少缴税款的罚款，这对纳税人是相当有利的。

（三）加收滞纳金

罚款之外，标准模式下，少缴税款的，还要加收滞纳金。根据征管法第三十二条规定，纳税人未按照规定期限缴纳税款的，扣缴义务人未按照规定期限解缴税款的，税务机关除责令限期缴纳外，从滞纳税款之日起，按日加收滞纳税款0.05%的滞纳金。这个0.05%的滞纳金比例是不低的，按年计算的话，要达到18.3%。关于滞纳金何时停止计算，实务中，一般的理解和执行就是税款实际入库时止，但也有特殊情况。比如，针对一些特殊案件，税务机关执行层面会宽一些——从滞纳税款之日起按日加收滞纳金，至《检查通知书》送达之日止。当然，这是极个别情况下的变通方法。

关于滞纳金，实务中有这样一个问题，就是自从《中华人民共和国行政强制法》生效后，很多人认为税款滞纳金不应超过本金，理由是《中华人民共和国行政强制法》第四十五条规定“加处罚款或者滞纳金的数额不得超出金钱给付义务的数额”，而税款的滞纳金属于滞纳金的一种，当然也要受到行政强制法的调整。所以，纳税人未按照规定期限缴纳税款，不论滞纳多长时间，滞纳金最多只能达到本金的1倍，是有“封顶”的。有司法判决案例，具体见《山东省济南市中级人民法院民事判决书》（2019）鲁01民终4926号：

主管税务机关（被告）认定建材公司（原告）存在欠缴税款两笔：增值税呆账1 298 224.79元，税款所属期为1998年11月，缴款期限为1998年12月10日，自1998年12月10日起至2018年7月2日（即破产清算受理之日），滞纳金为6 335 336.98元；城市维护建设税81 526.30元、教育费附加34 939.84元，共计116 466.14元，自1998年1月12日起计算至2018年7月2日，滞纳金为451 818.75元，同时做出追缴税款、加收滞纳金的处理。原告不服提起诉讼，一审原告胜诉，被告不服，提起上诉，二审法院维持了一审判决。

二审法院认为，加收滞纳金系纳税人未在法律规定期限内完税的一种处罚举措，系行政强制执行的一种方式，一审法院对此认定并无不当。《中华人民共和国行政强制法》第四十五条第二款规定“加处罚款或者滞纳金的数额不得超出金钱给付义务的数额”。建材公司管理人认定的滞纳金数额，符合法律规定。对于槐荫税务局（主管税务机关）要求建材公司管理人确认超出本金的税款滞纳金，不符合法律规定，不应支持。综上，槐荫税务局的上诉请求不能成立，应予驳回；一审判决认定事实清楚，适用法律正确，应予维持。依照《中华人民共和国民事诉讼法》第一百七十条第一款第一项规定，驳回上诉，维持原判。

但是税务机关不这么看。国家税务局总局服务司于2012年8月22日就“征收税款加收滞纳金的金额能否超出税款本金”的问题答疑，明确答复“税收滞纳金的加收按照征管法执行，不适用行政强制法，不存在是否超出税款本金的问题。如滞纳金加收数据超过本金，按征管法的规定进行加收”。在征收实践中，税收征管系统自动计算滞纳金是无限期加收的，税款滞纳金可以超过本金，如果哪位纳税人不相信，可以试一下，有一笔税款申报，但是不缴纳，你放心，系统会自动加上滞纳金，直到永远……

二、特殊情况下的处理、处罚

刚才说的都是标准模式，也就是一般情况下稽查后会进行的处理、处罚。但是，也有特殊情况，在这些特殊情况下，可能不会再追缴税款，或者不会处以少缴税款的罚款，或者不加收滞纳金，这些情形，对纳税人自然相当有利。纳税人应当掌握这些处理的细节，以便充分利用相关规定、适用相关规定，尽量争取不追缴、不被处罚，或者不加收滞纳金。

（一）不追缴税款

对纳税人有利的情形，第一个就是不追缴税款。征管法第五十二条规定，因税务机关的责任，致使纳税人、扣缴义务人未缴或者少缴税款的，税务机关在3年内可以要求纳税人、扣缴义务人补缴税款，但是不得加收滞纳金。因纳税人、扣缴义务人计算错误等失误，未缴或者少缴税款的，税务机关在3年内可以追征税款、滞纳金；有特殊情况的，追征期可以延长到5年。

这条规定里提到了特殊情况，那么这个特殊情况是什么呢？《税收征收管理法实施细则》第八十二条做出了解释：“税收征管法第五十二条所称特殊情况，是指纳税人或者扣缴义务人因计算错误等失误，未缴或者少缴、未扣或者少扣、未收或者少收税款，累计数额在10万元以上的。”这里，10万元的限额是指累计数额，也就是说，只要纳税人、扣缴义务人在5年之内未缴少缴税款的数额合计达到10万元，税务机关就可以追征，而不是特指某一笔税款达到10万元以上。

上面文字中提到追征期的期限有3年，还有5年，那么这个期限怎么计算呢？征管法实施细则第八十三条规定：税收征管法第五十二条规定的补缴和追征税款、滞纳金的期限，自纳税人、扣缴义务人应缴未缴或者少缴税款之日起计算。这是起算时间，具体情况要看不同税种的纳税期限。

以增值税为例，A公司为增值税一般纳税人，它的增值税是按月申报，如果税务机关查到A公司2016年8月少计10万元销售额，则这笔少计10万元销售额、少缴增值税款17 000元的税款，追征期从2016年9月16日起算。

那么追征期的终止时间呢？这个实务中有争议，有的认为是《检查通知书》送达之日。有的认为是《税务处理决定书》送达之日。这两个时间点分别是检查开始的时间点和检查结束的时间点，这两个时间点的间隔，短的1个月，长的可能1年甚至数年。所以，从时间长度来说，显然从《税务处理决定书》送达之日起计算追征期，对纳税人更有利。

笔者本人倾向于以《税务处理决定书》送达之日起计算追征期，因为只有税务机关确认存在涉税问题后，才存在追征的问题。下达《检查通知书》只是检查工作的开始，这个时候并不能确认纳税人是否存在少缴税款的问题。一般来说，确认纳税人少缴税款的情况有三种，一是纳税人主动申报，二是税务机关依法核定，三是税务机关检查确定。税务机关检查确定的情形，只有送达《税务处理决定书》才是确定的、合法有效的，所以只能从这个时间往前计算追征期。

在这里特别需要说明的是，征管法第五十二条第三款明确规定，对偷税、抗税、骗税的，税务机关追征其未缴或者少缴的税款、滞纳金或者所骗取的税款，不受前款规定期限的限制。也就是说，一旦定性为“偷骗抗”的，追征期是无限的。那么，什么是偷税、骗税、抗税呢？

关于偷税，征管法第六十三条规定：纳税人伪造、变造、隐匿、擅自销毁账簿、记账凭证，或者在账簿上多列支出或者不列、少列收入，或者经税务机关通知申报而拒不申报或者进行虚假的纳税申报，不缴或者少缴应纳税款的，是偷税。但这个规定太模糊，实际执行起来，税企往往会有很大争议。比如，2020 年税务检查发现，纳税人 2019 年 12 月销售一批货物，货物已经发出，款项也已经收到，但未开具发票（行业习惯，对方什么时候要发票再开具，并且按开票收入申报），也未申报纳税，该行为是否应当定性为偷税呢？对这类问题的处理，各地口径会有不同。有的地方的税务机关比较直接：凡少缴税款的，一律定性为偷税；而有的地方，一般情况下不定性为偷税，只有有明确证据证明纳税人有主观故意的，才定性为偷税。

关于骗税，主要是指骗取出口退税。征管法第六十六条提到，以假报出口或者其他欺骗手段，骗取国家出口退税款就是骗税。

关于抗税，征管法第六十七条明确规定：以暴力、威胁方法拒不缴纳税款的，是抗税。

所以，对纳税人来说，应当避免这些行为，否则，国家会一直追到底。还有一点需要注意的是，一旦被查，发现有涉税问题，应当积极举证、积极争取不被定性为偷、骗、抗，否则接下来面临的就是无限期追征，对纳税人相当不利。

（二）不处罚或者免予处罚

上面说到的是追征的情形。那么，关于处罚呢？当然也不是只要纳税人少缴税款，都要对纳税人处以少缴税款一定倍数的罚款。特定情况下，是可以减轻或免予处罚的。

一是不给予处罚的情形。征管法第八十六条规定：违反税收法律、行政法规应当给予行政处罚的行为，在5年内未被发现的，不再给予行政处罚。这句话的意思是，时间可以消弥一切。

二是依法从轻或减轻行政处罚的情形。根据《中华人民共和国行政处罚法》第二十七条规定，这些情形包括：主动消除或者减轻违法行为危害后果的；受他人胁迫有违法行为的；配合行政机关查处违法行为有立功表现的；其他依法从轻或者减轻行政处罚的。违法行为轻微并及时纠正，没有造成危害后果的，不予行政处罚。

三是一事不二罚的情形。《中华人民共和国行政处罚法》第二十四条规定：“对当事人的同一个违法行为，不得给予两次以上罚款的行政处罚。”

针对上述规定，如果纳税人在被处罚时，要关注是否有减轻或免除处罚的情形，尽量向税务机关争取，以求最轻。

（三）不加收滞纳金

同样，并不是所有情形下，都要加收滞纳金。常见的不加收滞纳金情形有以下几种。

一是扣缴义务人应扣未扣、应收而未收税款的，由税务机关向纳税人追缴税款，对扣缴义务人处罚款。这里面，由于是未履行扣缴义务，未占用税款，所以税务机关只能依据相关税法的规定责令补扣补缴，如果无法履行扣缴义务，应当向纳税人追缴，而相应的滞纳金也应当向纳税人加收。文件依据为《国家税务总局关于行政机关应扣未扣个人所得税问题的批复》（国税函〔2004〕1199号）第三条“关于应扣未扣税款是否加收滞纳金的问题”规定：“按照《中华人民共和国税收征收管理法》规定的原则，扣缴义务人应扣未扣税款，无论适用修订前还是修订后的《中华人民共和国税收征收管理法》，均不得向纳税人或扣缴义务人加收滞纳金”。

曾遇到这样一个问题：纳税人2019年6月购买境外企业提供的培训服务，服务已经于6月完成，但纳税人一直未付款。到了2019年11月，纳税人实际对外付款，2019年12月申报时，税务人员查看了相关的合同协议，告诉纳税人需要加收滞纳金。那么，这种情况下，是否需要加收滞纳金呢？《关于全面推开营业税改征增值税试点的通知》（财税〔2016〕36号）第四十五条第五项规定："增值税扣缴义务发生时间为纳税人增值税纳税义务发生的当天。"因此，纳税人向境外支付培训费扣缴义务发生时间是6月，而不是11月，那么是不是因此就需要加收滞纳金呢？当然不需要，因为纳税人未履行扣缴义务，所以实际支付时履行扣缴义务无须加收滞纳金。

二是纳税人善意取得虚开的增值税专用发票被依法追缴已抵扣税款的，不加收滞纳金，依据文件为《国家税务总局关于纳税人善意取得虚开增值税专用发票已抵扣税款加收滞纳金问题的批复》（国税函〔2007〕1240号）。

三是因税务机关的责任，致使纳税人、扣缴义务人未缴或者少缴税款的，3年内补缴的，这个依据的是《税收征收管理法》第五十二条规定。

四是特别纳税调整补征税款，按照国务院规定是加收利息，而不是滞纳金，这个利息是特殊纳税调整依补税期间同期的人民币贷款基准利率按日加收的。显然，这个金额要大大低于税款滞纳金。

（四）争取纳税人利益权益最大化，哪个阶段最合适？如何争取？

稽查要经过选案、检查、审理、执行四个环节。四个环节中，检查环节负责检查发现纳税人的涉税问题，提取并固定证据，计算应补缴或者应补扣补缴的税款，提出处理、处罚的意见。所以，对纳税人来说，如果要争取被查的时候利益最大化，检查阶段最重要。对检查环节，检查人员确定的问题，被查单位可以就证据及处理依据进行充分的沟通、举证甚至反驳，只要方式得当，有理有节，检查人员一般会采信纳税人的意见。

比如，检查过程中，检查人员发现该单位自产产品领用，计入了"管理费用——福利费"。检查人员复印了有关凭证，认为该部分产品领用应并入职工工资薪金所得计算扣缴个人所得税，被查单位可以举证这部分产品领用是集体福利且不可分割，不应计算扣缴个人所得税，那么经过沟通，税务检查人员会采信纳税人的主张。

再比如，关于少缴税款定性的问题，检查中，发现纳税人少缴税款问题，检查人员倾向于认定纳税人行为构成偷税。如果认定为偷税，不仅处罚程度不一样，还会影响纳税信用等级，甚至直接判定为D级，对纳税人相当不利。

所以，在这个阶段应当与检查人员充分沟通。如果检查人员倾向于认定是偷税，那么可以提交对自己有利的证据，同时，对检查人员已经提取的、对自己不利的证据，要与检查人员进行质证。在充分沟通的基础上，争取检查人员的理解、谅解。需要说明的是，如果证据不够充分，检查人员一般最终也不会认定为偷税。

（五）关于听证、复议、诉讼

（1）税务行政处罚听证是税务机关做出重大行政处罚决定之前，在税务机关派出专门人员或者机构的主持下，由直接参与案件调查取证的税务人员或部门为一方，被认为违法的当事人为一方，有关证人等共同参加，由税务人员提出当事人违法的事实、证据和行政处罚建议，当事人进行申辩和质证，以进一步澄清事实、核实证据的法定程序。

当纳税人对税务机关的处罚有异议时，可要求听证。需要注意的是，提出听证的申请，应当在收到处罚告知文书3日内，如果不在规定的日期内提出，视为放弃。

目前来看，税务稽查环节中，因为处罚提出听证的概率极低。因为这个环节，仍然是纳税人与税务机关的博弈，纳税人胜算把握极低。所以，纳税人即使对处罚有异议，一般也会放弃听证的权利。

（2）税务行政复议是指当事人不服税务机关及其工作人员做出的税务具体行政行为，依法向上一级税务机关提出申请，复议机关经审理对原税务机关具体行政行为依法做出维持、变更、撤销等决定的活动。

（3）税务行政诉讼是指公民、法人和其他组织认为税务机关及其工作人员的具体税务行政行为违法或者不当，侵犯了其合法权益，依法向人民法院提起行政诉讼，由人民法院对具体税务行政行为的合法性进行审查并做出裁决的司法活动。

虽然法律赋予了纳税人通过复议及诉讼争取权益的权利，不过，在实务中，复议及诉讼会有较高的成本，这个成本有时间成本、经济成本还有人脉资源损失的成本，纳税人应当谨慎行使。对那些事实清楚、证据确凿、定性处理处罚准确的案件，不必“以卵击石”。

不过，从很多复议特别是诉讼的案例来看，由于审判人员对税法的理解角度不同，很多情况下，在税务机关看来，板上钉钉的案件，结果通过诉讼，法院反而支持了纳税人的诉求。所以，对一些案情重大、事实不太清楚或者政策规定模糊的案件，在尽量向税务机关陈述申辩的情况下，如果仍然不能得到税务机关的采信或理解，可以依法通过复议和诉讼争取权益。并且，税务机关也未必都反感这种方式，因为有的争议很大的案子，处理不处理都有执法风险，而法院判决后，税务机关就不会有什么执法风险。

三、检查、处理、处罚案例

假定歌星K女士出台演唱，每次出场费100万元，但为了少缴个税，和主办方签订的都是阴阳合同，然后被举报，那么这个案子，税务稽查会如何调查、处理呢？

首先，这个案子属于举报案件。根据举报案件立案标准，如果举报内容翔实，线索清晰，一般应当立案。如果这个案件本身有比较大的社会反响，受到舆情的压力，立案更是大概率事件。立案后，相关部门会指派检查人员，转入调查程序，向案件当事人K女士下达检查通知书。这个案件，由于是针对自然人，可能没有相应的账簿资料，所以，一般情况下，很难直接从当事人那里寻找到突破口，税务机关只能采取其他比较有效的调查方法。例如，调查所有与K女士有业务合作的单位，落实每次演出的合同约定及款项支付，还有纳税申报情况；调查K女士个人及相关人员账户资金往来情况。如果顺利，从这两个方面入手，会很快查清K女士阴阳合同少申报收入偷逃税款问题。

如果经过调查，K女士通过阴阳合同隐匿收入少缴税款行为属实，则会被定性为偷税，不仅要追缴税款，而且要处以少缴税款一定倍数的罚款。K女士行为主观故意明显，社会影响恶劣，可能会处以一倍以上罚款。另外，K女士如果偷逃税款金额较大，还会被定性为偷税罪而被追究刑事责任。所以，类似于这种被举报的案件，对当事人来说，是一件很麻烦的事。

第六节　稽查执行：欠国家的，还是要还的！

这是稽查“四环节”中的最后一个环节，在这个环节中，执行人员要将案件审理科室制作的《税务处理决定书》和《税务处罚决定书》送达被处理、处罚对象，监督其在规定期限内自动履行税务处理、处罚决定，即补缴或代扣代缴相应税款、缴纳罚款及滞纳金。对在规定的期限内未履行或未完全履行税务处理、处罚决定的执行对象，税务机关将依法采取税收强制措施，确保税务处理、处罚决定得以完全履行。

执行工作本身好像没什么技术含量，但这项工作意义重大。能否将税务处理、处罚决定落到实处，事关税法的权威，事关稽查成果的实现，事关税收违法问题能否得到很好的纠正——一个不能执行的检查案件将会使前面所做的工作努力都付之东流，也将会使纳税人的纳税遵从度大打折扣，对税务稽查来说，光开花不结果是不行的。

根据相关税收法律、法规和国家税务总局《税务稽查工作规程》的规定，执行环节的主要工作内容有以下几项。

一、送达有关文书

税务人员在送达《税务行政处罚事项告知书》《税务处理决定书》等税务文书时，应告知当事人相应的处理事项，特别是其应有的权利和应承担的义务。当事人收到文书后，应在《税务文书送达回证》或直接在税务文书上签收。

通常情况下，税务人员采取直接送达的方式，当事人拒绝签收的，执行人员在要求见证人签名后，留置文书即为送达。当事人无法查找的，执行人员可以采取其他送达方式送达。实际工作中确有当事人拒绝签收的情况，这个情况产生的原因往往都是对处理、处罚有异议。

二、执行

送达文书后，跟踪、监督案件的执行，保证各种执行事项在规定期限、按照规定标准落实，是执行人员必须要做的工作。绝大多数情况下，被处理、处罚对象都能自觉履行法定的义务。但确有特殊情况下，被处理、处罚对象玩“失踪”、玩“躲猫猫”，如果有这样的行为，说明其主观上就根本不想履行税务机关的决定，对这样的执行对象必须采取果断措施，以维护税法的权威和刚性。在执行阶段，相关法律、法规赋予了执法机关相应的权力。

（一）税收保全

按照《税收征收管理法》规定，税务机关对从事生产、经营的纳税人以前纳税期的纳税情况依法进行税务检查时，发现纳税人有明显的转移、隐匿其应纳税的商品、货物以及其他财产或者应纳税收入迹象的，可以采取税收保全措施。根据第三十八条规定，税收保全措施包括：冻结纳税人存款账户，查封扣押纳税人相当于应纳税款的财产等。

（二）强制执行

《税收征收管理法》第四十条规定：从事生产经营的纳税人、扣缴义务人未按照规定的期限缴纳或解缴税款，纳税担保人未按照规定的期限缴纳所担保的税款，由税务机关责令限期缴纳，逾期仍不缴纳的，经县以上税务局（分局）局长批准，税务机关可以采取强制执行措施，这些强制措施有以下两种。

（1）拍卖或变卖财产：经县以上税务局（分局）局长批准后，填制《查封（扣押）证》与《扣押商品、货物、财产专用收据》，执行人员可以扣押相当于其应补缴税款及滞纳金、罚款的财产，制作《拍卖商品、货物、财产决定书》，进行公开拍卖或变卖，以抵缴相应的税款、滞纳金、罚款。

（2）强制划缴：如果被执行人在银行开户且有存款，经县以上税务局（分局）局长批准后，填制《扣缴税款通知书》，执行人员可通知当事人开户银行，从其所开设的账户中划缴相当于应补缴税款及其滞纳金的款项。

一般情况下，税务稽查机关在执行环节遇到困难比较少见。原因在于，大部分列入稽查局稽查对象的都是正常经营的且有一定规模的企业，特别是设区的市级稽查局所查企业。这类企业的经营不是一锤子买卖，对已经生效的税务处理、处罚决定不去主动履行，往往后续的经营会受到影响。因此，只要有履行能力，这类企业一般会主动履行，除非资金困难，暂时无力履行。

实务中，还有一些针对“走逃、失联”企业的检查，这类企业一般是借用（或冒用）别人的身份信息注册空壳企业，暴力虚开，然后走逃。对这类企业检查后的处理处罚，根本无法执行。

第七节 税务稽查与纳税评估有何不同？

之所以把纳税评估称为税务稽查的近亲，是因为它们的工作流程、工作目标有一定的相似性。在纳税人看来，纳税评估通过资料分析、评估约谈等方式查找税收问题，几乎就是一种间接的纳税检查。根据国家税务总局《纳税评估管理办法》的有关精神，纳税评估是指税务机关运用数据信息对比分析的方法，对纳税人和扣缴义务人（以下简称纳税人）纳税申报（包括减免缓抵退税申请，下同）情况的真实性和准确性做出定性和定量的判断，并采取进一步征管措施的管理行为。

与税务稽查不同的是，纳税评估工作主要由基层税务机关的税源管理部门及其税收管理员负责，重点税源和重大事项的纳税评估也可由上级税务机关负责。对于基层税务机关来说，纳税评估是其实施科学化、规范化、精细化税收管理不可缺少的重要手段和方法。目前，各地都制定出适合本地区特点的纳税评估管理办法，对纳税评估工作的管理提出了明确而具体的办法。如《山东省地方税务局纳税评估管理暂行办法》规定，纳税评估工作遵循强化管理、优化服务，分类实施、因地制宜，人机结合、简便易行的原则，主要工作内容包括：根据宏观税收分析和行业税负监控结果以及相关数据设立评估指标及其预警值；综合运用各类对比分析方法筛选评估对象；对所筛选出的异常情况进行深入分析并做出定性和定量的判断；对评估分析中发现的问题分别采取税务约谈、调查核实、处理处罚、提出管理建议、移交稽查部门查处等方法进行处理；维护更新税源管理数据，为税收宏观分析和行业税负监控提供基础信息等。各地制定的纳税评估办法略有不同，但一般情况下，纳税评估工作有如下基本流程。

一、选定评估对象

由纳税评估人员按照纳税人的纳税申报信息和其他相关信息，通过预先设定的条件和指标，对纳税人进行筛选，确定纳税评估对象。这一过程与税务稽查的选案环节相类似，只不过这一环节由评估人员进行，并没有像稽查一样“四分离”。

选定纳税评估对象时，应根据纳税人所属行业、经济类型、经营规模、信用等级等情况，有侧重点地选择重点税源、特殊行业的重点企业、税负异常变化、达到或超过预警指标、长时间零申报、纳税信用等级较低、日常管理中发现涉税问题比较集中的纳税人，因为这类企业存在税收问题的可能性更大。

选定对象后，制作纳税评估对象清册，下达纳税评估计划，开始实施评估分析。

二、评估分析

这是纳税评估工作中最重要的环节，类似于税务稽查的检查环节。在这一环节中，评估人员通过指标测算、审核比对、关联分析等综合方法，参照行业税负或区域税源变化规律以及上级发布的预警指标，对已选定的纳税评估对象纳税申报的真实性、合法性、准确性进行判断、评价、确认。主要内容有：审核纳税人各项纳税申报资料是否完整、真实、合法；纳税人是否按照税法规定和主管地税机关的核定、认定、审批事项的规定程序与时限履行了申报纳税义务，纳税规模、税收负担与行业税负预警指标有无明显差异；审核纳税人纳税申报表主表、附表和扣缴义务人代扣代缴、代收代缴税款报告表的项目、数字填写是否完整，适用的税目、税率及各项数字计算是否准确，主表、附表及项目、数字之间的逻辑关系是否正确等。

三、约谈核实

这一阶段，纳税评估人员对评估分析发现的问题或疑点，约请纳税人进行调查询问、约谈核实。如有必要，纳税评估人员可到企业实地调查核实。税务约谈过程中，评估人员听取纳税人的陈述说明，审阅纳税人提供的举证资料，做好约谈。约谈核实工作结束后，纳税评估人员应根据调查核实结果制作《纳税评估调查核实报告》，连同《纳税评估约谈核实记录》、实地调查取证的资料以及纳税人提供的证明资料，一并移交纳税评估部门。

四、评定处理

这一阶段，纳税评估人员就评估分析发现的问题和约谈核实确认的问题进行对接和审核，并根据有关税收政策法规做出评估结论和进行相应处理。在这一过程中，纳税评估人员要对评估分析过程中发现的问题和疑点逐一进行认定，逐户制作纳税评估结论书。纳税评估结论书的主要内容应当包括纳税评估对象、纳税评估税款所属期间、纳税评估内容、评估分析发现的疑点、纳税评估重点核实的问题、纳税评估资料（信息）来源、纳税评估步骤和具体方法、评估结果的认定和处理意见等内容。

根据不同的评定结果，有如下不同的处理意见：一是经评估分析有问题或疑点，但纳税人能提供相应证据说明和消除问题或疑点的，确定为正常纳税户归档。二是纳税人承认存在申报纳税或申报解缴税款差异事实，并能通过自查重新申报，补缴税款、滞纳金等方式消除存在差异的，将纳税评估结论通知主管地税机关，监督纳税人限期改正；待纳税人自行纠正后，将有关补正资料与评估结论一并归档。三是纳税人无正当理由和证据说明和消除疑点或异常，又不愿自查纠正的；纳税人拒绝约谈核实的；经评估分析和调查核实，发现纳税人存在偷逃骗税行为，且情节严重、数额较大的，制作《纳税评估选案建议书》，移送稽查部门查处。稽查部门查处终结后，将稽查处理决定书复印件与评估结论一并归档。

从国家税务总局和各地的纳税评估管理办法可以看出，纳税评估操作程序严格，注重人性化管理服务，其程序简单，处理结果更灵活些，主要目的还是促进诚信纳税、加强税源监控、督促自查自纠。因此，对企业来说，如果有涉税问题，接受纳税评估自然比接受稽查更有利。在接受纳税评估时，配合主管税务机关查找问题并在税务机关指导下纠正应是明智的选择。否则，转入稽查，税务风险便会骤然加大，对企业是极其不利的。

第八节　什么是自查？纳税人如何通过自查实现“自我救赎”？

所谓纳税自查，是指纳税人按税务机关要求在规定的时间内，对照税法，自我检查税务机关指定年度各税种申报和缴纳情况，自查结束后，自查企业要向税务机关提交“自查报告表”，说明纳税自查组织情况及存在的问题，经税务稽查部门审核后，在规定的时间内持“自查报告表”到主管税务机关申报缴纳或补扣、补缴相应税款，并承担相应的滞纳金。例如，针对税务机关查处的影视行业高收入从业人员偷逃税等问题，为进一步规范影视行业税收征管秩序，促进影视行业健康发展，国家税务总局于2018年10月下发《关于进一步规范影视行业税收秩序有关工作的通知》（税总发〔2018〕153号）文件，明确从2018年10月开始，到2019年7月底前结束，按照自查自纠、督促纠正、重点检查、总结完善等步骤，逐步推进规范影视行业税收秩序工作，文件部署了具体的自查时间。一般来说，自查有如下步骤。

一、确定和下达自查名单

自查企业名单由选案部门根据年内的专项检查计划确定。如某年度某稽查局把金融保险、房地产行业作为检查重点，那么会选取其中疑点较大的企业作为自查对象。自查对象有时是一比一的关系，即只要确定为自查对象，那么自查完毕后，自动按计划转入稽查。另一种情况是自查对象多于稽查对象，这种情况下，需要根据自查对象自查的情况，进一步从中选取下一步的稽查对象。也就是说，有一部分企业自查后不一定转入稽查，而其余部分一定会转入稽查。目前第二种情况居多，即选案部门会多选定自查对象组织自查，然后根据自查情况，从中选取部分企业作为稽查对象。有时，上级机关也会指定某些企业进行自查，但不转入稽查，如国家税务总局指令性要求各地税务机关组织某集团公司在各省分支机构和子公司进行自查，但不一定全部转入检查。

二、分析自查对象的经营和纳税申报情况，制订自查组织方案，编写《自查提纲》

选案部门将自查名单下达各检查（处）科后，检查（处）科根据自查时间安排，拟定自查实施计划，明确不同阶段的时间节点及应完成的任务，同时组织人员分析自查企业的经营情况和纳税情况，并根据企业涉税问题的特点，组织人员有针对性地编写《自查提纲》。在《自查提纲》中，分税种列示可能存在的问题、需要重点检查的项目和内容，便于企业对照检查。国家税务总局指令性要求各地市同步对某类企业开展的自查，有时会提供一个完整的《自查提纲》，检查（处）科可以在此提纲基础上，加上具有本地区特点的涉税问题检查要点。

三、组织培训，搞好税收政策服务

虽然有《自查提纲》，但并不能保证提纲中的内容为自查企业的财务人员所理解。因此，需要以一定形式组织自查单位财务人员进行培训，详细讲解自查的有关要求，特别是《自提提纲》中，不同类型自查企业应重点落实的内容。笔者组织自查，一般是把所分配的自查企业按行业或类型，分别编写《自查提纲》，制作教学课件，并分别进行培训。虽然辛苦点儿，但可以保证提纲和自查重点的讲解有针对性。培训时，还留出时间给财务人员自由提问，一对一地交流，解答他们的疑问。

交流时，营造一个良好的氛围是非常重要的。检查人员应放下身段，平等地与财务人员交流，认真听取并耐心回答他们的问题。对自己不太熟悉无法确切回答的问题，应当记下对方的联系方式，在自己有了确切答案后，回复对方。绝对不能含糊其词，一带而过。因为，检查人员不准确甚至错误的回答不仅仅是误导企业的问题，有时会造成纳税人严重的经济损失。

四、在纳税人自查期间通过电话、微信等多种联系方式为纳税人提供即时的税收政策咨询

虽然有很多税收文件，但理解和执行的标准，实际中会存在差别。纳税人在自查过程中，税务稽查人员与企业财务人员保持良好的沟通非常有必要，可以随时将税务机关对税收相关文件的理解和执行标准告诉自查单位，以帮助他们判定自己的纳税申报是否存在问题。有的检查人员并不认为这是份内的工作，但笔者认为，执法机关还是应当牢固树立服务的理念，应当帮助企业防范税务风险，将问题解决在平时。稽查时发现问题进行处理、处罚并不是税务稽查履行职责的真正目的，税务稽查的真正目的仍是帮助企业在平时就养成依法

诚信纳税的良好习惯。

连续多次组织企业自查，笔者的体会是，培训、辅导、宣传、交流得越多，自查的效果越好，突出的表现就是自查的税款数大和种类数多。一般而言，中等规模的企业，如果工作到位，平均每户自查补缴十多万元税款并涉及多个税种的问题是正常的。而如果组织不得力，其结果就是自查的问题少，税款数额也少。

五、审核、分析企业自查报告

自查即将结束时，自查企业会上报“自查报告表”报告自查情况。即便税务机关反复强调自查的重要性，但每次自查，依旧有企业不珍惜自查的机会，敷衍了事。常见的就是填列一些印花税问题交差了事，这样的情况要么是不认真自查，未发现应该发现的问题，要么就是虽然发现了问题，但心存侥幸，未主动申报，哪怕将来转入稽查面临处罚的风险也不在乎。对这样的企业，一般情况下笔者会根据一户式档案信息分析一下该单位可能存在的涉税疑点，然后单独约谈一次，提出自己的疑问，并再次重申自查的重要性和转入稽查可能对企业带来的不利影响。有的企业在约谈后，会重新上报“自查报告表”，但仍有企业决定轻易放弃自查机会。对于这样的企业，笔者会向选案部门提出自己的建议：转入稽查。

六、自查涉及税款的处理

自查作为税务稽查的一个前置内容，是税务机关建设和谐税企关系、既强调管理又重视服务的一个良好举措，它给了纳税人一个自我发现问题并纠正错误的机会。所以，一般情况下，纳税人主动补缴税款，对补缴部分不会进行处罚。例如，《国家税务总局关于进一步规范影视行业税收秩序有关工作的通知》（税总发〔2018〕153 号）文件明确，从 2019 年 1 月至 2 月底，税务机关根据纳税人自查自纠等情况，有针对性地督促提醒相关纳税人进一步自我纠正，并加强咨询辅导工作。对经税务机关提醒后自我纠正的纳税人，可依法从轻或减轻行政处罚；对违法情节轻微的，可免予行政处罚。如果不经过自查，而直接进入稽查，那么，由稽查发现存在的涉税问题，除了补缴税款，加收滞纳金，还要给予相应的处罚。自查和稽查，一字之差，处理的结果是大相径庭的。

七、纳税人的“自我救赎”

显然，对企业来说，理解税务机关的良苦用心，重视这一自我纠错的机会，认真自查，在查前实现“自我救赎”非常重要。2018 年，税务机关在对某影星涉及偷税问题的检查中，我们可以看到，当事影星未珍惜这个机会，最终导致其被追缴税款 2 亿多元，罚款高达 6 亿多元，处罚的倍数基本上是三四倍，接近顶格处罚，是非常严厉的，这一处罚“前无古人、后无来者”。当事影星对该事件的应对是失策的。其实，当她知晓网上被举报时，应当第一时间采取行动，对举报问题，事实清楚的，应当第一时间向税务机关表明态度，积极争取在立案检查前纠正问题。这样做，应当能换来从轻或减轻行政处罚的结果。

第九节　如何配合税务机关进行检查？

如果有一天，企业财务负责人接到自称是 ××税务稽查局工作人员打来电话联系税务检查事宜，那么，这就意味着接下来，检查人员要进场进行税务检查。得到这个消息，淡定是必须的，因为这是税务机关的法定义务，郁闷、震惊、惊慌是没有必要的。接下来，厘清思路，行动起来，积极配合对方尽快完成检查工作才是最紧要的。

一、落实与检查有关的几个问题，搞好人员分工，做好相关准备工作

需要落实的问题有：是哪一级的税务稽查机关？是区、县级的，还是市级的，甚至省级的？是国税的还是地税的？相对而言，设区的市一级或有检查职能的省一级稽查局的检查人员业务水平高，且工作开展更规范些，因为他们接受培训的机会多，检查业务的交流多，检查的企业规模大、业务复杂，因而锻练机会多。谁来查？落实检查人员的姓名和联系方式、所在处室名称，以方便遇到问题随时联系。是什么样的稽查？本文在第一章中已经介绍了几种稽查方式，被查对象应与检查人员核实确定检查的方式是常规稽查还是审计式检查、调研式稽查。因为不同方式，涉税问题的处理会有差异。需要什么资料？与检查人员联系确认，需要调取哪些资料，国地税由于检查税种不一样，所需要的资料会有差异。

与检查有关的情况落实清楚后，财务负责人应将接受检查的情况向领导层汇报，被查单位应召开相关会议，通报相关情况，对部门间协作提出要求。因为即将进行的税务检查，虽由财务部门牵头负责，但很多事宜需要牵涉到其他部门。例如，提取账簿资料可能会涉及档案管理部门或信息管理部门；调查了解个人所得税的扣缴情况可能会涉及人力资源部门；检查合同签定情况、收入及成本情况可能会涉及营销部门、生产部门。按检查人员的要求，被查单位财务负责人应将各项准备工作进行分工，有负责接待的、有负责整理相关资料的、有专门负责回答相关问题或陪同检查人员到生产经营现场的。责任明确，工作起来才能有条不紊。

需要注意的是，以上检查是事先通知的检查，但有个别情况下会是突击检查。当稽查部门有理由认为在事先通知的情况下，被查对象可能会销毁或篡改相关资料，导致税务稽查无法进行时会采取这种方式。比如，一些餐饮、超市、酒吧、KTV 等类型的企业，财务管理不规范，纳税申报违法行为多，事先通知，一般情况下很难发现涉税问题，只能突击检查，以获得第一手且真实

的资料。在接受突击检查时，被查单位相关人员应当保持冷静，只要检查人员手续齐全，要求不是太过分，应配合好。拒绝检查甚至转移、销毁相关资料都是违法的。并且，直接的对抗很容易导致现场失控，会对企业的经营和形象造成极其不利的影响。“冲动是魔鬼”，被查单位切记！

二、态度上积极主动，用真心换真情

检查人员虽然代表税务机关行使执法权，但是人不是“神”，检查时自然非常希望对方理解、支持、积极配合自己的工作。因此，被查单位切不可因为检查人员的检查影响了自己正常的工作而有不良情绪的外露，特别是检查人员寻问有关情况时或要求提供某些资料时，拒不配合是不明智的。如果没问题，耐心地把问题向检查人员解释清楚，何乐而不为？如果确实有问题，如实回答不甘心，也不必显出不耐烦的情绪，检查人员很多时候是这样的心态：对方越是不配合，自己越是要加大检查力度。所以，不耐烦只能招致检查人员的反感和更深入的检查。

三、有礼之外也要有节

在检查中配合检查人员开展工作，真诚、尊重是必需的。但这并不意味着，财务人员对检查人员的任何要求都要迁就、顺从。迁就和无原则的顺从会纵容滥用权力，同时也会使自己的合法权益无端受到损害。被查单位应清楚和了解相关的执法流程规定，知道检查人员依法行使职权应受到哪些规定约束，并按规定行事。例如，《税收征收管理法》第五十九条规定：税务机关派出的人员进行税务检查时，应当出示税务检查证和税务检查通知书，并有责任为被检查人保守秘密；未出示税务检查证和税务检查通知书的，被检查人有权拒绝检查。因此，当检查人员实施检查时，需要出示执法证件，如果对方没有出示，被查单位应要求对方出示，否则可以拒绝接受检查。再如，检查人员调取账簿资料时，应调取《调取账簿资料通知书》所明确的年度，如检查人员提出要调取其他年度的资料，被查单位应要求对方出示相关文书，否则可以拒绝。在和检查人员交谈的过程中，态度上要做到不卑不亢。知道的，要认真解释清楚，不知道的，也要耐心说明原因，而不是很生硬地回答：“我不知道”。

还有一种比较个别的情况是，检查人员提出了工作之外的一些要求，那么这又该如何应对呢？税务机关对税务工作人员廉洁自律有明确的要求，按相关规定，税务工作人员没有理由向被检查单位提出违反规定的、工作之外的要求。因此，被查对象婉言拒绝恐怕是比较好的选择，如答复“我请示一下领导吧”或“我们单位有规定，不好操作”。这样彼此面子上都过得去，也是为对方负责。

四、认真审查相关文书，签字落笔要慎重

在检查过程中和检查结束后，会有许多法律文书或取证资料需要被查单位有关人员签字确认。由于事关后续的涉税问题处理，一定要认真审查、核对，确定无误后，再签字确认，如《稽查工作底稿（一）》和《稽查工作底稿（二）》。其中，《税务稽查工作底稿（一）》主要用于记录从被查对象的账簿凭证资料中摘录的内容；《税务稽查工作底稿（二）》主要用于记录案件具体事实。当检查即将结束，检查人员要求被查单位财务负责人签字时，要认真审查，看底稿内容是否真实、是否正确地反映了所检查问题的情况。其他取证资料则要审查是否取自被查单位，取证的过程是否合法。还有相关的补税计算表，应核对税目、税率是否正确，计税依据是否正确，对核对中发现的错误要立即提出，与检查人员交涉，以保证合法权益不受损害。笔者在一次检查中，发现对方有部分合同未申报缴纳印花税，当把有关合同复印要求对方签字确认时，对方提出有一些合同并不是印花税条例中列举项目，不应当征印花税，笔者又重新翻阅了合同，并查阅了印花税条例有关税目的解释，发现对方所陈述的情况属实，于是采纳了对方的意见。

这里需要注意的是，不能因为对检查人员的问题结论有异议而拒不在相关

证据资料上签字。例如，检查人员认为被查单位某项支出需要履行个人所得税代扣代缴义务，被查单位虽有异议，但关于这笔支出的证据资料（相关凭证复印件等）由检查人员合法取自被查单位，那么对这样的证据资料应予以签字、盖章认可。因为证据和定性处理是两码事。有了合法证据，不一定就能定性处理，检查完毕还有审理环节要对检查人员的处理意见进行审查，检查人员的处理意见有错误会得到纠正。另外，被查单位在审理结束后和案件执行完毕后，还有听证、行政复议和行政诉讼等救济途径可以运用。

第二章

查和被查都有哪些常见“套路”？

一名优秀的税务稽查人员，除了要具备丰富的财务、税务知识外，还要掌握有效的税务稽查方法。这些方法就是“套路”，它就像税务人员手中的一把“利剑”，可以使税务稽查人员轻松化解难题，面对海量的账目、资料和数据，也能在有限的时间内将涉税问题“一网打尽”。依笔者的工作感受，税务稽查方法实践重于理论，在“战斗”中成长、在实践中总结意义重大。一名工作经验丰富，但没有“注税”，也没有“注会”证书的老税务稽查人员可能在和财务人员几句话的聊天中就能锁定涉税问题（当然，如果有了“注税”“注会”，那更是如虎添翼），这不是传说，这是来源于实践的“厚积薄发”！

而对于企业财务人员来说，为了规避自己和企业所面临的税务风险，同样也会有很多“套路”，这些“套路”源于不断授受税务检查经验、教训的积累，有的时候也是十分“有效”的。

第一节 “套路一”：案头分析

“案头分析”是税务检查正式实施前的一个重要工作环节，这一环节要求检查人员要通过税务机关信息平台、上市公司公告、房产、国土管理部门等各种途径广泛搜集与被查单位有关的涉税信息，如各税申报缴纳信息、财产信息、经营信息、股东信息等，在掌握大量数据信息的基础上，通过财务指标间的逻辑关系，发现涉税疑点、求证涉税疑点。案头分析虽然不是执法环节，但对涉税案件的检查有着非常重要的意义，认真、仔细地进行案头分析，不仅能为正式检查广泛积累工作素材，提供检查线索，在某些情况下，还可以基本确定疑点甚至直接锁定涉税问题。

一、案头分析需要做的主要工作

（一）收集数据

通过地税工作平台，对稽查对象被查年度及之前的一个年度各税种缴纳情况按归属期生成电子表格，分别计算出每个税种、每个税目每年的合计数；通过税务信息系统，查询稽查对象被查年度资产负债表、利润表、企业所得税纳税申报表（含附表）生成电子表格（如有可能，下载其他税种申报表），另存备查；查看稽查对象房产、土地情况，同样生成电子表格另存备查；通过税务信息系统，查询该企业的注册登记资料，对企业的注册资本、股份构成、生产经营的基本情况有个概貌性的了解。如果是上市公司，还可以通过外网查询该公司每年的半年报、年报及通过各种媒体披露的与经营和税务有关的资料。通过税务机关内部，搜集关于该企业所属行业的经营特点、财务指标、税负指标等。如被查单位为建筑业，那么可以对应搜集与被查单位规模及经营状况相近的建筑企业的税负以作为比对的对象——若经营规模、经营模式、主营收入等经营要素基本相同，税负却相差很大，则很大可能其中一个存在企业所得税或流转税的问题。

与其他对类似企业进行过检查的检查人员进行沟通，了解这类企业可能存在的涉税共性问题，也是非常重要的，这叫“拿来主义”。因为很多涉税问题对某个行业或某类企业来说，是共性问题。比如，很多大型国有企业为保证退休员工退休后的生活待遇不降低，会在他们已有社保退休工资之外发放一部分补贴，而这部分补贴很少有代扣代缴个人所得税的，当我们从其他检查人员了解到这类信息，而正好所查企业又属于大型国有企业时，就可以直接调查这个问题。再如，会展中心类的企业，其主要经营资产就是展馆和场地，但往往这样的企业存在少缴房产税和城镇土地税的问题，但凡检查过的，都了解这个共性问题。了解这些信息，在对这类企业实施检查时，第一个要关注的问题便是房产税和城镇土地税的申报缴纳问题。“拿来主义”使检查人员对涉税问题的锁定非常迅速，这是税务稽查人员的一个重要经验。

最后，将所有上述搜集到的资料，在电脑中按稽查对象类别建立文件夹分类保存备用。这些信息资料是检查人员手中的“弹药”，越多越好，越真实越好。笔者的稽查感受是，越是管理规范的企业越好查，越是管理不规范的企业反而不好查，什么原因呢？就是因为越是管理不规范的企业，越是难以获得真实、全面、有效的信息资料——巧妇难为无米之炊！

（二）进行报表分析

收集信息和数据是为了分析，那么分析这些数据有助于发现问题吗？是的，非常有用，因为财务数据之间、财务数据与纳税申报数据之间、各类经营信息与纳税申报之间存在一定的关联关系或勾稽关系，这是从报表及其他各类信息分析涉税问题的基本原理。一个比较有名的财务分析方法叫“杜邦分析法”（DuPont Analysis），这种方法利用几种财务比率关系综合分析企业财务状况，以评价公司赢利能力和股东权益回报水平，从财务角度评价企业绩效。这种分析问题的方法，对于税务稽查人员利用已有数据资料分析可能存在的涉税问题是非常有借鉴意义的，只是由于涉税问题的复杂性，尚未找到一个比较权威的公式罢了。

案头分析的依据主要是根据检查人员的经验和从企业各类信息归纳的企业生产经营和纳税方面的参数。

首先要分析被查单位的房产、土地是否足额纳税，方法是直接根据其名下房产原值和土地等级、面积直接进行计算，并与被查年度实际缴纳的房产税、城镇土地使用税比较，看是否有差额，如应缴数大于实际缴纳数说明可能存在房产、土地的涉税问题。查看被查年度资产负债表“在建工程”有无发生变化，如“在建工程”数字减少，有可能有在建房产投入使用，这一疑点问题要记录下来，待实际检查时落实。

企业所得税要查看被查年度“企业所得税纳税申报表”，特别是其附表当中的“纳税调整增加表”和“纳税调整减少表”，看各数据间的勾稽关系是否有问题，同时对被查年度收入、利润及企业所得税实际缴纳情况与历年数据和行业数据进行比对，看有无较大出入，如有，应列为疑点，在实际检查时落实。

增值税要查看归属期是否被查年度的“增值税纳税申报表”，看适用税率是否正确，增值税税负与同类企业相比是否明显偏低，看被查年度资产负债表往来科目年末是否有较大余额。

对印花税，可查阅被查年度资产负债表，看该企业实收资本及资本公积是否有变化，如有增加，相应税目的印花税当年是否足额缴纳；购销合同印花税可比对同行业同样规模企业税负是否基本接近，如差距较大，则可能存在购销合同税目印花税问题。

对以上经过逻辑分析后初步确定的疑点及从其他途径获得的疑点，检查人员应进行讨论并制定《检查预案》，列出检查要点提纲、约谈内容提纲，为下一步稽查工作的正式开展打下基础。

二、分析案例

（一）由企业财务报表及企业注册登记信息可直接锁定某些涉税问题

与其他税种不同，企业应申报缴纳的房产税、城镇土地使用税及“营业账簿——记载资金的账簿”税目印花税，通常情况下与企业资产信息及资产负债表反映的“实收资本”和“资本公积”数据是有直接而明确的勾稽关系的。如企业名下登记有房产及土地，那么该企业所应缴纳的房产税（暂不考虑房产出租）和城镇土地使用税便可以依据房产原值及土地面积、类别直接计算出来，而企业应缴纳“营业账簿——记载资金的账簿”税目印花税，则可依据该企业资产负债表所反映的“资本公积”“实收资本”期初数和本年累计发生数计算出来。正是因为有这种直接而明确的勾稽关系，所以根据税务机关信息平台上企业房产、土地的登记信息、申报纳税信息及企业报送的资产负债表，就可以直接进行比对、核查，从而在案头分析阶段就发现企业房产、土地、印花税方面存在的涉税问题。

案例2－1：在对某高尔夫球场2015—2018年相关数据进行案头分析时，利润表显示，无大额营业外收入；“金三”平台显示，该企业名下土地面积未发生变化；资产负债表显示，该单位应交税费自2017年起有较大余额，至2018年余额又突然变小。综合上述信息，检查人员判断，该单位城镇土地使用税申报有问题。最终通过检查确认，被查单位根据政府指令建设、运营高尔夫球场，前期有政府财政补助，营业状况尚可，该单位按规定正常申报缴纳城镇土地使用税。2016年起，所在地政府不再给该企业财政补助，该单位经营状况也越来越差。面对资金不足的现状，该单位便采取申报、不缴纳的办法应对。后来，考虑到这样做形成欠税，风险很大，又逐步变成只计提、不申报。到了2018年，干脆账上不计提，“视同”无纳税义务来进行处理。直到税务检查介入，最终确认该单位少申报缴纳较大数额税款。

案例2－2：检查人员在对某技术服务有限公司2015—2018年相关数据进行案头分析时，资产负债表显示该单位“其他应付款”长期保持较大余额。经检查发现，该余额为计提应支付给其上级单位的费用（相当于“提成”或“好处费”）。自2015年起，由于相关政策趋紧，其上级单位与被查单位脱钩，不再收取费用。但被查单位依旧计提相关费用，并在税前扣除，未做纳税调增。同样，经检查确认，最终少缴较大数额税款。

案例2－3：检查人员在对某有限公司2015—2018年相关数据进行案头分析时，资产负债表显示，该单位预收账款有较大余额，且账龄较长。检查人员将此作为疑点，随后进行调查。调查发现，该单位于10年前转让一块土地，签订了转让协议并收取了款项。但由于其他原因，未办理过户手续，也未将土地使用权交付给另一方。但该公司财务部认为已经转让，所以合同签订次月起就不再申报缴纳土地使用税。后来，随着时间的推移，相关人员陆续调整工作岗位，这件事情就被遗忘。直到被查才知道公司名下还有这块土地，相应的城镇土地使用税未申报缴纳。

案例2－4：案头分析时，某被查单位资产负债表显示，第二个年度实收资本有较大增加。通过税务机关信息平台查询该企业纳税信息发现，该公司两个年度并未申报缴纳“营业账簿——记载资金的账簿”税目印花税。因此，可以基本锁定企业存在少缴“营业账簿——记载资金的账簿”税目印花税的问题。这一判断在随后的正式检查中得到了验证。

（二）由企业财务报表及企业注册基本信息可基本确定某些涉税疑点问题

案例2-5：案头分析时，某被查对象资产负债表显示，该企业2017年“在建工程”有较大数额，而2018年“在建工程”为0，“固定资产”有较大增加，2018年该企业房产税缴纳与2017年相比并无变化。这说明，该企业在建房产投入使用后可能未缴纳相应的房产税，这一疑点问题在随后的正式检查中得到了证实。

案例2-6：通过税务机关的信息平台，查阅某被查单位2016年、2017年两个年度的资产负债表发现，该企业从2016年到2017年，资本公积和盈余公积有较大减少，同时注册资本增加。由于该公司为上市公司，又上网查询了该公司近几年发布的公告。相关信息表明，企业可能用资本公积和盈余公积转增了股本。查询企业注册信息得知，企业股东均为自然人；查询该企业两个年度个人所得税申报缴纳情况，发现该企业未申报缴纳“利息、股息、红利”税目的个人所得税。综合所获信息，根据《国家税务总局关于盈余公积金转增注册资本征收个人所得税问题的批复》（国税函发〔1998〕333号），即可初步判定，被查单位以盈余公积转增股本，存在未代扣代缴个人所得税问题。此问题在检查实施阶段得到证实并依法进行了处理。

（三）分析企业纳税申报表，找出涉税疑点问题

各税种申报表，最需要重点审查的就是“企业所得税年度纳税申报表”。因为该表内容多、计算复杂，填表时，企业所得税的所有相关法律、规章、规范性文件几乎都涉及，是容易出现问题的地方。虽然很多企业的企业所得税年度申报是委托中介机构做的，但依旧会出现问题。

案例2-7：限额扣除出现问题。在对某企业进行案头分析时，从税务信息系统下载了该企业的“企业所得税年度纳税申报表”。审阅附表三“纳税调

整项目明细表”时发现，业务招待费支出的“税收金额”和“账载金额”一致。联想到企业所得税法关于业务招待费支出的限额扣除政策，马上意识到，这种填写是错误的。经与被查单位财务人员沟通，证实了这一问题的存在。原来，该单位财务人员填写“企业所得税年度纳税申报表”时，错误理解了税法的规定，错误计算了“税收金额”，导致少调增应纳税所得额。当然，这个问题比较简单。不过，认真审阅企业的纳税申报表确实在某些情况下就可以直接看出问题。

案例 2－8：折旧计算出现问题。通过税务机关的信息平台，查阅某被查单位 2011 年“企业所得税年度纳税申报表”，报表显示，申报缴纳企业所得税 100 多万元。查阅“纳税调整增加表”时发现，资产折旧、摊销调整明细显示，折旧调整增加应纳税所得额 75 000 元。因为信息有限，无法判定是否存在问题，但凭直觉判断，这个调整有问题。原因很简单，折旧纳税调整增加正好是整数不符合常理，因为折旧的计算即使按直线法，但考虑固定资产的原值、残值等因素，调整增加额算出来正好是整数的概率极低。当把这个问题提出来后，经过深入细致的工作，纳税人道出了实情。原来，该单位会计核算极不规范，负责固定资产管理的人员经常变动。新接手的管理人员在制作折旧计算表时，随意找出了前一个年度的一个旧表，直接按旧的数据列入了成本，但其中有两台大型设备已经提完折旧。在企业所得税汇算清缴时，财务人员发现了这一问题，但由于调整数额较大，就想了一个蒙混过关的办法，随意填写了一个整数。

涉税案件检查过程实际是检查人员与被查对象之间智慧较量的过程，谁更多地占有信息，谁就会把握主动权。在正式实施检查前，认真仔细地进行案头分析，无疑会增加税务检查工作胜算的把握。

第二节　“套路二”：聊天

聊天也能聊出涉税问题吗？是的，能！记得不知是谁在总结审讯经验时曾说过，不怕被讯问对象说话甚至说谎话。因为说的越多，不知不觉中暴露的问题越多。而如果被讯问对象一言不发，那么就会很麻烦，因为你很难从他那里获得有用的信息。税务检查人员在实施稽查时，固然要通过审核账簿资料查找涉税问题，但同时需要做的是就有关问题询问被查单位当事人，以发现有关线索，或取得某一问题的证据。这种询问不一定是正式的，正式的询问有时对方会有戒备心理，从而屏蔽掉对检查人员有用的信息，效果反而不好。因此，有经验的检查人员更多地是在不经意的聊天中发现可能存在的涉税问题。

案例2－9：和一个青春美少女的对话。A小姐刚大学毕业，入职一家不大的公司不到半年时间，学的是财会专业，在公司负责出纳工作，同时负责报税。在就业压力比较大的情况下，来自农村的她很珍惜这份工作，她总是尽心竭力地想把工作干好。这家企业被列为某年度稽查对象，于是笔者通过电话和A小姐约好，去她所在的公司送达相关文书并调取相关账簿资料。到达被查单位后，边办手续边和A小姐聊了起来。当然，还是老套路，首先夸她年轻、聪明、美丽、衣着时尚。几句话下来，小姑娘乐个不停。笔者这样做有意义吗？有意义，是为了放松她的警惕。夸完了，就随便聊起企业经营状况。聊着聊着，笔者突然发问：你们公司房产税、土地税缴得对不对?”她犹豫了一下，想了想，回答说：“我们公司没有房产、土地，所以没缴”。我接下来问：“那你们现在的经营用房是怎么来的呢?”她想也没想就说：“是租来的!”为了进一步说明她们没涉税问题，又补充道：“租赁合同印花税我们都交了……”是不是问到这儿就结束对话呢？没有，关键性的提问还没开始。笔者接下来问：”你们租的谁的房子？听到笔者的提问，她犹豫了一下，说：“租的别人的。”她犹豫的表情似乎在告诉笔者，这里面好像有什么问题。笔者继续追问：“你们到底租的谁的房子?”看得出来，她有些紧张，不再淡定。但问题摆在面前，年轻的她找不出什么理由来拒绝回答，于是犹犹豫豫中说：“是租的股东的。”重大线索！笔者继续追问：“是哪个股东的?”她的脸憋得通红，鼓足了勇气回答说：“是老板的。”至此，重大涉税问题出现了。经过接下来的深入调查发现，被查单位租用老板个人名下的房产作为办公用房，老板个人房屋租赁所得未申报缴纳个税，其名下房产亦未缴纳房产税。案子处理结束后，听说A小姐离开了那家公司，不知去了何方。笔者想要说的是，笔者所做的一切都只是为了工作，无意伤害任何人，但愿她的离职和笔者的检查没有关系，也希望这次检查能增加其人生阅历。

总结：在很多情况下，实施税务检查时，年轻的财务人员是查找涉税问题的一个突破口。因为他们年轻，虽然有工作热情，但缺少阅历、缺少对“敌”斗争的经验，没有防范心理——经验老道的检查人员随便一句话就可能暗藏“杀机”，但他们可能意识不到危机的到来——柿子就是要拣软的“捏”。查账过程中发现的问题，可以先询问年轻的财务人员，先看他们怎么说。然后再用同样的问题去问财务部长直到总会计师，从他们的回答，就可能看出破绽，而且一定要先从年轻的下级开始问。如果反过来，经验老道的总会、财务部长们就会在你还没问年轻下属之前把他们叫过来，面授机宜、统一回答问题的口径，使检查人员过早地“打草惊蛇”。笔者的上述总结并没有贬低年轻人的意思，总之在税务检查与被检查之间，姜还是老的辣!

从年轻的财务人员身上寻找突破口，好处是比较容易，不足是他们未进入核心管理层，因而很复杂且重大的涉税问题内情他们并不掌握。

案例2-10：打给资深美女的电话。

B女士30出头，某能源集团财务部长，笔者从未和她见过面。但从电话里她干脆利落的语言、得体的表达、柔中带刚的声音判断，她是个职场成功人士，踌躇满志、自信满满。她所受过的教育以及她的工作资历使她认为，她可以面对并战胜一切困难。在一次组织自查中，该公司办税员C小姐上报自查结果为无问题。根据这家公司的规模以及笔者以往的稽查经验判断，这家公司自查无问题是不可能的。于是，笔者电话连线该公司财务部长B女士。电话接通后，笔者比较低调地自报家门。听得出来，对方并没有一般企业财务人员接听税务稽查人员电话时应有的热情（哪怕是装出来的）。笔者把她们自查无问题的情况叙述给她，并委婉地表达了自己对她们查无问题的疑问。她听了有一丝不快，语速比较快地说道：“作为一家大型国有企业，我们一直规范纳税，而且我们多年评为纳税A级企业。这次自查，我们也比较重视，认真组织了自查，确实没发现问题。”她说完这些，笔者仍然委婉但坚定地表达了自己的疑问。接下来，她不耐烦地说："我们确实没问题，因为我们都是正常的业务。今年，只有一个比较特殊的业务，就是转让了一处房产。而且转让过程中发生的营业税、土地增值税、契税、印花税都交了，还专门请主管税务局介入了相关税费的计算，不会有错的。你没必要再核实！"真的没必要吗？笔者不会死心，特别是面对这样资深的业内人士。猛地，笔者打断她的话，抛出了一个重磅问题："转让房产的房产税交了吗？"接下来是戏剧性的一幕：对方没有了快人快语，而是报之以沉默……一分钟过去，她终于开口，语气却缓和了一些，她说："这样吧，老师，我回去落实一下，有什么问题我再和你联系。"听了她的这句话，我就明白，问题可能已经基本搞定。果然，第二天，B女士的手下C小姐重新报了一份"自查报告表"，上面赫然写着自查补税400多万元！意外的惊喜！没想到是这么大的数，这是笔者从事稽查工作以来，组织企业自查单笔入库数额最大的一次。原来，这家单位转让的房产是该公司几年前从别的企业购买而来的，购买后即装修入驻，由于手续不齐全，所以一直未验收，更没办房产证，也就多年没申报缴纳房产税。没想到，这次自查，一个电话让他们意识到了问题的严重性，好在他们在笔者的提醒下，及时利用自查的机会进行了纠正。上述自查税款补缴后，B女士专门给我打电话表示感谢，感谢笔者帮助他们化解了可能存在的涉税风险。笔者始终没和这位女士见过面，后来听说她升职了。笔者想，这件事情在她身上再正常不过了，有能力、有魅力，能及时调整自己，能不升职吗？

总结：对强者，如果强不过他（她），示弱要比示强好。稽查人员所面对的财务人员专业水平不一，能力、经验不同。B女士这类是财务工作者中的精英，是"财霸"，学历高，经验多，业务水平高，社会关系多，拿年薪，挣钱多。而相应地，有些税务稽查人员学历水平低，"双师"比例低，收入低、行政职务低，唯一的强项就是经验相对丰富些，因此即使面对个别业务水平很高的税务稽查人员，"财霸"也很有优越感。面对"财霸"，税务稽查人员应当谦虚和低调，甚至主动示弱，这样做的好处是，放松对方的警惕性，让他们不在你面前谨言慎行，从而无意间把有关信息暴露出来。还有一点需要注意的是，检查人员不要轻易就和"财霸"们交锋。在正式交锋前，一定要做好充分的准备工作，即对有关税收政策文件要做到举一返三，对相关信息和查证的事实要做到信手拈来。否则，在准备不充分的情况下仓促交锋，对方一旦抓住你的弱项或错误，会批得你“体无完肤”，会让你哭！让你不好意思再查下去！

从“财霸”身上打开缺口的好处是，作为核心管理层的他们其实怀揣丰富的涉税信息，一旦拿下，收获颇丰。但是，“财霸”们同时还是“铁甲战士”兼“狐狸精”，不仅刀枪不入而且狡猾得要命，没有超人的智慧和精心的准备，很难拿下。

当然，上述两个案例的总结还是有一个共同前提的，即检查人员要有良好的语言表达能力、理解能力以及敏捷的反应能力，要做到口齿清楚，尽量说普通话。因为你面对的财务人员可能来自“五湖四海”，用方言，搞不好就会“对牛弹琴”，所以沟通除了经验还是需要基本功的。

第三节 “套路三”：心理分析

不管是“精心策划”，还是“小试牛刀”，偷漏税的账务处理过程往往掺杂着账务处理人员复杂的心理活动——一边是忐忑地做着，一边又总是想着“踏雪无痕”，内心充满着矛盾。在很多偷漏税案件的稽查中，税务稽查人员始终在和稽查对象——财务人员玩着“猫捉老鼠”的游戏。面对这样的稽查案件，稽查人员除了有丰富的财税知识外，具备一定的心理学知识，能分析会计处理背后财务人员的心理活动，从而推测某项账务处理的动机和结果，以帮助分析确定涉税问题，是非常有必要的。

案例2-11：犹豫中的“惶恐不安”。

会计处理：

借：其他应收款	300 000	
贷：银行存款		300 000
借：固定资产	300 000	
贷：其他应收款		300 000

借：固定资产　　　　　　　　　　　　　　　　　　　－300 000

　　贷：其他应收款　　　　　　　　　　　　　　　　　　－300 000

借：固定资产　　　　　　　　　　　　　　　　　　　300 000

　　贷：其他应收款　　　　　　　　　　　　　　　　　　300 000

这一问题，是检查人员从一个反向的会计分录中发现的。在查阅明细账时，检查人员首先发现了第三笔账务处理，这是一个反向冲回的会计处理。单就这笔会计处理来看，可能表达出这样一种含义：原先的账务处理错了，做一个反向的会计分录，将其冲回。事情真是这么简单吗？检查人员分析该账务处理背后的心理活动后认为，事情不会那么简单，财务人员这样的账务处理可能在担心什么。根据逻辑关系，检查人员查看了和这一事件相关的所有账务处理。在第二个记账凭证后，检查人员看到了一张购买轿车的原始单据，单据上的购买者显示，购买人为被查单位高管。检查人员随后调阅了这辆轿车的行驶证及保险手续，所有的资料都表明，这辆轿车为高管个人所有，但购车费用却是单位负担的。原来，根据年度业绩考核，被查单位奖励高管一辆轿车，但为了避税，财务人员做了上述账务处理。检查人员将上述多个前后相关联的账务处理联系起来进行分析，勾画出账务处理人员如下的“心路历程”。第一个会计分录：先把奖励的事落实，即单位先出钱把车买了。第二个会计分录：这一奖励会涉及较大数额的个税，怎么办呢？先按单位购买固定资产入账吧！第三个会计分录：这样不妥，稽查局会查出来的，如果查出来，后果很严重！怎么办？先冲回吧！第四个会计分录：到了年底，财务人员请示领导，奖励高管轿车的支出一直挂在账上，怎么处理呀？领导想了想，干脆一不做、二不休，还是按单位购买固定资产入账吧！欲望战胜理智的结果是企业所得税和个人所得税所涉及的问题均受到了税务机关的处理、处罚。

分析：正是第三个会计处理让检查人员发现了问题的线索。其实，由于检查时间的限制，税务稽查人员不可能去检查每个记账凭证和原始凭证，如果没有第三个这种“惶恐不安”的会计处理，检查人员可能很难发现上述问题，但检查人员正是在分析账务处理人员的心理活动后，果断地将问题锁定并最终检查落实。

案例2-12：“欲盖弥彰”中的侥幸。在对某企业实施稽查时，审核某年度“企业所得税年度纳税申报表A类”发现，其主表及附表三、附表九中显示，“固定资产折旧”纳税调整增加额为75 000元。检查人员例行地问了一句，具体调整的内容是什么？财务人员回答说：调增的是检查年度多提的折旧。这句话引起了检查人员的警觉。按常理，不论采用哪种方式计算提取折旧，多提的折旧正好是整数，概率相当低。因此，多提折旧纳税调增75 000元一事必有蹊跷。检查人员分析这一数字背后的心理活动后认为，做这样一个不合常理的纳税调增，很可能是一种应付手段，是想掩盖更大的问题。根据这一推测，检查人员从折旧入手，查阅了五个年度月份折旧提取计算表，对上千个固定资产的折旧提取进行了比对，终于发现，被查单位已在查账年度前提取完折旧的几台大型在用运输设备继续提取了折旧。一张纳税调整表提示了他们的“心路历程”：已提完折旧的设备继续提取折旧是不允许税前扣除的，况且数字这么大，应纳税所得额因此减少了很多，如果稽查出问题，麻烦就大了！怎么办呢？使一个障眼法吧——75 000元应该可以交待过去，就按这个数对多提折旧纳税调增吧！好算，而且调增的内容，检查人员不一定会看那么细，更大的数字先隐瞒下来吧……欲盖弥彰的最后，仍然是接受了处理和处罚。

分析：已做纳税调增的项目，检查人员往往不够重视，被查对象自作聪明的做法反而引起了检查人员注意。通过心理分析，检查人员看到了合理表面背后的不合常理，抓住问题不放过，最终找出了“鱼目混珠”中的“鱼目”。

案例2-13：不同寻常支付方式下的“此地无银三百两”。在对N公司进行检查时，资产负债表显示该公司货币资金占资产比例较高且有较大余额。查看明细账时，检查人员从看似不太规律的明细账中发现很多笔业务有如下规律。

借：应收票据	1 000 000	
贷：其他应付款		1 000 000
借：其他应付款	1 000 000	
贷：银行存款		980 000
现金		20 000

看上去是一个借款、还款行为，但是为什么还款的时候，一部分以现金支

付呢？这显然违背常理。最终经过调查确认，这是民间贴现行为，2 万元为收取的贴现利息，该利息收入未申报纳税。

还有一次在对一家企业进行检查时，发现其“应付职工薪酬”科目每月均有以下会计处理。

借：应付职工薪酬——工资　　113 438.00

　　贷：银行存款　　100 438.00

　　　　现金　　13 000.00

这个会计分录表明，该单位发放工资时，一部分是以现金形式支付的，这显然也是违背常理的。检查人员进一步查看该记账凭证后附的原始凭证。调查发现，后附的工资表显示，每个月有一名员工排在花名册最末，没有缴纳“三险一金”，以现金形式支付工资且金额为 13 000 元。进一步询问相关当事人，最终查清，该名员工并不存在，现金支付的并不是工资，而是支付给甲方相关人员的好处费。

总结：对有上述行为的财务人员，“惶恐不安”“欲盖弥彰”等词语的使用并没有丝毫贬低他们的意思。作为财务人员，不做假账、不偷漏税应是最基本的操守。否则内心就会面临挣扎，而这种挣扎一旦表现在账务处理上，就会给税务稽查人员提供直接或间接的涉税问题线索——做人还是要厚道、本分，遵章守制者永远不会心虚。而作为税务稽查人员来说，上述案例带来的启示是：检查过程中要注意分析账务处理背后的心理活动，搞清了动机和结果，才能真正弄懂账务处理的真正含义，才能最终分析、查找、确定涉税问题。

第四节　“套路四”：从自查报告表中发现涉税问题

在开展税务检查前，税务机关会要求纳税人、扣缴义务人自行对照现行税收法律、法规进行自我检查，查出涉税问题，填写“自查报告表”提交税务机关并补缴相应税款。这样做，一方面是给纳税人一个自我纠正涉税问题的机会，另一方面可以提高专项检查的工作效率，减轻下一步正式检查的工作量。

但是，正式实施检查时，是不是就可以把纳税人、扣缴义务人已经自查并“纠正”的涉税问题搁置一边无须核查呢？纳税检查的工作实践表明，纳税人、扣缴义务人自查的涉税问题不仅不能放在一边，而且还应重点核查。

一、一份“自查报告表”很可能直接就是一份涉税问题“自白书”

案例2－14：某企业“自查报告表”显示，该企业自查补扣补缴了两个年度一次性年终奖应代扣代缴的个人所得税。但检查人员查看“自查报告表”发现，与实际发放的、人均数额较大的一次年终奖相比，其补缴税款数仅占发放数的5%，明显偏少。于是检查人员要求财务人员提供补扣补缴个人所得税计算明细表，但财务人员却推说无法提供，最终在检查人员要求下才说出实情。原来，该企业自查时发现，上一年度一次性年终奖所涉及的个人所得税没有履行代扣代缴义务，于是决定补扣补缴。但由于人数太多，计算太麻烦，就采取了简便办法：将一次性年终奖总额乘5%计算出结果并进行了补缴。这样做，不仅计算方法不正确，最关键的是少计算了个人所得税款。检查人员对该企业一次性年终奖所涉及的个人所得税重新进行了正确的计算，并依法进行了处理。

案例2－15：某企业“自查报告表”显示，该企业通过自查发现上一年度有一笔收入未申报缴纳增值税，于是填写“自查报告表”并补缴了相应税费。但检查人员查看“自查报告表”所附税票复印件时发现，补缴税款“所属期限”填写的是补缴的时间，而不是上一年度纳税义务实际发生时间。这个错误导致自查的税款并未真实补缴，而是抵顶了今年的税款。检查人员指出了这一问题并依法进行了处理。

二、一份正确的“自查报告表”可能是更大涉税问题的“遮羞布”

案例2－16：某企业“自查报告表”显示，该企业通过自查申报补缴了转让一处房产所涉及的土地增值税。检查人员根据转让时的原始资料对补缴的土地增值税进行了重新核算，未发现问题。但检查人员凭直觉认为可能还会有别的问题。于是，通过税务机关信息平台查阅该企业近三个年度纳税情况发现，该企业房产税缴纳均衡，未出现房产转让后房产税缴纳减少的情况。于是就此疑点询问财务人员，企业财务人员说出了实情。原来，该企业前几年从其他公司购买了这处房产作办公楼用，未办理房产证，于是认为无须缴纳房产税，在此房产转让前两年的时间里一直未申报缴纳。根据《国家税务总局关于房产税、城镇土地使用税有关政策规定的通知》（国税发〔2003〕89号）规定："购置新建商品房，自房屋交付使用之次月起计征房产税和城镇土地使用税。"显然，该企业转让的房产少缴了房产税，检查人员向该企业指出了这一涉税问题并依法进行了处理。

案例2－17：检查人员在对某企业两个年度企业所得税申报缴纳情况进行检查时，企业主动出示"自查报告表"表明其已认真进行了自查，并查出超标准列支业务招待费问题，且已补缴了税款。检查人员没有就此止步，而是进一步查看了其业务招待费列支情况。结果发现，企业财务人员犯了一个很低级的错误。他们将纳税调整表中的"账载金额"理解为"实际发生的业务招待费"×60%，将纳税调整表中的"税收金额"理解为"营业收入"×50%，并将它们的差额作为纳税调增数额，这样做的结果是少调增了应纳税所得额，造成了少缴企业所得税的事实。检查人员重新计算了应调增的应纳税所得额并依法进行了处理。

由以上案例可以看出，"自查报告表"内容不多，仅反映企业自查的基本情况，但检查人员如果有耐心、细心，加上职业的敏感，完全可以把"自查报告表"中抽象的数字变成检查涉税问题的线索，从而在实际检查工作中达到事半功倍的效果。

第五节　"套路五"：从企业重大经营事件中查找伴生的涉税问题

持续经营的企业，一般情况下，其日常经营业务是平稳的、均衡的。反映在企业的“资产负债表”上，就是资产、负债和所有者权益的总计数或这三者中某些项目的数字会有变动，但变动的幅度不会太大。但是当资产负债表显示其资产、负债和所有者权益的总计数或这三者中某些项目数字有剧烈增减时，就意味着该企业发生了重大经营事件。对这样的企业实施纳税检查，检查人员应高度重视，认真查找事件背后可能隐藏的、同样重大的涉税问题。

企业可能发生的重大经营事件有：重大购买、销售货物/劳务事项，重大购买或处置资产事项，重大投资与被投资事项，重大债权、债务重组事项，其他可能对公司经营、发展产生重大影响的经营事项。这些事件可能单独发生，也可能多个同时交叉发生。

一、改制时评估增值，改变计税基础多提折旧，少缴企业所得税

案例 2－18：2019 年对某房地产开发企业实施稽查时，该单位资产负债表显示，“资本公积”长期保持较大余额，金额达到数亿元，而该单位注册资本为 5 000 万元。资本公积形成的来源主要包括两类：一类是可以直接用于转增资本的资本公积，包括资本（或股本）溢价、接受现金捐赠、拨款转入、外币资本折算差额和其他资本公积等。另一类是不可以直接用于转增资本的资本公积，包括接受捐赠非现金资产准备和股权投资准备等。被查单位只是一般性的房地产开发企业，有如此大的资本公积余额有违常理。通过查看以往年度的资产负债表，检查人员发现，资本公积大额增加为 2011 年发生。显然，该企业 2011 年发生了重大经营事件，那么是什么样的重大经营事件呢？检查人员带着疑问与被查单位财务人员进行了沟通。经了解，该单位于 2011 年改制，改制时通过社会中介机构对企业资产进行了评估。评估后，房产增值数亿元，财务人员据此调整了资产的账面价值。了解这一情况后，检查人员立刻想到，企业改变了资产的账面价值，也相应地改变了计税基础，会不会影响企业所得税的申报缴纳呢？于是，检查人员查看房产折旧的计提情况，果然发现，企业改制完成后，将调整后的账面价值作为计税基础计提了折旧。该单位记账凭证

及原始凭证显示，每个月计提折旧明细表计提折旧计算分成了两部分，一部分是评估增值前按原计税基础计提的折旧，另一部分是评估增值部分计算提取的折旧。进一步审核该年度“企业所得税年度纳税申报表”发现，该被查单位并未将评估增值多提的折旧调增应纳税所得额。

分析：《中华人民共和国企业所得税法实施条例》第五十六条规定：“企业的各项资产，包括固定资产、生物资产、无形资产、长期待摊费用、投资资产、存货等，以历史成本为计税基础。前款所称历史成本，是指企业取得该项资产时实际发生的支出。企业持有各项资产期间资产增值或者减值，除国务院财政、税务主管部门规定可以确认损益外，不得调整该资产的计税基础。”《国家税务总局关于全民所有制企业公司制改制企业所得税处理问题的公告》（国家税务总局公告 2017 年第 34 号）第一条明确：“全民所有制企业改制为国有独资公司或者国有全资子公司，属于财税〔2009〕59 号文件第四条规定的‘企业发生其他法律形式简单改变’的，可依照以下规定进行企业所得税处理：改制中资产评估增值不计入应纳税所得额；资产的计税基础按其原有计税基础确定；资产增值部分的折旧或者摊销不得在税前扣除。”显然，被查单位资产评估增值改变了计税基础，多提了折旧，违反了相关规定，少缴了相应的企业所得税。

二、将重大不动产销售事项视为不动产投资入股行为，偷逃企业所得税、营业税、土地增值税等

案例 2－19：这个案例虽然时间有些久远，但作为一个重大经营事件检查案例仍有其借鉴价值。2009 年，笔者接受了对某房地产开发企业的检查任务。案头分析时，查阅了两个被查年度的资产负债表、利润表。报表显示，该企业两个年度收入为 0，有少量的管理费用和财务费用，有少量的资产，申报缴纳了很少的个人所得税。从这些情况看，这是一个“小户”，没多少业务，似乎不值得一查，但检查人员并没有因此掉以轻心。在依法调取其账簿资料、查看其往来账时，有惊人发现：2008 年，其“应付账款”“其他应付款”明细账

记载几笔往来款项，次数不多，但当年借、贷方累计数各有近1亿元！巨额的往来款项表明，该企业有重大经营事件发生！作为一条可能的涉案线索，检查人员认真调查资金的来源和流向，调阅了相关合同、明细账和凭证，询问了企业法人代表和财务人员，摸清了重大事件的来龙去脉。原来，这家公司开发了一个房地产项目，资金来源于母公司借款。在一期工程完工后，企业不再从事房地产业务，于是决定将完工的项目整体转让给另一家企业（非房地产开发企业），双方签订了一个“投资协议”，约定将该项目作价 ×× 千万元，作为股份投入另一家企业。但经过调查发现，所谓的“被投入方”，股东、注册资本未发生任何变化，被查单位“长期股权投资”项目没有增加，双方均没有董事会相关文件证明投资行为确实发生。但被查单位却有通过“往来账”从所谓的“被投入方”收取的项目转让价款××千万元，此款大部分被转往被查单位的母公司，与此业务相关的税费亦未计算和申报缴纳。

分析：不动产销售和不动产投资入股是两类性质不同的经营行为。不动产销售是指有偿转让不动产的行为，不动产投资入股是指企业（或者个人）以实物资产直接投资于其他单位的行为。两者的共同点是不动产的所有权均发生改变；不同点是：不动产销售是将所持有的不动产转让以换取对方支付的利益（本案获取的是货币资金），而不动产投资入股则是将不动产移交被投资单位，持有被投资单位的股权、成为被投资单位的股东，参与接受投资方利润分配，共同承担投资风险。按2009年当时的税收政策，销售不动产和以不动产投资入股这两种行为负有不同的纳税义务，且税负相差较大。虽然被查单位有所谓的“投资协议”，但检查人员的调查表明，“投资协议”是虚假的，其行为的实质是不动产销售，应按不动产销售计算补缴相应的企业所得税、营业税、土地增值税等，同时还应接受相应的处罚。

三、重大销售行为的增值税纳税义务发生时间错误、适用税率错误

案例2-20：笔者曾对一家制造企业进行检查，检查年度是2016年、2017年、2018年。资产负债表显示，该单位2017年“预收账款”有较大期末余额

（不到1亿元），但与该单位十几亿元的销售收入相比，似乎没有明显异常。考虑到2018年5月1日增值税税率下调，因此，检查时格外关注这个期间的增值税申报情况。通过对收入的趋势分析发现，2018年7月，其申报的销售额有较大波动，于是对当月申报的销售额做进一步检查。检查方法是核对每笔销售收入所对应的合同及相应的出入库资料，分析判断其增值税纳税义务发生时间确认是否正确。当检查其中一笔5 000万元销售额的合同时发现，合同约定2017年12月交货，货到付款。查看出入库记录发现，该合同所涉及的设备已经于2017年12月发出，对方已经验收且发出确认函。另外，查看银行存款明细账发现，对应的款项已经于2017年12月30日一次性收到，被查单位将其计入“预收账款”，未申报纳税。经询问财务人员及进一步检查开票申报情况确认，该单位于2018年7月确认收入并向对方按16%的税率开具了增值税专用发票，并在次月按16%的税率计算申报缴纳了增值税。到此，问题已经查清，该单位该项业务增值税纳税义务发生时间错误确认，同时错误适用增值税税率，造成推迟纳税并少缴增值税，最终被查单位接受了处理、处罚。

总结：与企业重大经营事件相伴的，一般是较大数额资产的流转以及较大数额利益的流动。现行税制下，征税对象很多是基于流转额或所得额的。也就是说，企业发生重大经营事件时，必然会产生与之相关、涉及不同税种的纳税义务。如果企业未遵从税收法规，未履行与重大经营事件相关的纳税义务，那么必然会存在与之相伴的重大涉税问题（征税对象基数大，所以涉案税额也会很大）。这是纳税检查要重点关注企业重大经营事件的理论基础。检查人员进行纳税检查时，应通过调阅企业报表、审计报告、上市公司公告，约谈被查单位法人代表、财务人员等多种形式，审查被查单位有无重大经营事件发生。如发现企业有重大经营事件发生，应着重检查与该事件有关的各种交易资料，查清事件的来龙去脉，然后依据有关税收法规，分析、确定重大经营事件性质，明确与该事件有关的纳税义务，核实被查单位是否依法履行了纳税义务，最终确定被查单位涉税问题的性质、种类和数额。

第六节 “套路六”：从摘要关键字查找涉税疑点

从税务检查的实践来看，涉税问题依据其在账务处理上的表现可以分为两类。一类是账务处理特征明显，问题表现有一定规律。比如，出于拓展业务的需要，单位将自产或购买的货物用于职工福利或对外赠送，这类账务处理的摘要关键字会包含“礼品”“福利”“促销”等，以描述业务内容备查（类似的特征关键字有很多，需要检查人员在检查实践中提炼、总结），而这样的业务可能涉及个人所得税。从检查实践来看，一般情况下被查单位少有代扣，所以这类关键字就成为此种涉税问题的特征点。除了摘要，有的涉税问题会在会计分录上表现出明显的特征，如单位门头房出租收取租金如何进行账务处理。

借：银行存款　　10 000

　　贷：管理费用　　10 000

上述会计处理，应计却未计收入，虽然冲减了费用，不影响企业所得税，但一般情况下会少缴增值税及附加，而这种直接冲减费用的会计处理，就是此类问题的特征。再如，将自产货物用于职工福利的会计处理：

借：应付职工薪酬——职工福利　　10 000

　　贷：库存商品　　10 000

根据企业所得税及增值税的相关规定，将自产产品用于职工福利应视同销售，按市场公允价申报缴纳增值税，且要调增企业所得税应纳税所得额。从检查实践来看，单位发生的这类业务，如果是零星的，一般情况下仅申报缴纳增值税，不做企业所得税的视同销售处理，从而少缴企业所得税。也有的干脆什么样的税务处理也不做，既不申报缴纳增值税也不调增企业所得税应纳税所得额，从而带来税务问题。上述会计处理就是这类问题的典型特征。

以上属于涉税问题的第一类：账务处理有明显特征。

而另一类涉税问题则在账务处理上没有明显特征，或问题表现没有明显规律。例如，房地产开发企业销售未完工开发产品取得的收入，应先按预计计税毛利率计算出预计毛利额，然后再计入当期应纳税所得额申报缴纳企业所得税。销售未完工开发产品取得的收入，一般情况下的会计处理如下：

借：银行存款　　　　　　　　　　　　　　100 000 000

　　贷：预收账款——房款　　　　　　　　　　　　10 000 000

上述销售未完工开发产品取得的1 000万元收入是否正确申报缴纳企业所得税，要看当期被查单位的纳税申报情况，与上述会计处理有没有太大关联。换句话说，被查单位销售未完工开发产品取得的收入如果没有按规定计算缴纳企业所得税，并不能单从上面的账务处理中看出来。因为这样的问题在账务处理上没有明显特征，其检查及确认需要调取、查阅、核对其他相关资料。

涉税问题的两个分类对于电子稽查或评估是非常有意义的。对于第一类问题，由于账务处理特征明显，可以将检查人员的查账经验梳理、总结并“固化”到程序中，让软件自动筛查，即通过程序，一键“寻的”，从而大大提高检查的工作效率。

常见的敏感的、可能涉及税务问题的摘要关键字有：礼品（礼盒，与礼有关的）、公关、走访、客户维护、促销、推广、福利、咨询费、讲课费、培训费、劳务费、佣金、交往费、手续费、中介费、提成、回扣、办公用品、电子产品、电器、手机、卡、购物卡、提货、提货单、红包、补助、分红、应付利息、付利息、字画、工艺（或艺术）、服装、会务费、燃油费，以及过节费、误餐补助、退休补贴、洗涤用品、工装、微机租赁费、汽车租赁费、三八节、年会、老干部活动、食品、花生油、月饼、副食、鸡蛋、水果、干果、补充医疗、意外伤害、保险等。

这些关键字可能涉及的问题有：企业所得税、增值税应视同销售未视同销售，应代扣代缴或预扣预缴而未代扣代缴或预扣预缴。

涉及重大经营事件的关键字有：重组、定向增发、偿债、投资、转让、赔偿、置换、调整、报废、核销等。

第七节　“套路七”：从不正常的会计分录切入

会计分录是账务处理中对某项经济业务应借、应贷账户及金额的记录，它反映了经济业务内容及相关账户的增减变动情况。在进行会计核算时，不论何种经济业务，都要在登记账户前，按照记账规则，通过填制记账凭证来确定经济业务的会计分录，以便正确地进行账户记录和事后检查。

根据企业会计准则要求，每种经济业务所对应的会计分录一般都有其正常的做法。例如，收到股东投入的股款：

借：银行存款

　　贷：股本（实收资本）

　　　　资本公积

收到实现的主营业务收入：

借：银行存款

　　贷：主营业务收入

　　　　应交税费——应交增值税（销项税额）

而所谓不正常的会计分录，则是指对一项经济业务所做会计分录不符合企业会计准则要求或有违经济业务常理，如会计分录缺乏原始凭证支撑，对应收、应付、预收、预付款及收入、成本、费用进行未加解释的调整，会计分录借贷方不平衡或账户不对应，临近会计期末编制明显异常的会计分录等。某些情况下，出现不正常的会计分录是财务人员业务水平不高所致，但很多情况下则是财务人员有意识对某项（或多项、或某一类）经济业务进行异常处理的表现，而这些现象的背后很可能隐藏着涉税问题，是查找涉税问题的一个重要切入点。

案例 2－21：借贷方账户对应不正常的会计分录。

（1）已经收到销售款项、发生增值税纳税义务或已经符合企业所得税收入确认条件，但不申报。

方法一：虚增债务。

借：银行存款　　10 000

　　贷：应付账款——客户　　10 000

方法二：虚减债务。

借：银行存款　　10 000

　　贷：应收账款——客户　　10 000

（2）已经实现销售，虽未收取款项，但发生增值税纳税义务或已经符合企业所得税收入确认条件，但不申报。例如，甲企业销售一批价值10万元的配件给乙公司，会计处理如下：

借：应收账款——乙　　100 000

　　贷：生产成本（库存商品）　　100 000

再如，以物易物不计销售额：

借：库存商品——空调　　10 000

　　贷：库存商品——散热器　　10 000

（3）将计税销售额计入福利费等其他科目，少计销售额。

借：应收账款——乙　　100 000

　　贷：生产成本（库存商品）　　80 000

　　　　应付职工薪酬　　20 000

（4）视同销售不计销售额。

借：销售费用　　10 000

　　贷：库存商品　　10 000

上面所列举的案例，其会计分录或多或少都存在异常情况。目前的税务稽查一般情况下是调取账簿资料进行检查，检查时会用到查账软件，软件一般都有分录分析的功能，即分析识别异常的会计分录并标注出来，供检查人员进一步调查核实。检查人员基于自己的经验，也可以建立一个异常会计分录或敏感会计分录库并设定条件去查找这类异常会计分录，会极大提高检查的工作效率。类似案例还有。检查人员在调取并查阅一家建设管理有限公司的电子账时，发现了这样一笔会计处理：

借：其他应收款 1 000 000

贷：累计折旧 1 000 000

通常情况下，“其他应收款”所对应的科目可能是“库存现金”“银行存款”“其他业务收入”等科目，而“累计折旧”一般情况下对应“主营业务成本”“管理费用”等科目。“其他应收款”和“累计折旧”这两个不太发生联系的科目突然“结缘”必有蹊跷。检查人员询问企业财务人员了解到，该公司有一台设备提供给所属全资子公司使用。由于这家单位不再使用这台设备，因此无论是从税法还是从会计核算的角度，提取该设备的折旧都是不妥当的。检查人员还了解到，由于有关联关系，在设备移送子公司使用时，并未考虑收取租金的问题。后来，被查单位觉得不够妥当，于是与子公司商定，按该设备应提取的折旧来收取租金作为折旧的补偿，并做了上述会计处理。检查人员延伸检查与此业务关联的子公司时，看到对方做了如下的账务处理：

借：主营业务成本 1 000 000

贷：其他应付款 1 000 000

从业务双方的会计处理可以看出，虽然尚未收到租金，但出租设备取得收入的事实已经构成，检查人员据此对该业务涉及的企业所得税和营业税问题进行了处理。

案例2-22：会计分录对主营业务成本做未加解释的调整，在会计期末编制明显异常的会计分录。检查人员在对某生产电子产品的高科技企业进行检查时发现，每个月都有多笔这样的会计分录：

借：主营业务成本——硬件成本 ×××

贷：库存商品——其他产品——样机——×型号样机 ×××

摘要：“调整”

同时，发现2009年12月31日一张记账凭证显示这样的会计分录：

借：库存商品 ×××

贷：主营业务成本——硬件成本 ×××

摘要同样为“调整”。

分析：这依然是一个很蹊跷的会计分录（虽然案例时间有点久，但该案例本身适用政策基本无变化，具有可借鉴性）。这些会计分录表明，企业的样品机实现了销售，而且企业似乎在急不可耐地在年末要通过调整来增加主营业务成本，但这是真实的业务吗？由于该记账凭证后未附任何原始凭证，于是检查人员从查阅收入明细账和销售部的销售记录入手，看已结转主营业务成本的产品是不是真地都实现了销售。在按产品型号一一仔细核对了近百种产品的当年销售型号、数量记录后，检查人员发现，上述会计凭证所记载的销售并未实现，没有对应的收入，所结转的成本是虚假的。检查人员的疑问从财务人员口中得到了求证：上述会计分录所涉及的产品为发往全国各地办事处的样品机，出于少缴企业所得税的考虑，样品机出库发往各地办事处时，该企业做了结转主营业务成本的处理，出库时未及时进行账务处理的，在12月31日通过一个会计分录一并结转了主营业务成本。检查人员取证后，依法对该企业虚增成本、少缴企业所得税的问题进行了处理。

案例2-23：违背经济业务常理的会计分录。在对某建筑企业进行检查时，发现该企业2017年有多个记账凭证记载这样的会计分录：

借：银行存款　　　　　　　　　　　　　　　　×××

　　贷：应收账款——×公司　　　　　　　　　　　×××

摘要："收某公司安装费"。

分析：根据企业会计准则要求，"应收账款"账户核算企业因销售商品、提供劳务等经营活动应收取的款项，是一个资产类账户，通常情况下在做会计分录时，应与"主营业务收入"科目对应。该企业上述会计分录表明，提供劳务后从对方收取的款项大于应收数，似乎是预收款，但该企业设有"预收账款"科目，既然是预收款项，为什么不在那里进行核算呢？这样的会计处理有违经济业务的常理。检查人员对"应收账款"明细账进行了认真检查后发现，该企业"应收账款"2017年期末余额在借方，看上去似乎正常，但却有四个二级科目下（二级科目分别以四家客户公司名称命名）是贷方余额。通过调取并查阅该企业当年及上一年所有销售合同，询问企业财务人员证实，这四家公司贷方余额均为向对方提供安装劳务收取的费用。截至2017年年末，劳务均已完成，款项已全部收到，收入已经实现却未记收入，未申报缴纳增值税、企业所得税。

案例2-24：罕见的会计分录。在对某公司进行检查时，发现该公司2018年有这样一笔会计分录：

借：资本公积　　1 000 000

　　贷：未分配利润　　1 000 000

询问财务人员得知，该企业是“新三板”上市企业，但最近业绩不好，出现亏损。为使报表更“好看”些，经股东会研究决定，由原先股票溢价发行形成的资本公积“转增”未分配利润。类似案例还有：2019年7月12日，三只松鼠股份有限公司挂牌深圳证券交易所创业板，开盘价17.62元。该公司IPO前曾将资本公积转增“未分配利润”，也即用于弥补亏损。如此操作的企业还有拉卡拉支付股份有限公司（2019年4月25日深圳证券交易所创业板上市）、创业黑马（北京）科技股份有限公司（2017年8月10日深圳证券交易所创业板上市）。

但是，这种会计处理可能存在涉税问题。《中华人民共和国公司法》第一百六十八条规定：“公司的公积金用于弥补公司的亏损、扩大公司生产经营或者转为增加公司资本。但是，资本公积金不得用于弥补公司的亏损。”资本公积是投资者投入的资本金，未分配利润是企业经营产生的收益，公司法不允许资本公积“转增”未分配利润是有道理的。但是，企业违规转了，企业所得税该如何处理呢？这个问题并没有现成的法律条文给出答案，但是把转增未分配利润视为股东对企业的一种捐赠，从而将资本公积“转增”未分配利润部分计入当期企业所得税应纳税所得额计算缴纳企业所得税，也不一定没有道理。

国家税务总局网站上有个提问：我公司是一家外商投资企业，现为改善公司财务结构，拟减少公司实收资本4 000万元，此减资不汇给股东，直接用来弥补以前年度累积亏损，财务处理如下：借记实收资本4 000万元，贷记未分配利润4 000万元。请问：该事项是否应调当年度企业所得税应纳税所得额？

国家税务总局官网回复意见：上述事项可以理解为你公司减资后将款项归还给股东，股东再以同样的金额捐赠给你公司用以弥补亏损，根据企业所得税法第六条规定，企业以货币形式和非货币形式从各种来源取得的收入，为收入总额，其中第八条为接受捐赠收入。因此，应调增企业所得税应纳税所得额。

这个答复，可以看作是对资本公积“转增”未分配利润应调增企业所得税应纳税所得额的一个间接支持。

总结：正常的会计分录不太容易隐藏不正常的账务处理，因此不正常的会计分录很有可能隐藏一定的涉税问题。检查人员除具备较丰富的税收知识外，同时还应具备较丰富的财会知识以及各类经营业务的常识，这是判断会计分录是否正常的基础。当通过查看记账凭证发现有不正常的会计分录时，应深入检查，核实其背后经济业务的来龙去脉和实际内容，以点带面，最终锁定涉税问题。

第八节 “套路八”：关注红字冲销背后的偷漏税玄机

红字冲销是会计实务中的一种调账方法。它的基本流程是，用红字编制一套与要调整凭证完全相同的记账凭证，将其冲销，然后再用蓝字编制一套新的会计分录。红字冲销一般有两种情况：一是以前的业务已经发生但又转回时，如已销货后发生的销货退回；二是会计分录发生借贷方向错误或者虽借贷方向正确，但需重新确认金额时，先红字冲销，再做正确分录。如果红字冲销仅用于一般的会计差错调整，那没什么问题。但在某些情况下，红字冲销的处理却是财务人员为逃避纳税义务而刻意为之。这时，就需要税务稽查人员仔细进行审核，以发现其背后暗藏的偷漏税玄机。

案例 2-25：忐忑不安的红字冲销。检查人员在查看某单位电子明细账时，看到这样一笔会计处理：

借：固定资产　　　　-300 000

　　贷：其他应收款　　　　-300 000

单就这笔会计处理来看，可能表达出这样一种含义：原先的账务处理错了，做一个反向的会计分录，将其冲回。但这个问题发生在数字较大的固定资产上面，好像有点不太合常理。根据逻辑关系，检查人员通过查账软件的“凭证查询”功能找出了和这一事件相关的所有账务处理并按时间先后顺序排列，同时查看了相应的原始凭证。

××××年2月：

借：其他应收款　　300 000

　　贷：银行存款　　300 000

××××年3月：

借：固定资产　　300 000

　　贷：其他应收款　　300 000

××××年8月：

借：固定资产　　-300 000

　　贷：其他应收款　　-300 000

××××年12月：

借：固定资产　　300 000

　　贷：其他应收款　　300 000

在第二个记账凭证后，检查人员看到了一张购买轿车的原始单据复印件。单据复印件显示，购买人为被查单位某高管。检查人员随后向被查单位索取并查阅了这辆轿车的行驶证及保险手续。所有资料都表明，这辆轿车为某高管个人所有，但购车费用却是由单位负担并支付的。检查人员就此事询问了财务人员，还原了这一事件的全部过程。原来，单位根据年度业绩考核结果，奖励某高管一辆轿车。但为了避税，财务人员将单位出资为个人购买的轿车记入固定资产。数月后担心被稽查部门发现，又做了红字冲销处理。到了年底，考虑这笔支出一直挂在账上不妥，最终下定决心，还是按固定资产入了账，这才有了第四笔账务处理。欲望战胜理智的后果是涉及的个人所得税问题均受到了税务机关的处理、处罚。

分析：虽然已经进行了记人固定资产的账务处理，但这并不能改变单位为个人购买轿车的实质，更不能免除其法定的个人所得税扣缴义务。其实，由于检查时间的限制，税务稽查人员很难做到查阅、核对每个记账凭证和原始凭证。如果没有上面第三个“忐忑不安”的红字冲销处理，检查人员可能发现不了上述问题。正是敏锐地意识到红字冲销背后可能暗藏玄机，检查人员才果断地将问题锁定并最终检查落实。

案例2-26：是正常的转回吗？检查人员在对某企业进行纳税检查时，该企业“未分配利润”明细账的一笔账务处理引起了检查人员的注意：

借：利润分配——未分配利润　　×××

　　贷：其他应付款——保险　　×××

从财务人员口中得知，这是一笔冲销的账务处理，数年前还有一笔金额相同、方向相反的会计处理。果然，在数年前“未分配利润”明细账中，检查人员看到了这样一笔账务处理：

借：利润分配——未分配利润　　×××

　　贷：其他应付款——保险　　×××

检查人员询问财务人员并查看了原始凭证及相关会议决议资料，了解了两笔账务处理的来龙去脉。原来，数年前，该企业为调动一线工人的积极性，决定用未分配利润为他们购买保险。但由于一线工人流动性较大，最后未实际支付。几年过去，那些一线工人早已不知去向，因此再行支付已经没有可能。考虑到这一实际情况，该单位在查账年度一次性将应付未付款项做了冲销处理。

分析：数年前，在转入“其他应付款——保险”时，被查单位已通过员工签字等形式确认的应付未付款项，是工人的权益、企业的负债，而从“其他应付款——保险”科目转回“利润分配——未分配利润”时，这笔负债已成为企业收益——表面看似正常的转回，业务性质其实已发生重大变化。《中华人民共和国企业所得税法》第六条规定，企业以货币形式和非货币形式从各种来源取得的收入，为收入总额。《中华人民共和国企业所得税法实施条例》第二十二条规定，企业所得税法第六条第（九）项所称其他收入，是指企业取得的除企业所得税法第六条第（一）项至第（八）项规定的收入外的其他收入，包括企业资产溢余收入、逾期未退包装物押金收入、确实无法偿付的应付款项、已做坏账损失处理后又收回的应收款项、债务重组收入、补贴收入、违约金收入、汇兑收益等。因此，被查单位确实无法偿付的应付款项应计入收入总额申报缴纳企业所得税。本案中，检查人员也同样是对红字冲销的账务处理给予了高度关注，追根溯源，终于查出了涉税问题。

案例 2－27：为何冲减收入？在对一家房屋中介企业进行检查时，发现每个月其主营业务收入中有很多笔这样的会计处理：

借：主营业务收入　　　　　　　　　　　　　　2 200

　　贷：库存现金　　　　　　　　　　　　　　　　2 200

对检查人员来说，冲减收入的操作都会引起高度关注。于是检查人员查看原始凭证，并询问企业财务人员该会计处理的业务内容及原因。原来，为鼓励业务员多承揽业务，被查企业有一项内部规定，凡业务员介绍自己亲属在本公司成交业务的，每成交一单给业务员 2 200 元提成，检查人员所看到的冲减收入的会计处理都是这类业务。检查人员接着核对当期增值税申报情况，发现该单位是按冲减收入后的余额计算申报缴纳的增值税。显然，被查单位少申报缴纳了增值税。增值税的销售额是纳税人销售货物或者提供应税劳务向购方收取的全部价款和价外费用，支付给员工的提成应列销售费用，而不应冲减收入。被查单位冲减收入虽然在企业所得税上没有影响，但少缴了增值税。

总结：由于时间和人力的限制，在对一些规模较大的稽查对象进行纳税检查时，检查人员通常不是从“面”（即逐个查阅、核对每个凭证）入手。而是从问题“点”入手。上述三个案例中涉税问题的最终查证，就是因为选准了“红字冲销”问题点。实际上，类似于使用“红字冲销”掩盖或隐藏涉税问题的手法实践中还有很多，税务检查人员应当善于在检查实践中积累工作经验，熟悉会计人员掩盖涉税问题的手法。知己知彼，方能做到百战不殆。

第九节　“套路九”：由账外线索入手发现涉税问题

税务稽查有着严格的程序——先送达相关文书，再调取账簿资料，然后进行分析，每一步骤均需依法进行。这样做，能规范检查人员的执法行为，很好地保护纳税人的合法权益。但这种程序化的、按部就班的检查，也为一些法律意识淡薄的纳税人提前采取措施以应对税务检查提供了条件——由于是事先通知，纳税人可以在查前隐藏或篡改有关资料，甚至篡改账簿，以屏蔽有关涉税信息达到掩盖涉税问题的目的。如果调取这样的账簿资料，并就账查账，检查人员很难查出问题，即使查出来，也是小问题。因此，在不改变现有流程、不突击检查的情况下，如果要确保案件检查质量，检查人员除了要认真审查调取的账簿资料外，还要学会寻找账外线索，并由账外线索入手查找涉税问题。

所谓账外线索，就是指除被查单位所提供的账簿资料以外的线索，可能是一份年度工作总结，可能是一份汇报材料，可能是一份董事会决议，也可能是一份内部审计报告，还可能是被查单位有关人员无意中说的一句话。对上述所有可能的线索，不论以何种方式获得，只要注意发掘，也许会有意外的收获。

案例 2-28：工作总结背后的秘密。检查人员在对某企业进行检查时，按事先约定的时间来到被查单位。在会议室履行完相关手续后，被查单位财务人员拿着《送达回证》去办公室盖章。在这个空当，检查人员想倒杯茶水，于是拉开抽屉找茶叶。当检查人员拉开其中一个抽屉时，里面放着一份《工作总结》。检查人员心想，闲着也是闲着，随便翻一下，也许会从里面发现什么有用的线索。这一翻不要紧，检查人员感觉有些不对劲。原来，这是一份经营工作总结，里面提到了当年主营业务收入数，而检查人员在查前编写检查预案时，曾查阅过该单位上报税务机关的财务报表，感觉数字不相符。当财务人员盖完章回到会议室看到检查人员正在看《工作总结》时，神情变得有些慌张。检查人员看到她的表情，心里有了底。他把这份总结与其他账簿资料一道调回了税务机关。随后的几天，围绕工作总结中的收入数与财务报表收入数有差额的问题，检查人员进行了深入调查，终于发现并确认了该单位取得收入不入账、少缴流转税和企业所得税的问题。

案例 2-29：工会主席的发言暗藏玄机。检查人员接受了对某企业的检查任务，按约定时间来到某企业进行实地调查。该单位分管财务的副总因事外出，所以委托该单位工会主席与检查人员见面。在会议室，彼此寒暄了几句。然后，检查人员提出，要查阅一下该单位所有的合同。财务人员征得工会主席同意后，转身离去查找合同。剩下工会主席一人，开始滔滔不绝地向检查人员介绍起企业的情况。看得出来，这位工会主席为人热情、非常健谈，通过他的谈话，检查人员对该企业的历史沿革、经营情况有了不少了解。不知不觉间，快到中午，工会主席热情地说：“我们单位大门旁边有一个大酒店，租的是我们公司的房产，中午我在那儿请你们，便宜、实惠。因为租的是我们的房子，价格还可以优惠。”检查人员婉言谢绝，但却记住了这家大酒店的名字。等财务人员拿来合同后，因为来不及看，就办了相关手续，带着合同回到了稽查局。回来后，检查人员开始翻阅这些合同。可是怎么找，也没有找到工会主席说的那家酒店的租赁合同。凭直觉，检查人员判断，没有找到这份合同绝不是财务人员的疏忽，这里面应该暗藏玄机。果然，在随后的几天，经过调查，弄清了事情的原委。原来，被查单位门前的大酒店确实租赁的是被查单位的房产。但为了避税，双方约定以餐费顶租金。被查单位所有的招待都安排在门前的大酒店，一年一结账，按应付租金的数额多退少补，双方均不入账。至此，工会主席一席话揭开了一个涉及两家企业的偷、漏税秘密。他的那几句盛情邀请的话，正可谓“一字千金”……

案例2－30：关联企业有关信息让真相大白。作为主查的检查人员A在对B企业进行检查时，按照例行的程序和内容，调取账簿、资料进行检查。一段时间后，他发现了一些不太大的问题，在没有新的证据表明被查单位有其他涉税问题的情况下，A打算就此收手。在周一科室开完例会后，A整理资料，撰写《稽查报告》，结束调查。没想到开例会时另一个检查组汇报的一个情况引起了他的注意。这个检查组叙述了这么一件事：C企业从B企业借款，并支付了相应的利息，支付的利息有近百万元，这些业务，C企业账簿记载得非常清楚。原来，这次检查，选案科室将与B关联的C等多家企业的检查任务同时下达给A所在的检查科。这样，实际上是A所在科室有若干个检查组同时对B企业及关联的几家企业进行检查。C企业从B企业借款的情况就是另一个检查组在检查C企业时发现的。得到这个线索，检查人员在会后立即与B企业联系。经过多方调查，终于发现并确认被查单位借款利息收入不入账，少申报缴纳营业税、城市维护建设税、教育费附加，少申报缴纳企业所得税的事实，检查人员依法对该问题进行了处理。

案例2－31：无账可查的情况下查出涉税问题。在对某公司进行检查时，由于被查单位内部有经济纠纷、账簿资料下落不明，检查组陷入无账可查的境地。于是检查组尝试从其他方向寻找突破点。首先，调取被查单位法人代表、财务人员相关个人账户交易信息。检查发现，被查单位确有通过个人账户收取经营款项问题，但该经营款项小于被查企业当期申报的销售收入。被查单位解释，这是由于经济纠纷，账户被查封，才用个人账户收款，但所收款项已经申报。由于证据不足，这条线索被放弃。接下来，检查人员又尝试从用电信息寻求突破口。因为被查单位生产过程中需要消耗电力，而所耗电力与其产量、收入是密切相关的，所以这也是一个可行的方案。不过，调查发现，该单位并非直接由供电局供电，而是由所在地的某村供电。当到某村调查时，发现该村管理混乱，电工提供不了完整的用电数据。这样，这个检查方向也无法继续下去。于是，检查人员又尝试第三个方案，从其供应商或客户入手进行检查，看能否发现什么线索。

通过一番艰苦调查，终于从被查单位一个客户那里获取了一条重要信息：A公司欠被查单位货款，以其在B市取得的抵账房来抵欠款，该房产已经交房且已经办理房产证……针对该线索，检查组立即专程到B市税务局稽查局，请求对方协查。经过半个月的等待，B市方面反馈协查结果及相应的证据资料，如购房合同、抵账协议等，证实了A公司提供的情况。为进一步把证据做实，检查人员同步提取了A公司与被查单位的往来记账凭证、抵账协议等资料。至此，经过检查人员的不懈努力，最终查清被查单位购买资产登记在股东个人名下涉及的个人所得税问题。

上述四个案例，检查人员都是从账外获得的线索入手，通过深入调查，最终发现并确认了涉税问题。表面上看，好像是巧合，其实并非如此——机会总是留给有所准备的人。作为一名税务检查人员，要具备获取账外线索的能力，除了要有丰富的社会知识和敏锐的观察力、分析能力外，在实施稽查时，特别是查看经营场所及与被查单位相关人员接触时，还要做到以下两点：

一是要认真看。要看的东西非常多，如看被查单位的厂房、设备，看他们的办公场所，看他们生产区、办公区的各类挂图，以及墙上挂的、桌上放的各类图表。注意边看边分析，边看边联想，说不定就会发现有价值的线索。比如，在对方的营业场所，看各类人员是不是都很忙，如果很忙，而他们的报表却显示亏损，那么他们的报表反映的情况可能并不真实。

二是要认真听。要学会营造一个轻松的氛围，并在这个氛围中和被查单位有关人员聊天。随便聊：聊生产，聊生活，聊工作，聊收入，聊待遇，聊被查单位的故事。这种聊天，形式上看挺松散，但实际上就像写散文一样，“形散而神不散”，最终都是要围绕获取被查单位经营和纳税申报有关信息而开展的。目的是要在聊天的过程中，捕捉有用的信息。

总之，检查人员查账时，不能局限于对方所提供的账簿资料——账外信息与账内信息相结合，才能比较真实和完整地还原被查单位纳税申报的真实图景。

第十节　纳税人应对稽查的“套路”有哪些？

在对纳税人进行检查时，常听到的几句话是：“非常欢迎你们来我们单位指导工作！”“你们的到来，可以帮助我们规范纳税申报，欢迎！”“我们老板纳税意识很强，经常要求我们要依法诚信纳税！”“欢迎你们来检查，我们是国企，一直很合规！”……不过，这些都是客套话，如果税务检查人员把这些话都当真了，那就太天真了。由于检查会影响纳税人的正常工作，同时，检查发现问题还会导致企业经济利益受影响，因此，没有哪家企业愿意被查！但是，税务稽查毕竟是依法进行的，没有纳税人能够拒绝。所以，即使心里不爽，也要认真对待、热情接待。当然，同时还要想办法、使用各种套路让检查结果尽量向有利于自己的方向去发展。

套路一：打感情牌，让检查人员下不了手。人是感情动物，一旦有了感情联系，执法的尺度必然受影响。打感情牌的方式有很多种，凡是能让当事检查人员心情愉悦的方式都可以，吃喝玩乐等，不胜枚举。有的机关工作人员爱好特别广泛，如对红木非常有研究，或对手表很有研究。表面上看它是一种爱好，其实这类爱好一般都是其服务、管理对象培养起来的，是通过打感情牌培养起来的，这里面很有可能有不当交易。真正负责任的执法者还是少些爱好为好，或者即使有，也要把爱好与工作分开。

套路二：对检查人员的上级或相关人员进行公关，达到“曲线救国”的目的。有的检查人员行事谨慎、没有欲望，这种情况下，直接的感情牌几乎没有效果。但毕竟人不是生活在真空中的，当事检查人员总会有求别人或者欠别人的时候，如检查人员因某事欠A的人情，纳税人被查时会通过各种方式找到A，通过A去给检查人员做“工作”，这样检查人员的执法很难不受到影响。

套路三：设法拒不提供资料或有限提供资料。税务检查，充分占有资料、数据和信息是根本。如果没有这些，检查人员就很难发现问题，或者即使发现问题也很难计算出应补税款，或者发现了问题，但是难于提取并固定相应的证据，导致案件检查无果而终。

有一次对一家企业集团进行检查，这家企业实际经营地在北京。账簿资料也在北京。经过领导批准后，我们到企业实际经营地实施检查。这家企业财务部单独占了一个楼层，查账地点设在同楼层会议室。我们是周一上午到的企业，到会议室后，就把移交清单交给被查单位的企业财务负责人，要求对方提供资料以便检查。结果，我们在会议室等了一下午，一直没等来资料，而财务部的资料室就在同一楼层。见迟迟不能提供资料，笔者就去找财务总监。到财务总监办公室门口，门是虚掩的，笔者直接推门进去了。只见财务总监桌上堆了一堆资料，而财务总监正和财务两个年轻人在翻看资料。笔者一下明白了——他们迟迟未能提供资料的原因是想提前审查一下我们要调取的所有资料，如果发现有问题，立即“处理”！见我突然进来，财务总监没有心理准备，一下子气氛变得很尴尬……

第二天，资料提供变得及时了。到了第三天下午，我们正在会议室查账，财务总监突然进来了，进门就很热情地说：“潘老师，我安排好了，你们来北京一趟不容易，明天上午，我派人带你们到北京城转转。另外，周五返程高铁票不好买，我已经安排人帮你们预订了明天下午返程的车票。转完北京城，你们就可以直接返程了！”笔者一听就来气了：“谁和你说我们明天下午就返回？

你这是什么意思？我们查账时间是一个月，不查完不会回去的，食宿费用又不需要你们承担，你们何必着急?!”

当然，笔者其实也理解财务总监的心思——尽量少提供资料，尽量快些结束检查，最终确认的问题越少越好！纳税人的生存“本能”而已。

还有一次查一家银行，这家银行负责接洽稽查的是一位高颜值美女。当笔者找她要资料时，她一直解释是系统原因，无法提供。每次要资料，这位美女都特别客气，想发火都发不起来。就是发了火，她还是非常客气。最终拖了一两个月才陆陆续续提供些价值不大的资料。

其他还有极端的例子！比如：直接回答说没账！追问：账呢？回答：不知道！追问：谁知道？回答：谁也不知道！或者有账，但会计核算混乱，检查人员问：这个会计分录对应的业务是什么？或者这个会计分录是表达什么意思？回答：不知道！追问：谁知道？回答：没人知道！或者知道的人已经离职了，没有联系方式……

套路四：“甩锅”或找其他税务机关无法核实的理由“阻击”调查。对纳税人接受虚开进行检查时，经常会遇到这种情况。例如，上游企业所在地主管税务机关给下游企业所在地税务稽查发来《已证实虚开通知单》，下游企业所在地税务稽查立案检查时，当事企业财务会解释说：这个业务是业务员经办的。检查人员问：业务员呢？有联系方式吗？姓名？回答：离职了！其他一概不知！这样，涉及虚开的问题这个锅就让那个不知是不是真实存在的业务员来背了。所以，有一种虚开，叫“业务员虚开”。

还有接受虚开普通发票的问题。很多虚开是普通发票，当税务稽查对这类协查进行检查时，纳税人会解释：“你们稽查所提到的涉及虚开的普通发票，我们没有收到，也没有入账。”这就让稽查陷入两难：没有证据证明他们确实收到——这和专票不一样，专票可以通过系统查看是否收到。而普通发票没有办法判定当事企业是否收到，因为确有某种原因，纳税人利用已知的纳税人信息对外乱开发票（也可能是错开），税务稽查并不能根据上游发来普通发票的虚开协查，就认定纳税人接受了这些发票并涉及虚开。

第三章

企业所得税检查的双方博弈

第一节　收入类

关于收入的确认，会计与企业所得税的规定是不同的。《企业会计准则第14号——收入》（财会［2017］22号）关于收入的确认有所变化。其中一个重要变化是确认标准由现行的“主要风险和报酬转移”变成了“企业履行了合同义务，即客户取得了商品（或服务）的控制权”。新收入准则要求“企业履行了合同义务，即客户取得了商品（或服务）的控制权”时确认收入，并对确定控制权时应考虑的因素进行了明确，从而能够更加科学合理地反映企业的收入确认过程。幸好，企业所得税收入的确认自从2008年新的企业所得税法实施以来，未发生变化，否则财务人员又需要重新学习。

关于企业所得税收入确认，基本的文件规定来源于《中华人民共和国企业所得税法》《中华人民共和国企业所得税法实施条例》，以及另一个重要文件《国家税务总局关于确认企业所得税收入若干问题的通知》（国税函〔2008〕875号）。虽然企业所得税收入确认比较明确，且规定比较稳定，一直未发生过变化，但纳税人收入的确认和申报依旧存在不少问题。常见的是：按发票开具时间确认收入；按实际收款时间确认收入；按销售货物发出时间确认收入；其他毫无规则地确认收入。这些确认方法，都会导致企业所得税申报错误，给企业带来风险。

企业所得税的收入确认，与会计准则明显不同。如果说会计确认收入是典型的权责发生制，则企业所得税收入的确认，既有权责发生制，也有收付实现制，或者是二者的混合。税法与会计之所以在收入的确认上有明显差异，是因为二者服务对象不同。会计核算主要服务于投资者和企业管理者，要通过确定的计量方式，在遵从现行法律的前提下向企业投资者和企业管理者反映企业的财务状况及经营成果；而企业所得税的征收管理，是为了确保纳税人在有纳税能力的时候，赋予其纳税义务，并将税款收上来——目标的不同，使二者差异明显。

情形3－1　刷单刷出来的“企业所得税”

一、业务描述

这是一家做电商的企业，专营某地特产“驴皮阿胶”。为了使企业看上去更具规模以聚集人气，该公司通过网上专门的QQ群，找到一群职业刷单客为其刷单。刷单客从网店正常下单购买商品，使用支付工具支付款项，网店接单后，也按正常的流程向买家发货，只不过快递包裹里并无商品。销售完成后，电商按建立的刷单台账，通过别的隐蔽账户向刷单客返还其支付的商品价款，同时支付刷单费，一单几元、几十元不等。通过这种方式，这家电商业绩上升很快，聚集了人气，促进了销售。

但好景不长，一天，电商的负责人B先生接到一个陌生人的电话。这位陌生人说，他从该网站购买的商品，电商没有开具发票。B先生一听有些懵，因为干他们这一行的，很少按规定开具发票，如果每单业务都开发票，那么他们销售的货物则没有任何价格优势。陌生人直接了当地说：“这个事你知我知，给我一万块钱，这事就了结，否则，我就告到税务局!”B先生一听又气又急：“不能少点吗?”“没门”，对方挂断了电话。

B先生和几个合伙人一商量，感觉这位陌生人要价太高，不能迁就这样的“恶人”，于是决定和这位陌生人拖下去。但他们判断错了，他们所遭遇的其实是职业举报人，他们真正的目的并不是协助税务机关打击税收违法行为，而是从违法电商那里谋取不当利益。

果然，几天后，他们接到了当地国税局稽查局的通知，要对他们进行税务检查。为了能够不被检查，他们反复与陌生人联系、协商，几乎到了哀求的地步。最终陌生人答应，收到电商支付的五千元后，向税务机关请求“撤回”举报。

B先生向陌生人支付了五千元，陌生人则通过电话向国税局稽查局提出了“撤诉”的要求，但他们都打错了算盘。因为国税局稽查局已经立案，不可能撤案。他们从网上交易平台调取了该电商所有的交易记录，该交易记录显示，这家销售“驴皮阿胶”的电商，不仅大量交易未按规定开具发票，而且绝大部分销售收入未申报，少缴较大数额企业所得税、增值税。

二、税务处理错弊

这是很多电商，特别是中、小型电商普遍存在的问题。店铺存在于虚拟空间，但纳税义务绝不是无形的。在网络时代，会有无数双眼睛盯着你，有的是善意的，有的是“恶意”的。如果企业经营始终游走在灰色甚至黑色地带，终究会有一天被“恶意”的眼睛目送至“断头台”。本案例中，电商真实的经营收入所应申报缴纳的税款会被追缴，同时还会面临较重的处罚。更麻烦的是，刷单交易的那一部分业务，由于所有的信息都指向是真实发生的，所以，税务稽查人员可能不会采信电商的解释，而将全部订单作为真实收入一并计算补缴税款并处以罚款。由于不愿意更多的秘密被揭露，电商的选择只能是“打掉牙齿往肚里咽”，教训是很深刻的。因此，纳税人明智的做法是：建章立制，在合法经营的轨道上运行，特别是在企业做到一定规模后。

三、政策依据分析

销售货物、服务等取得的收入都不可隐瞒，都需要申报且要计算缴纳相应的所得税或流转税（即使减免也需要申报）。无论哪个国家、什么样的税制，都会有相应的法律作出这样的规定，这些规定是纳税义务履行的底线，也是经营企业必须知晓的常识。

情形3-2 辅助核算明细账下，少计收入问题一目了然

一、业务描述

M公司主要对外承接地质勘察业务，为增值税一般纳税人，被查年度是2017年、2018年。检查人员进驻该企业后，问及该单位财务人员成本是如何结转、收入是如何确认的，财务人员含糊其词，模棱两可。

检查人员认真研究了一下调取的该单位账簿资料发现，该单位的成本结转和收入确认，在操作上是不规范的，基本上是依照开票时间确认收入。也就是说，把开具发票时间作为增值税纳税义务发生时间和会计、企业所得税收入确认时间（年度申报表未对收入进行调整），即三者等同。而根据相关税法及会计准则的规定，三者在很多情况下是不同的，该单位如此确认收入，即使没有账外账，也极有可能存在企业所得税和增值税问题。

而对于成本、费用的结转，检查人员通过研究其账务处理发现，该单位勘察业务发生的成本、费用通过“地勘生产”科目归集，月末结转到“主营业务成本”，不留余额。这种情况下，“地勘生产”实际上也成了损益类科目。

考虑到该单位是一家国有企业，有相对严格的内控制度，因此，该单位存在账外账的可能性很小。所以，接下来的工作就是要核对、确认该单位收入的确认，成本、费用的结转是否符合企业所得税法的规定，是否存在推迟确认收入或提前结转成本、费用，少缴企业所得税问题。

检查人员打开该单位项目辅助核算明细账，问题便一目了然。在甲项目下，辅助核算明细账清晰记载了所有与该项目往来款的情况、收入确认情况、成本费用结转情况。辅助账显示甲项目2018年度预收款如图3-1所示。

同样，通过查看该项目成本归集情况，发现该项目2018年累计发生支出120万元，已在每个月月末结转到“主营业务成本”，期末余额为0。收入确认情况：该项目当期为0。

辅助账按项目　　单位：元

日期	项目名称	摘要	凭证编号	凭证类型	科目名称	借方金额	贷方金额	余额	方向
201800合计	预收账款	年初合计							
20181012	预收账款	预收××公司勘察项目款	98	记账凭证	预收账款		1 000 000	1 000 000	贷
201812累计	预收账款	本期累计					1 000 000	1 000 000	贷

图 3－1　M 公司辅助账

辅助核算明细账清晰地表明，该单位该项目 2018 年取得了 100 万元款项，发生了 120 万元成本费用，但却未确认任何收入，也未计提此项目的增值税销项税额，这显然存在问题。检查人员调取了该项目的合同，通过查阅合同并与该单位财务、项目主管部门核对，最终确认，该单位该项目 2018 年按形象进度已经完成 80%，合同总收入 167 万元（不含税），2018 年应确认但未确认收入 133.6 万元（167×80%），应纳税调整增加。同时查明，该项目开始后，按合同约定，已经取得 100 万元项目款，未计提增值税销项税额，应补缴增值税 5.66 万元（100÷1.06×0.06）。

二、税务处理错弊

收入的确认、成本及费用的结转未按会计准则要求进行，这样做，直接的后果是该单位财务报表反映的情况不真实。不过，即使会计处理不正确，一般情况下，依旧可以正确地通过纳税调整等方式正确地进行纳税申报。雪上加霜的是，该案被查单位不正确的会计处理同时又叠加上了不正确的企业所得税、增值税纳税申报。对会计质量要求不高的企业来说，不正确的会计处理和不正确的纳税申报，显然后者会带来更大的损失。

三、政策依据分析

《中华人民共和国企业所得税法实施条例》第十五条规定：“企业所得税

法第六条第（二）项所称提供劳务收入，是指企业从事建筑安装、修理修配、交通运输、仓储租赁、金融保险、邮电通信、咨询经纪、文化体育、科学研究、技术服务、教育培训、餐饮住宿、中介代理、卫生保健、社区服务、旅游、娱乐、加工以及其他劳务服务活动取得的收入。”关于提供劳务的收入确认方法，《国家税务总局关于确认企业所得税收入若干问题的通知》（国税函〔2008〕875号）第二条规定：“企业在各个纳税期末，提供劳务交易的结果能够可靠估计的，应采用完工进度（完工百分比）法确认提供劳务收入。”根据该文件规定，本案例中被查单位为其他单位提供勘察服务，应当按开发的完工进度确认收入。

情形3－3 提供劳务未采用完工进度法确认收入，少计企业所得税应纳税所得额

一、业务描述

这是一家主要提供软件技术开发服务的企业，检查人员调取了该单位2017年、2018年的电子账进行检查。报表显示，该单位两个年度主营业务收入分别在2亿元左右，每年申报缴纳数百万元企业所得税款。对于该单位企业所得税的检查，检查人员认为，应先落实该单位收入确认方法是否符合税法要求入手，如与税法要求有差异，又未进行纳税调整，则可以确定其企业所得税收入确认存在问题。

检查人员首先利用查账软件的查询功能，查询了“主营业务收入”科目的贷方对应科目，结果是：除去“银行存款”“现金”“应收账款”外，还有“其他应付款——其他应付单位款”，这与正常情况似乎有所不同。正常情况下，“主营业务收入”科目的贷方对应科目应为“应收账款”“银行存款”“现金”或“预收账款”等，而没有“其他应付款”。为了弄清情况，检查人员又进一步查询了“其他应付款——其他应付单位款”借方对应科目，结果是：均为“银行存款”“现金”。对“其他应付款——其他应付单位款”贷方

发生额的摘要进行汇总分析，检查人员发现，摘要叙述基本是“收取开发费”“预收开发费”或类似的意思表达。

检查人员就已经发现的情况向财务人员提出了自己的疑问：主营业务收入是如何确认的？经过反复沟通，检查人员了解到该单位主营业务收入的确认方法：不论是否开始提供技术开发服务，只要是收到（哪怕是预收）甲方支付的设计费，均借记“银行存款”（或“现金”），贷记“其他应付款——其他应付单位款”，当向甲方开具发票时，借记“其他应付款——其他应付单位款”，贷记“主营业务收入”；还有一种情况是提供了劳务，未收到款项，但开具了发票，该单位财务人员会借记“应收账款”，贷记“主营业务收入”。总之，收入确认时，财务人员并不会去查看相应的合同，也不会去关注劳务提供情况，他们关注的只有两个：是否收到款项以及是否开具发票。最终，一个纳税年度的主营业务收入数等于当期开具的发票总金额。检查人员询问他们为什么要这么做，他们的回答是：方便、省事，并且很多其他企业也是这样做的。

检查人员向该单位索要了全部的技术开发合同，一一审阅、核对，发现了该单位收入确认存在的问题。

二、税务处理错弊

根据该单位的技术开发合同，其提供劳务交易的结果能够可靠估计，但未采用完工进度法确认收入，由于收款开发票一般会晚于提供劳务的进度，所以会推迟收入确认时间。在主营业务收入逐年增长的情况下，这样做，每个纳税年度均会少计收入、少确认企业所得税应纳税所得额——简单、方便，不一定正确；别人都这么做，也未必正确；自己一直这么做同样未必正确，这就是本案例应总结的教训。

三、政策依据分析

同情形3－2。

情形3－4　取得市政配套费，未计入当期应纳税所得额

一、业务描述

H公司是一家供热企业，负责某市某区域的集中供热。检查人员调取了该单位2017年、2018年的电子账进行检查。在查看其2018年“其他应付款”科目明细账时，看到了如图3－2所示的凭证。

记　账　凭　证

单位：H热电公司　　　　2018年12月12日　　　　记账凭证98号

凭证摘要	科目名称	借方金额	贷方金额
收市政配套费	银行存款	1 000 000.00	
收市政配套费	其他应付款——其他		1 000 000.00
合计		1 000 000.00	1 000 000.00

填制人：×××　　审核人：×××　　主管人：×××　　附件张数：2

图3－2　H公司记账凭证

该凭证后面附的是银行收款凭证及向某政府机构开具的收款收据记账联。在该科目中，还有多笔类似业务。检查人员立即向被查单位财务人员询问该凭证所对应的业务情况，财务人员并未隐瞒，一五一十地把这个业务的情况向检查人员做了介绍。

原来，经批准成立的供热企业，政府会根据其地理位置，为其划分供热范围，该范围内的所有一次集中供热管网工程（不包含新建小区的内部管网）均由该供热企业负责建设，以避免重复。考虑到供暖的公益属性，以及管网建设前期较大的投入，政府采取的办法是向规定的新建或者改、扩建的单位收取市政建设配套建设费，然后由政府支付给负责该区域供热的企业，支付的标准一般是区域内新建或者改扩建的建筑面积乘以相应单价。被查单位收到市政配套费后，做图3－2所示的账务处理。检查人员同时查看了其他科目，未看到与收取配套费有关的其他会计处理。

检查人员询问财务人员：取得的市政配套费是否应计入当期应纳税所得额？是否进行了纳税调整？在其负责的供热区域内建成的管网，产权属于谁？财务人员回答：供热企业按政府规划，分期分批建设配套供热管网，政府拨付的配套费专门用于管网建设，属于不征税收入，不应计入当期应纳税所得额，所以未进行纳税调整。建成的供热管网，产权属于企业。建设时，由供热企业委托有资质的施工企业负责。

检查人员接着向财务人员索要市政配套费的政府拨付文件，财务人员回答说：没有。

二、税务处理错弊

取得由政府拨付的市政配套费，如认定为不征税收入，需要符合相应的条件，但被查单位无相关证据。本应一次性确认收入却处理为不征税收入，少计了当期应纳税所得额。取得来源于政府的资金，即使政府应该给，也应将是否会涉税的问题处理好——并非所有来源于政府的资金，都是不征税的。

三、政策依据分析

不征税收入要符合《财政部 国家税务总局关于专项用途财政性资金企业所得税处理问题的通知》（财税〔2011〕70号）规定，否则会判定为征税收入。《国家税务总局关于企业取得财产转让等所得企业所得税处理问题的公告》（2010年第19号）明确：企业取得财产（包括各类资产、股权、债权等）转让收入、债务重组收入、接受捐赠收入、无法偿付的应付款收入等，不论是以货币形式还是非货币形式体现，除另有规定外，均应一次性计入确认收入的年度计算缴纳企业所得税。本案例中，财政拨付的配套费是无偿的，政府也不因此而享受企业相应资产的所有权，同时又不符合不征税收入条件，应一次性计入当期应纳税所得额。

注：本案例，不同地区的税务机关政策界定可能会有不同，以当地税务机关明确的政策为准。

情形3－5 酒店员工无偿使用客房，未按视同销售计算申报纳税调整金额

一、业务描述

这是某世界级酒店集团旗下的一家准五星级酒店，位于某市高铁站附近，检查年度为2017年、2018年。检查人员调取了相应年度的电子账和相关资料，根据常识，检查人员判断，作为知名品牌酒店，其日常管理应该非常规范，对客房使用应该有成熟的管理系统进行管理并会有相应的报表反映客房使用情况。经询问财务人员，得到的答案是肯定的。于是，检查人员向该单位财务人员索要了Opera（一种国际通用的酒店管理系统）管理系统生成的2017年度、2018年度的“房态报表”。检查人员仔细审阅“房态报表”，报表上有一列“自用”的信息引起了他们的注意，该栏内容显示，有一套豪华套房一直在自用。这套房谁在用？检查人员随口提出了问题，而财务人员则不加思索地回答道：聘请的总经理。无偿使用？是！

检查人员接着询问财务人员，套房自用是否进行了相应的会计处理和税务处理？财务人员回答：“没有。”检查人员查看两个年度的“企业所得税年度纳税申报表”，未看到与之有关的纳税调整项目。

二、税务处理错弊

酒店将客房提供给酒店总经理住宿，属于非货币性福利，应当视同销售，按市场公允价确认视同销售收入，同时确认相应的视同销售成本，按其差额调增企业所得税应纳税所得额。同时，其对应的费用应计入职工福利费，按规定的方法计算纳税调整金额。

三、政策依据分析

《中华人民共和国企业所得税法实施条例》第十三条规定：企业所得税法第六条所称企业以非货币形式取得的收入，应当按照公允价值确定收入额。前款所称公允价值，是指按照市场价格确定的价值。第二十五条规定：企业发生非货币性资产交换，以及将货物、财产、劳务用于捐赠、偿债、赞助、集资、广告、样品、职工福利或者利润分配等用途的，应当视同销售货物、转让财产或者提供劳务，但国务院财政、税务主管部门另有规定的除外。

《企业会计准则第 9 号——职工薪酬》应用指南规定：非货币性福利，包括企业以自产产品发放给职工作为福利、将企业拥有的资产无偿提供给职工使用、为职工无偿提供医疗保健服务等。

依据上述规定，酒店公司将持有的客房无偿提供给总经理使用，属于非货币性福利，应当视同提供劳务，按酒店套房对外出租的市场价格（假定酒店并不向总经理居住的该套房提供一般客房应有的清洁等服务，否则应属于住宿服务）确定公允价值，计算并申报缴纳相应的企业所得税。

《财政部 国家税务总局关于全面推开营业税改征增值税试点的通知》（财税〔2016〕36 号）第十条规定，销售服务、无形资产或者不动产，是指有偿提供服务、有偿转让无形资产或者不动产，但属于下列非经营活动的情形除外：单位或者个体工商户为聘用的员工提供服务。根据该规定，酒店提供给总经理居住的套房不在增值税的征税范围内，因此无须考虑增值税的问题。

全面营改增后，本案例规范的企业所得税处理应为：假定套房对外出租的公允价格是 1 000（不含增值税）元、成本是 800 元，则视同销售应纳税调增 200 元，同时，允许其计入福利费的金额是 1 000 元，已计入成本的是 800 元，根据福利费的实际列支情况计算其限额扣除后应调减的金额。

情形3－6　取得代扣个人所得税手续费返还未计入当期应纳税所得额

一、业务描述

针对H建筑设计股份有限公司的纳税检查，涉及2016年度、2017年度，该公司为增值税一般纳税人。检查人员从“金三”系统查询该企业税款入库情况得知，该单位2016年、2017年每年代扣代缴入库个人所得税款约3 000万元，这个数字意味着该单位会得到较多的代扣手续费返还。取得代扣手续费返还是否正确进行所得税处理是一个检查的“点”。检查人员调取了该单位的电子账，打开电子账后，在“凭证查询”模块中输入“手续费返还”关键字，查找到了取得代扣个人所得税手续费返还的凭证。打开其中之一显示如图3－3所示的内容。

记　账　凭　证

单位：H设计股份有限公司　　2016年8月12日　　记账凭证8/158号

凭证摘要	科目名称	借方金额	贷方金额
收个税手续费返还	银行存款——工商银行吴江区支行	590 657.00	
收个税手续费返还	其他应付款——单位往来——其他		590 657.00
合计		590 657.00	590 657.00

填制人：×××　　审核人：×××　　主管人：×××　　附件张数：2

图3－3　H公司记账凭证

该凭证后面，附的是税务机关开具的《××市地方税务局代征代扣手续费领据》及银行收款凭证。2017年9月，该单位也收到约60万元的代扣手续费返还款项，会计处理与2016年相同。通过询问该单位财务人员和查询增值税的申报情况，检查人员认定，该单位收取的上述款项未申报缴纳增值税。经核对两个年度的“企业所得税年度纳税申报表”，被查单位取得的上述返还款项未计入当期应纳税所得额。

检查人员指出：上述手续费返还需要调增当期企业所得税应纳税所得额。但该单位财务人员并不认同，理由是：上述返还是从政府得到的财政性资金，有专门用途，属于不征税收入，不应计入当期应纳税所得额。并且，他们取得的上述款项已经用于员工奖励，所发生的支出记入往来账，未在税前扣除。

检查人员核对了“其他应付款——单位往来——其他”科目中代扣个税手续费返还的资金往来情况（如图3－4所示），证实了财务人员的说法：每年，该单位取得的近60万元手续费返还中的约40万元作为奖金，按职级不同发放给了所有员工，员工的这部分所得已按规定代扣代缴了个人所得税（并没有专门用于奖励办税人员）。

账户名称：其他应付款——单位往来——其他　　　　币种：人民币

2016		凭证号	摘要	借方	贷方	方向	余额
月	日						
			期初余额			平	
8	12	8/158	收个税手续费返还		590 657.00	贷	590 657.00
8	14	8/162	支付奖励	400 000.00		贷	
			本月合计	400 000.00	590 657.00	贷	190 657.00
			累计	400 000.00	590 657.00		

图3－4　H公司明细账

根据调查的情况，检查人员提出了处理意见：取得的代扣个人所得税手续费返还应还原成不含增值税收入计入当期企业所得税应纳税所得额；用于奖励员工的约40万元，属于合理的工资薪金支出，应当允许税前扣除，调减当期应纳税所得额。

二、税务处理错弊

被查单位取得的代扣个人所得税手续费返还属于提供应税劳务取得的收入，未计入当期应纳税所得额是不正确的。

三、政策依据分析

《中华人民共和国企业所得税法》第六条规定："企业以货币形式和非货币形式从各种来源取得的收入，为收入总额。包括：……（二）提供劳务收入……"关于不征税收入，根据《财政部 国家税务总局关于专项用途财政性资金企业所得税处理问题的通知》（财税〔2011〕70 号）规定，需要符合三个条件：①企业能够提供规定资金专项用途的资金拨付文件；②财政部门或其他拨付资金的政府部门对该资金有专门的资金管理办法或具体管理要求；③企业对该资金以及以该资金发生的支出单独进行核算。显然，取得代扣个人所得税手续费返还并不符合前两个条件，因而不能判定为不征税收入，需全额计入当期应纳税所得额。

（1）总局口径。国家税务总局 12366 纳税服务平台 2017 年 1 月 17 日答疑：个人所得税手续费返还是"按照目前营改增政策相关规定，纳税人代扣代缴个人所得税取得的手续费收入应属于增值税征税范围，应缴纳增值税"。

（2）地方口径。目前营改增后个人所得税手续费返还明确征收增值税的地区有深圳国税、内蒙古自治区国税、厦门国税、福建国税、大连国税、安徽国税、重庆国税、辽宁国税、湖北国税、浙江国税等按照"商务辅助服务——代理经纪服务"缴纳增值税。

情形 3－7　剩余的材料去哪儿了？

一、业务描述

这是一家家用太阳能热水器生产企业，为增值税一般纳税人。检查人员接受任务对其 2017 年度、2018 年度纳税情况进行检查，查账方式是调取账簿资料检查结合实地检查。通过查阅核对账簿资料，检查人员初步确定了一些疑点涉税问题。为了进一步了解企业生产经营情况，检查人员来到该单位生产经营现场。

在财务人员陪同下，检查人员把车间转了个遍并特意留意了太阳能热水器从板材到成品的生产加工过程。参观时，检查人员发现了这样一个情况：太阳能热水器，特别是其主要部件储水罐的生产加工，必定要产生一些边角余料，并且检查人员亲眼看到车间工人把加工产品过程中的一些边角余料收集了起来。那么，问题来了——检查人员在查看两个年度账簿的时候，根本就没有看到该单位处置边角余料的处置收入。由于该单位产量较大，这些边角余料的处置应该会有不小的收入。

检查人员向财务人员提出了疑问，财务人员无言以对。最终通过寻问相关当事人加上税法的宣传，财务人员说出了实情。原来，这部分处置收入全进了厂里的小金库，未申报缴纳企业所得税和增值税。

无独有偶，检查人员在对一家地质勘察企业 2017 年度、2018 年度账簿资料进行检查时，从“地勘生产——商品与服务支出”科目中抽查到一笔材料费，货物名称为“索道支架”，销售方是一家钢管生产企业，价税合计 50 万元。检查人员很好奇——这是什么东西，用在什么地方？这家单位不是提供的勘察服务吗？难道还需要大量钢管？

对检查人员的疑问，被查单位财务人员认真地进行了解释。原来，该单位提供勘察设计服务，其中一种服务是针对索道的勘测。勘测时，为了安放测量仪器，需要制作安装索道支架……

检查人员听明白了，但是又有一个新的疑问产生：这些支架后来去哪儿了？因为被查单位提供的只是勘测服务，并不是建筑服务，最终的成果就是技术报告及相关数据，支架用完就应当拆除、处置。可是，检查人员并没有从被查单位的账簿里看到有处置剩余物资的收入。

这一问，被查单位财务人员一时语塞。憋了好半天，财务人员才说：他们从没想过这个问题，由于项目多在外地，他们需要和项目管理人员联系、调查了解相关情况。几天后，情况反馈回来：支架已经拆除处置，取得的收入同样进了小金库，未申报缴纳企业所得税、增值税。检查人员根据这一线索对其他相关项目进行检查，又发现多个项目存在类似情况。最终，被查单位处置剩余物资未正确进行税务处理受到了税务机关的处理、处罚。

二、税务处理错弊

表面上看是出现了涉税问题，实质上是两家被查单位财务内控存在问题。会计的基本职能是核算与监督，财务部门理所当然是财务内控的第一责任人。内控的缺失，不仅会使企业蒙受经济损失，还会使企业潜藏各类税务风险，教训是深刻的。

三、启示

“常规判断有边角料、废品等出售但无其他业务利润的”，这是一条重要的预警指标，也是税务稽查的一个重要的点。有类似业务，却不计或少计收入，可能会被认定为偷税。规范的做法是：加强财务内控，与生产一线加强协作和信息沟通，一旦发现有涉税业务，就应当及时进行会计处理及相应的税务处理。

情形3－8　扎心了，老铁，被异常的账务处理“出卖”

一、业务描述

当一项经济业务的账务处理不符合会计准则要求或有违经济业务常理时，即异常的账务处理，如会计分录缺乏原始凭证支撑、会计分录借贷方不平衡或账户不对应、临近会计期末编制明显异常的会计分录等。异常的账务处理，可能是财务人员业务水平不高所致，也可能是财务人员有意识对某项（或多项、或某一类）经济业务进行异常处理的表现，而这些现象的背后很可能隐藏涉税问题。于是，一不小心，纳税人的涉税问题被自己异常的账务处理“出卖”。

（一）“出卖”：借贷方账户对应不正常

某制造企业为增值税一般纳税人，“金三”相关数据显示，该企业 2017 年、2018 年增值税税负率低于同行业平均水平，但企业所得税贡献率达到同行业平均水平。税务机关检查时，对增值税税负偏低的问题，企业解释为原材料价格上涨，进项税额增加。检查人员检查确认，不存在进项税额多抵扣的问题。但是，检查人员在检查“发出商品”明细账时，发现有不少如下的账务处理：

借：银行存款　　　　11 700.00

　　贷：发出商品——某型号　　　　10 200.00

　　　　产成品差异　　　　1 500.00

摘要为“出货”。按照正常的会计核算，贷方的发出商品对应的借方应是主营业务成本，该企业却是对应银行存款，显然属于不正常。经过核对凭证及出入库情况，最终确认其存在的涉税问题。原来，该单位销售商品与客户结算时，正常情况下，开具发票确认收入，结转成本。如果销售商品未开具发票，则不确认收入，也不结转成本，毛利计入“产成品差异”。即发出商品时：

借：发出商品

　　贷：库存商品

收到货款时：

借：银行存款

　　贷：发出商品

　　　　产成品差异

该单位如此处理，少计企业所得税应纳税所得额、增值税销售额，少缴了企业所得税和增值税，最终被处理、处罚。

（二）“出卖”：借贷方账户对应不正常

检查人员在调取并查阅一家建筑管理有限公司的电子账时，发现了如下的一个会计处理：

借：其他应收款　　1 000 000

　　贷：累计折旧　　1 000 000

通常情况下，其他应收款所对应的科目可能是现金、银行存款、其他业务收入等科目，而累计折旧一般情况下对应主营业务成本、管理费用等科目。其他应收款和累计折旧这两个不太发生联系的科目突然“结缘”必有蹊跷，检查人员询问企业财务人员了解到，该公司有一台设备提供给所属全资子公司使用，双方商定，按该设备应提取的折旧来收取租金作为折旧的补偿，并做了上述会计处理，检查人员延伸检查与此业务关联的子公司时，看到对方是做了如下的账务处理：

借：主营业务成本　　1 000 000

　　贷：其他应付款　　1 000 000

从业务双方的会计处理可以看出，虽然尚未收到租金，但出租设备取得收入的事实已经构成，检查人员据此对该业务涉及的企业所得税和增值税问题进行了处理。

二、税务处理错弊

上述自己“出卖”自己案例的一个共同特点是：账务处理明显异常或有违常理。

三、启示

日常账务处理中，类似上述账务处理明显异常或有违常理的，还有：科目对冲（如应收冲应付）、不合理、无理由或不正当的红冲、支出为现金、支出金额为整数、特殊时间段的标注不明的支出（如2月、6月、10月等发生的标注不明的支出）、理由含混或原因不明的账务调整等。这些是纳税人自我出卖的场景，也是税务稽查的重点。想不扎心，纳税人自然是做账的时候就要合规、合法，避免异常的账务处理。

情形3－9　豁免债务未计入应纳税所得额少缴企业所得税

一、业务描述

税务稽查人员受命对甲公司2016年度、2017年度纳税情况进行检查。调取被查单位账簿资料后，检查人员对报表进行了审核。通过审核资产负债表，检查人员发现，2017年该单位资本公积增加368万元。打开该年度资本公积明细账并查看相应的记账凭证（见图3－5、图3－6）。

账户名称：资本公积　　　　币种：人民币

2017		凭证号	摘要	借方	贷方	方向	余额
月	日						
			期初余额		3 000 000.00	贷	3 000 000.00
8	12	34	收到奖励		3 680 000.00	贷	6 680 000.00
			本月合计		6 680 000.00	贷	6 680 000.00
			累计		6 680 000.00	贷	6 680 000.00

图3－5　甲公司资本公积明细账

记　账　凭　证

单位：×××公司　　　　2017年8月12日　　　　记账凭证34号

凭证摘要	科目名称	借方金额	贷方金额
债转股	应付账款——乙公司	3 680 000.00	
债转股	资本公积		3 680 000.00
合计		3 680 000.00	3 680 000.00

填制人：×××　　审核人：×××　　主管人：×××　　附件张数：1

图3－6　甲公司相关记账凭证

34号凭证（见图3－6）后面仅附一纸协议（简单的几句话），意思是乙公司以甲公司所欠债务转为对甲公司的投资。但是，从会计处理上看，所谓的“债转股”，并没有转增股本，这与常理不符。检查人员询问财务人员，财务人员解释：乙公司为甲公司的关联企业，甲公司因为从乙公司购买原材料，无力支付货款而形成368万元债务，因为是关联企业，经共同母公司协调，将甲欠乙债务转为乙对甲的投资，于是做了上述账务处理。至于为什么只转资本公积而不转股本时，财务人员的解释是：记账错误，并坚称该业务就是“债转股”。

但财务人员的解释并没有说服检查人员，检查人员不动声色，第二天，履行相关手续后，他们直接来到乙公司进行调查。由于是行动突然，乙公司财务人员有些手忙脚乱。虽然费了一番周折，但检查人员还是顺利调取了相关凭证资料，还原了“债转股”事实。

乙公司的账务处理显示，乙公司销售甲公司原材料属实，且一直未付款。到了2017年8月，考虑到甲没有支付能力，在共同母公司的协调下，经双方协商，乙豁免甲的386万元债务，并将对应的应收账款，转入“营业外支出”科目。

因此，所谓“债转股”，实为债务豁免，甲公司取得的债务豁免应依法全额计入甲公司2017年度应纳税所得额计算缴纳企业所得税，甲公司因该业务税务处理不正确受到了处理、处罚。

二、税务处理错弊

本案中的债务豁免收入属于债务重组收入，即债务人按照与债权人达成的债务重组协议所获得的债务豁免额。债务重组收入属于企业所得税法规定的其他收入，应在债务重组合同或协议生效时计入收入总额计算缴纳企业所得税。

债务重组属于企业重大经营行为，对一个企业来说，重大经营行为一般涉税金额大、易调查，因而有较大的税务风险。对这类业务的涉税处理，如不审慎处理，后患无穷。

三、政策依据分析

债务豁免收入的会计处理，《财政部关于做好执行会计准则企业2008年年报工作的通知》（财会函〔2008〕60号）第一条第三项第8目明确："企业接受的捐赠和债务豁免，按照会计准则规定符合确认条件的，通常应当确认为当期收益。如果接受控股股东或控股股东的子公司直接或间接的捐赠，从经济实质上判断属于控股股东对企业的资本性投入，应作为权益性交易，相关利得计入所有者权益（资本公积）。"

企业所得税方面，《国家税务总局关于企业取得财产转让等所得企业所得税处理问题的公告》（国家税务总局公告2010年第19号）第一条规定："企业取得财产（包括各类资产、股权、债权等）转让收入、债务重组收入、接受捐赠收入、无法偿付的应付款收入等，不论是以货币形式还是非货币形式体现，除另有规定外，均应一次性计入确认收入的年度计算缴纳企业所得税。"该条规定中，关于债务重组收入的"另有规定"是指《财政部 国家税务总局关于企业重组业务企业所得税处理若干问题的通知》（财税〔2009〕59号）第六条第一项规定："企业债务重组确认的应纳税所得额占该企业当年应纳税所得额50%以上，可以在5个纳税年度的期间内，均匀计入各年度的应纳税所得额。"

情形3－10　取得应税收入不符合不征税收入条件未计入当期应纳税所得额

一、业务描述

检查人员对M房地产开发公司2017年、2018年纳税情况进行检查。查看2017年营业外收入明细账时，有两笔业务引起了检查人员的注意，如图3－7所示：

账户名称：营业外支出　　　　　　　　　　　　　　　　　　　　币种：人民币

2017		凭证号	摘要	借方	贷方	方向	余额
月	日						
			……				
3	12	34	上交国土局	1 230 000.00		借	1 230 000.00
			……				
10	16	36	调整	-1 230 000.00		借	-1 230 000.00
			……				
			期末余额			平	

图 3-7　M 公司 2017 年营业外收入明细账

接下来，检查人员分别查看 34 号和 36 号凭证（如图 3-8、图 3-9 所示）。

记　账　凭　证

单位：M 房地产开发公司　　　　2017 年 3 月 12 日　　　　记账凭证 34 号

凭证摘要	科目名称	借方金额	贷方金额
上交国土局	营业外支出	1 230 000.00	
上交国土局	银行存款		1 230 000.00
合计		1 230 000.00	1 230 000.00

填制人：×××　　审核人：×××　　主管人：×××　　附件张数：3

图 3-8　M 公司 34 号记账凭证

记　账　凭　证

单位：M 房地产开发公司　　　　2017 年 10 月 16 日　　　　记账凭证 36 号

凭证摘要	科目名称	借方金额	贷方金额
调整	营业外支出	-1 230 000.00	
调整	其他应收款——街道办		-1 230 000.00
合计		-1 230 000.00	-1 230 000.00

填制人：×××　　审核人：×××　　主管人：×××　　附件张数：1

图 3-9　M 公司 36 号记账凭证

款项已经计入营业外支出，过一段时间后又调整，纳税人这样做的原因是什么？检查人员从 34 号凭证后面看到一份当地国土资源局开具的收据，还有一份国土局出具的“土地违法案件行政处罚决定书”复印件。这两个附件内容表明，34 号凭证的支出为被查单位受到国土局处罚后，向后者缴纳的罚款。显然支出的业务是真实的，不过如果不能在税前扣除，应当是通过“企业所得税年度纳税申报表”调整，而不是冲回，那么纳税人冲回的原因是什么呢？检查人员继续追踪查看“其他应收款——街道办”科目，在该科目中找到与上面两个凭证相对应的凭证（见图 3－10）。

记　账　凭　证

单位：M 房地产开发公司　　2017 年 5 月 29 日　　记账凭证 98 号

凭证摘要	科目名称	借方金额	贷方金额
收款	银行存款	1 230 000.00	
收款	其他应收款——街道办		1 230 000.00
合计		1 230 000.00	1 230 000.00

填制人：×××　　审核人：×××　　主管人：×××　　附件张数：2

图 3－10　M 公司 98 号记账凭证

该凭证表明，被查单位收到 123 万元款项记入了“其他应收款”科目，那么这是一笔什么性质的款项呢？查看该凭证后所附资料，检查人员看到一份收据，收据摘要表明，该单位收到街道办拨付的基本建设补助经费 123 万元。检查人员询问被查单位财务人员款项的来源及税务处理，财务人员回答说是街道办事处的拨款，未计入当期应纳税所得额。检查人员要求财务人员提供收到街道办事处拨款不征税的依据，财务人员回答说：没有。

检查人员提取并固定证据后，依法对该单位收到政府拨款不符合不征税收入条件却按不征税收入处理、少缴企业所得税的行为进行了处理、处罚。

二、税务处理错弊

本案中，M 房地产开发公司由所在街道办事处招商引资而来，其土地违法行为与街道办违规在先有很大关系。为保证开发商利益，双方协商，由街道办事处从土地出让收益中以“基本建设补助经费”名义拨付 M 房地产开发公司款项，弥补其缴纳土地违法罚款造成的损失。

但这种收支关系，从税收的角度，应当分别处理——收到拨款的时候，经济利益流入、符合收入确认条件，但是又不符合不征税收入条件，所以无论做何会计处理，所收到的款项应全额计入当期应纳税所得额。支付罚款时，由于属于行政罚款，因此不能在企业所得税前扣除。M 公司直接将收、支相抵是不正确的。

三、政策依据分析

关于罚金的税前扣除，《中华人民共和国企业所得税法》第十条第四项规定："罚金、罚款和被没收财物的损失在计算应纳税所得额时不得扣除。"这里的罚金是指人民法院判处犯罪分子强制向国家缴纳一定数额金钱的刑罚方法；罚款，是行政处罚的一种，是指行为人违反了治安管理、工商、行政、税务等行政法规的规定，行政执法部门依法对行为人采取的一种处罚措施；没收财物，是指行政执法部门依法将违法人的财物、现金、债权等财产收归国家所有，以弥补因其违法造成的损失。但是，纳税人按照经济合同规定支付的违约金（包括银行罚息）、罚款和诉讼费等，不在上述规定范围内，因此这类费用可以在企业所得税税前扣除。

关于不征税收入的判定，主要是依据《财政部 国家税务总局关于专项用途财政性资金企业所得税处理问题的通知》（财税〔2011〕70 号）。该文件的核心要点是：一笔财政性资金，要作为不征税收入处理，须满足三个条件，一是能够提供规定资金专项用途的资金拨付文件；二是财政部门或其他拨付资金的政府部门对该资金有专门的资金管理办法或具体管理要求；三是企业对该资金以及以该资金发生的支出单独进行核算。

本案例中，M 房地产开发公司收到街道办事处拨付的款项不符合上述条件，所以不能作为不征税收入处理。

情形3－11　其他应付款账龄暴露的多列成本、少计收入问题

一、业务描述

W公司是一家建筑企业（国企），检查人员对该单位2016年、2017年度纳税情况进行检查，调取了该单位的电子账。依据经验，检查人员查看往来账的账龄，该单位2017年“其他应付款”科目辅助核算明细账显示：账龄3年以上的有两笔，金额分别为100万元和200万元。

检查人员分别打开对应的明细账，发现其中一笔业务是2014年发生的（如图3－11所示）。当问及这笔业务的具体情况时，财务人员犹豫了一下说道，这是应付该单位主要负责人的奖金。作为国企，前几年，他们的企业薪酬管理比较随意，当时这名高管相当于自己拍板给自己发奖金。由于金额比较大，当时的班子成员就有不同意见，考虑到可能会有不良影响，所以财务上虽按董事会会议纪要计提了，但最终没有发，这名高管也没有领取。随后不久，因为某种原因，高管被调往其他企业任职，没再追要，所以一直挂账……检查人员还核实，这笔未领取的奖金，2014年度企业所得税汇算清缴时，未做纳税调整。

记　账　凭　证

单位：W公司　　　　2014年1月12日　　　　记账凭证198号

凭证摘要	科目名称	借方金额	贷方金额
发绩效奖励	应付职工薪酬——工资	1 000 000.00	
发绩效奖励	其他应付款——个人		1 000 000.00
合计		1 000 000.00	1 000 000.00

填制人：×××　　审核人：×××　　主管人：×××　　附件张数：1

图3－11　W公司2014年其他应付款明细账

而另一笔200万元（见图3－12、图3－13），则是因为被查单位承接工程后，分包给另一家单位B公司。分包项目完工后，该单位认为分包方B公司承接的工程未达到规定质量标准，所以结算时扣下了200万元工程款，没有支付。由于B公司承接工程确实存在一定质量问题，所以B公司讨要剩余工程款不主动。经核实，B公司已经按项目全额开具了发票，被查单位已经全额入账。检查人员通过“金三”平台查询B公司信息，发现该公司已经于2017年12月注销。

记　账　凭　证

单位：W公司　　　　2013年12月24日　　　　记账凭证206号

凭证摘要	科目名称	借方金额	贷方金额
分包结算	工程施工——合同成本	8 000 000.00	
分包结算	应付账款——B公司		8 000 000.00
合计		8 000 000.00	8 000 000.00

填制人：×××　　审核人：×××　　主管人：×××　　附件张数：4

图3－12　W公司2013年206号记账凭证

记　账　凭　证

单位：W公司　　　　2013年12月31日　　　　记账凭证309号

凭证摘要	科目名称	借方金额	贷方金额
付工程款	应付账款——B公司	8 000 000.00	
付工程款	银行存款		6 000 000.00
付工程款	其他应付款		2 000 000.00
合计		8 000 000.00	8 000 000.00

填制人：×××　　审核人：×××　　主管人：×××　　附件张数：4

图3－13　W公司2013年309号记账凭证

二、税务处理错弊

被查单位2014年计提未支付的奖金，不得在企业所得税税前扣除，应调增2014年企业所得税应纳税所得额并补缴相应的企业所得税。被查单位应当知晓工资扣除的规定，之所以未做纳税调整，完全是因为对问题的轻视。

被查单位应付B公司工程款，由于B公司注销，已经放弃债权，无法偿付，因此，应计入2017年企业所得税应纳税所得额，补缴相应的企业所得税。

三、政策依据分析

《中华人民共和国企业所得税法实施条例》第三十四条规定："企业发生的合理的工资薪金支出，准予扣除。"《国家税务总局关于企业工资薪金和职工福利费等支出税前扣除问题的公告》（国家税务总局公告2015年第34号）第二条"企业年度汇算清缴结束前支付汇缴年度工资薪金税前扣除问题"规定："企业在年度汇算清缴结束前向员工实际支付的已预提汇缴年度工资薪金，准予在汇缴年度按规定扣除。"本案例中，被查单位计提的100万元奖金，未实际发放，不能扣除。

关于无法偿付款项的税务处理，《中华人民共和国企业所得税法实施条例》第二十二条规定："企业所得税法第六条第（九）项所称其他收入，是指企业取得的除企业所得税法第六条第（一）项至第（八）项规定的收入外的其他收入，包括企业资产溢余收入、逾期未退包装物押金收入、确实无法偿付的应付款项、已做坏账损失处理后又收回的应收款项、债务重组收入、补贴收入、违约金收入、汇兑收益等。"

《中华人民共和国企业所得税法实施条例》释义明确："确实无法偿付的应付款项。根据企业财务制度规定，企业应当按期偿还各种负债，如确实无法支付的应付款项，计入营业外收入。"债权人失踪、死亡、倒闭或破产清算等原因而无法偿付的债务，应属于确实无法偿付的应付款项，本案即属于此种情况。

实务中经常会遇到一个问题：是不是账龄超过一定时间就应当判定为无法偿付的款项？答案是否定的。原《企业财产损失所得税前扣除管理办法》（国家税务总局令第13号）第五条规定："因债权人原因确实无法支付的应付账款，包括超过3年以上未支付的应付账款，如果债权人已按本办法规定确认损失并在税前扣除的，应并入当期应纳税所得依法缴纳企业所得税。”不过该文件已失效，所以并不能说应付款项的账龄超过几年就应确认为营业外收入。

情形3－12 营业外收入暴露以前年度少计收入

一、业务描述

M建筑工程有限公司被列入稽查对象，检查年度是2016年度、2017年度。检查人员首先从“金三”平台查看了该单位的财务报表。让检查人员感到惊讶的是，该单位2016年利润表显示：当年取得营业外收入4 000万元。再查看该企业“2016年企业所得税年度纳税申报表”，该表显示：营业外收入已全额计入当期应纳税所得额申报缴纳了企业所得税——如此大的金额引起了检查人员的注意。

检查人员就此问题询问被查单位财务人员，财务人员毫无保留地回答了检查人员的问题。原来，该单位于2013年承接了一个项目，该项目总造价5 000万元。合同约定，甲方要按工程进度分三期支付工程款，工程竣工验收完毕并决算后一次性付清余款。合同虽然这么约定，但甲方并没有履行，M公司只能垫资完成了工程。工程结束，M公司向甲方索要工程款，但甲方却以资金困难为由，迟迟不支付。无奈之下，M公司提起诉讼，法院一审、二审均判定M公司胜诉。几经周折，M公司应收的5 000万元工程款只执行回来了4 000万元。该笔款项于2016年5月到账，到账后，该单位记入了营业外收入。

检查人员问：“这笔收入缴税了吗?”财务人员回答：“缴税了！申报表上不是有显示吗?”检查人员说：“我想说的是，你们这笔收入按权责发生制，应属于2013年。2013年你们少计收入，少缴了企业所得税，少缴了营业税……”财务人员辩解：那时我们一分钱没收到，怎么缴税?!”

二、税务处理错弊

有的建筑企业财务人员未经过专业训练，所以其会计核算，特别是收入的核算，基本等同于收付实现制，而这样的操作往往也是在老板的明示或默许下进行的。因为一些建筑企业老板懂建筑业务、懂公关技术，但不懂财务核算。本案例中，被查单位提供建筑服务，收到款项才确认收入，于是才有了以前年度提供建筑服务，在实际收到款项年度才确认收入。同时，出于不想缴营业税的考虑，记入了营业外收入。殊不知，营业外收入有较大变动本身就是税务机关关注的税收风险点。这样做，无论是会计处理还是税务处理都是错误的，有极大风险。最终，本案税务机关对被查单位做出了追缴少缴的企业所得税、营业税，加收滞纳金的处理，同时，处以少缴税款50%的罚款。

三、政策依据分析

提供建筑服务企业所得税收入确认方法：《国家税务总局关于确认企业所得税收入若干问题的通知》（国税函〔2008〕875号）第二条规定："企业在各个纳税期末，提供劳务交易的结果能够可靠估计的，应采用完工进度（完工百分比）法确认提供劳务收入。"提供劳务交易的结果能够可靠估计，是指同时满足下列条件：收入的金额能够可靠地计量；交易的完工进度能够可靠地确定；交易中已发生和将发生的成本能够可靠地核算。

关于销售建筑服务纳税义务发生时间，《营业税改征增值税试点实施办法》第四十五条"增值税纳税义务、扣缴义务发生时间"第一项规定："纳税人发生应税行为并收讫销售款项或者取得索取销售款项凭据的当天；先开具发票的，为开具发票的当天。收讫销售款项，是指纳税人销售服务、无形资产、不动产过程中或者完成后收到款项。取得索取销售款项凭据的当天，是指书面合同确定的付款日期；未签订书面合同或者书面合同未确定付款日期的，为服务、无形资产转让完成的当天或者不动产权属变更的当天。"

情形3-13　国地税合并交叉稽核发现涉税问题

一、业务描述

（1）2017年，当地国税稽查局对A公司进行纳税检查时（企业所得税归地税局管理）发现，该公司2016年度取得应税收入记入往来，未申报缴纳增值税，国税稽查局按规定追缴了增值税款并进行了处罚。国地税合并后通过关联税种交叉稽核，税务局发现该少计增值税销售额行为同时也少计当期企业所得税应纳税所得额，少缴了企业所得税。合并后的税务局按规定进行了处理、处罚。

（2）B公司（企业所得税归地税局管理）2016年6月取得一处房产，由于手续不全原因，没有取得房产证。该房产小部分自用，大部分出租，取得出租收入未开票、未入账，未申报缴纳增值税、企业所得税，房产税、土地使用税。2017年，租入方出于税前扣除的需要，向B公司索要发票，于是B公司开具了增值税专用发票，并在当期申报缴纳了增值税。国地税合并后通过关联税种交叉稽核，税务局通过其申报不动产租赁行为发现了其少计企业所得税应纳税所得额、少缴企业所得税，以及少缴房产税、城镇土地使用税问题，税务局按规定进行了处理、处罚。

国地税合并前，因不同税种管辖权分属于不同税务机关，信息不共享、不对称，所以客观上存在着税收征管盲点。而国地税合并后，这些问题不复存在，充分利用合并后双方占有的信息对以前年度存在的盲点涉税问题进行交叉稽核是税务机关明智的选择。对税务机关来说，可以利用已有信息进行交叉稽核发现涉税问题的情形还有：纳税人申报缴纳了增值税，但未足额申报缴纳城市维护建设税及相关附加；地税机关查补了企业所得税，但相应可能存在的增值税问题未得到处理；国税机关查处了虚开、虚抵问题，但由于企业所得税归地税局管理，相应虚增成本费用少缴企业所得税问题未得到处理……

二、税务处理错弊

目前税制当中的很多税种其实是互相关联的。比如，企业所得税会与增值税有一定程度的关联；增值税与房产税、城镇土地使用税有一定的关联；增值税与印花税有一定的关联；增值税与土地增值税有一定的关联，而这些关联其实就是利用已有数据进行交叉稽核的基础。一些纳税人利用过去国地税分设、信息不对称的环境，故意少申报缴纳税款，隐含巨大风险，而国地税合并将使这些风险暴露。

三、政策依据分析

《中华人民共和国税收征收管理法》第五十二条规定："因税务机关的责任，致使纳税人、扣缴义务人未缴或者少缴税款的，税务机关在三年内可以要求纳税人、扣缴义务人补缴税款，但是不得加收滞纳金。因纳税人、扣缴义务人计算错误等失误，未缴或者少缴税款的，税务机关在三年内可以追征税款、滞纳金；有特殊情况的，追征期可以延长到五年。对偷税、抗税、骗税的，税务机关追征其未缴或者少缴的税款、滞纳金或者所骗取的税款，不受前款规定期限的限制。"

因此，国地税合并后，充分挖掘已有信息进行交叉稽核发现问题然后追缴，是依法有据的。

第二节　扣除类

企业所得税的扣除规则与会计核算同样明显不同。会计核算基本遵从严格意义上的权责发生制，但企业所得税的扣除则既有权责发生制，也有收付实现制，或者是二者的结合。例如，税金的扣除，就是收付实现制兼具权责发生制

——必须实际缴纳的税金（取得相应的完税凭证）才有可能扣除，实际缴纳了，还必须按权责发生制归属于当期的才能扣除。

另外，企业所得税的扣除，根据能否全额扣除又分为：全额扣除（须真实发生的），如实际发生的差旅费、会议费等；限额扣除，如福利费、单位为员工缴纳的社保等；不得扣除，项目也很多，如向投资者支付的股息、红利权益性投资收益款项，企业所得税税款，税收滞纳金，罚金、罚款和被没收财物的损失，企业发生与生产经营活动无关的各种非广告性质的赞助支出，未经核定的准备金支出，与取得收入无关的其他支出等。

另外，根据《企业所得税税前扣除凭证管理办法》（国家税务总局公告2018年第28号，以下简称28号公告）规定，纳税人企业所得税税前扣除需要取得合法有效凭证。其中第九条规定：企业在境内发生的支出项目属于增值税应税项目的，对方为已办理税务登记的增值税纳税人，其支出以发票（包括按照规定由税务机关代开的发票）作为税前扣除凭证；对方为依法无须办理税务登记的单位或者从事小额零星经营业务的个人，其支出以税务机关代开的发票或者收款凭证及内部凭证作为税前扣除凭证，收款凭证应载明收款单位名称、个人姓名及身份证号、支出项目、收款金额等相关信息。

当然，有问题的凭证会导致相应的支出无法在企业所得税税前扣除。28号公告第十二条规定：企业取得私自印制、伪造、变造、作废、开票方非法取得、虚开、填写不规范等不符合规定的发票（以下简称“不合规发票”），以及取得不符合国家法律、法规等相关规定的其他外部凭证（以下简称“不合规其他外部凭证”），不得作为税前扣除凭证。不过，纳税人再小心，也不能保证扣除凭证不出问题，万一出了问题，有没有补救的方法呢？答案是肯定的。

28号公告第十三条规定：企业应当取得而未取得发票、其他外部凭证或者取得不合规发票、不合规其他外部凭证的，若支出真实且已实际发生，应当在当年度汇算清缴期结束前，要求对方补开、换开发票、其他外部凭证。补开、换开后的发票、其他外部凭证符合规定的，可以作为税前扣除凭证。

当然，补开、换开有限制条件。28号公告第十四条规定：企业在补开、换开发票、其他外部凭证过程中，因对方注销、撤销、依法被吊销营业执照、被税务机关认定为非正常户等特殊原因无法补开、换开发票、其他外部凭证的，可凭以下资料证实支出真实性后，其支出允许税前扣除：无法补开、换开发票、其他外部凭证原因的证明资料（包括工商注销、机构撤销、列入非正常经营户、破产公告等证明资料）；相关业务活动的合同或者协议；采用非现金方式支付的付款凭证；货物运输的证明资料；货物入库、出库内部凭证；企业会计核算记录以及其他资料。其中，第一项至第三项为必备资料。

需要说明的是，很多涉及接受虚开发票的，一般账上显示都是以现金形式支付的（一般为虚假账务处理、未实际支付，这样做是为了“假装”支付了，又不让税务机关抓住“把柄”）。但这样一来，上游企业一旦因走逃、失联被认定为虚开，上游主管税务机关向下游受票企业发出《已证实虚开通知单》，受票企业便不能将取得的发票作为企业所得税税前扣除凭证。虽然依据 28 号公告第十三条规定，可补开、换开，但开票方已走逃、失联，没有办法补开、换开，且由于账载又是以现金形式支付的购买款项，不符合 28 号公告第十四条规定，所以最终还是不能在企业所得税税前扣除。所以，对纳税人来说，以何种方式支付的问题非常重要，因为特定的情况下，会因为现金支付而不能在企业所得税税前扣除。

在补开、换开这个政策规定上，还有一个问题，就是在已证实虚开的情况下，找谁补开、换开？是找虚开方补开、换开，还是找实际销售方？

笔者个人观点：如果发票纯粹虚开（没有真实的购进，对应的成本、费用也没有真实发生），则根本不存在补开、换开的问题，这种情况下不适用公告规定，而是适用征管法关于偷税的定性和处理规定。也存在发票是虚开的，但有真实的购进的情况。例如，A 公司与 B 公司签订合同，有真实的购进，但 B 公司为了逃税，从 C 公司处支付开票手续费购买了发票，并以 C 公司的名义开给 A 公司。后来 C 公司走逃、失联，其开具的发票被当地主管税务机关认定为对外虚开，A 公司取得 C 公司开具的已证实虚开的发票不能作为税前扣除凭证，需要补开、换开。这种情况下，由于实际业务是与 B 公司发生的，因此，应当让 B 公司补开、换开。补开、换开后，可以作为 A 公司的税前扣除凭证（仍需要有资金流、合同、协议、结算资料等证据支持）。但是，B公司的当事人因为“买票”行为触犯法律，应当受到刑事或行政处罚。当然这个案例中，还有可能是这种情况：B公司未开具发票，A公司经办人自己找到C公司支付手续费买的发票。此时，触犯法律的主角就是A公司及其经办人，其发票违法行为应当受到刑事或行政处罚。

从检查实务来看，纳税人扣除方面存在的问题主要是三种：一是虚列成本费用；二是提前（或推迟）确认成本费用达到人为调整当期应纳税税额的目的；三是业务真实，也符合扣除的基本规则，但未取得合法有效的扣除凭证。

情形3－14　不正常的会议费支出

一、业务描述

检查人员在检查一家企业的管理费用科目时，发现了如图3－14所示的记账凭证。

记　账　凭　证

单位：×××公司　　　　2017年9月12日　　　　记账凭证108号

凭证摘要	科目名称	借方金额	贷方金额
王××报会议费	管理费用——会议费	200 000.00	
王××报会议费	其他应付款——外部单位——应付其他各种款项		200 000.00
合计		200 000.00	200 000.00

填制人：×××　　审核人：×××　　主管人：×××　　附件张数：5

图3－14　某企业记账凭证

这张凭证后面附了会议通知、会议日程、会议发票（经查验为真）等证明资料，从这些资料来看，该会议费支出税前扣除应该没问题。

但是，检查人员仔细查看该凭证相关附件后，心生疑虑：一是金额为整数；二是对于这个一般性的会议来说，金额明显偏大；三是发票由一家大酒店开出，而印象中，这家酒店只提供餐饮服务。

检查人员从“金三”平台查到了开出发票那家大酒店财务室的联系方式，把电话直接打给了这家酒店的报税员。她一听是稽查局的，有些紧张。当问到20万元会议费的问题时，她吞吞吐吐，不太想说。检查人员采取了攻心战术：“我们并不想查你们，你只要告诉我，收取20万元会议费，你们提供了什么样的服务就行。如果你不说，也行，我们把你们也列入稽查，再查出你们的涉税问题，就不太好办了。老板恐怕也不会答应你，希望你理解我们的用意……”

她听了有些害怕：“嗯，那我先查一下，过会儿给你回电话。”过了一会儿，电话打过来了。她说：“具体的内容已经记不清了，由于时间比较长，资料已经归档。但从你提供的情况看，应该是办的餐费储值卡……”

问题水落石出。原来，这个所谓的会议费，是被查单位在这家酒店办的一张储值卡，金额为20万元，专门用于定点在这家酒店对外接待，根本不是会议费……

二、税务处理错弊

酒店餐费的储值卡，应按业务招待费限额扣除；而会议费支出，只要真实、合理、与生产经营有关，是可以全额扣除的。本案例中将业务招待费支出包装成会议费支出，加大了税前扣除额，少缴了企业所得税。

教训：就是作假也要认真些好吧？谁家费用支出那么巧，就是整数？一次数额还那么大？一个只提供餐饮服务的酒店开出会议费发票？这里面有太多的不正常，财务人员造假也太不小心了！造假不对，造假不细心，就更不对了。

三、政策依据分析

目前，会议费允许扣除标准，各地税务机关一般都是按《国家税务局关于印发〈企业所得税税前扣除办法〉的通知》（国税发〔2000〕84 号）的规定来掌握（文件虽废止，但规则依旧有效）。该文第五十二条规定："纳税人发生的与其经营活动有关的合理的差旅费、会议费、董事会费，主管税务机关要求提供证明资料的，应能够提供证明其真实性的合法凭证，否则，不得在税前扣除。差旅费的证明材料应包括：出差人员姓名、地点、时间、任务、支付凭证等。会议费证明材料应包括：会议时间、地点、出席人员、内容、目的、费用标准、支付凭证等。"

情形 3－15　奢侈的劳保用品支出

一、业务描述

这是一家国企，检查人员在查看该单位 2017 年管理费用明细账时，发现多笔如图 3－15 所示的会计处理。

记　账　凭　证

单位：×××公司　　　　2017 年 11 月 12 日　　　　记账凭证 19 号

凭证摘要	科目名称	借方金额	贷方金额
配发劳保用品	管理费用——劳动保护费	48 000.00	
配发劳保用品	银行存款——活期存款——××银行		48 000.00
合计		48 000.00	48 000.00

填制人：×××　　审核人：×××　　主管人：×××　　附件张数：4

图 3－15　某国企记账凭证

该凭证后面的附件一是一家大型商业集团的销售发票，未附购货清单。检查人员知道，该大型商业集团向外发售预付费的购物卡，而这种发票疑似购买预付费卡的发票。附件二是一个《关于配发劳保用品的请示》，请示中提到：为确保相关人员的身体健康，拟为管理人员配发适合冬季作业的劳保用品，建议标准 5 000 元/人。附件三是一个文件处理单，上面有相关各级领导的批示。经检查人员多次询问，被查单位财务人员一口咬定是为员工配发的防寒服，但未能提供实物以佐证其说法。

检查人员了解到，该单位员工人数不多，主要是履行管理职能，无野外作业项目。该类劳保费支出全额税前扣除，未做纳税调整，也未代扣个人所得税。

二、税务处理错弊

符合规定的员工服饰支出可以全额税前扣除，符合规定的劳保费用支出也可以全额税前扣除，如果属于员工福利，则应限额扣除。与企业经营无关的支出，不允许税前扣除。本案的“劳保用品支出”有其名、无其实，虽然真实发生，但全额税前扣除显然不妥当，折衷的方案应当是作为员工福利限额扣除。同时，该单位还应按工资薪金所得代扣个人所得税。

三、政策依据分析

本案例中涉及的问题是如何区分员工服饰支出、员工劳动保护支出以及员工福利支出。三者的税收待遇不同。

《国家税务总局关于企业所得税若干问题的公告》（国家税务总局公告2011年第34号）第二条“关于企业员工服饰费用支出扣除问题”规定：“企业根据其工作性质和特点，由企业统一制作并要求员工工作时统一着装所发生的工作服饰费用，可以作为企业合理的支出给予税前扣除。”《中华人民共和国企业所得税法实施条例》第四十八条规定：“企业发生合理的劳动保护支出准予扣除。”第四十条规定：“企业发生的职工福利费支出，不超过工资薪金总额14%的部分，准予扣除。”

员工服饰支出税前扣除应满足以下条件。一是要合理，即符合企业的工作性质和特点。例如，航空公司为空乘人员统一配发的职业套装、鞋袜、帽子、拉杆箱等，为工作所需要，应当允许扣除。而如果为空乘人员配发登山服则不符合其工作性质和特点，不能扣除。另外，即使符合企业的特点和性质，也需要有合理和适度的金额。例如，酒店为服务人员统一配发的职业套装、鞋袜、帽子等，一套数万元，则明显不合理，能否在税前扣除存在极大风险。二是同类人员标准统一、服装形式统一——个性化明显的服饰显然不符合这一要求。三是在工作时应统一着装。对于员工工作时没有必要统一着装，仅是为提高福利待遇而发放的服饰，不能直接在税前扣除。

何为劳动保护支出？《用人单位劳动防护用品管理规范》（安监总厅安健〔2015〕124号）第三条规定："本规范所称的劳动防护用品，是指由用人单位为劳动者配备的，使其在劳动过程中免遭或者减轻事故伤害及职业病危害的个体防护装备。"该文同时具体明确了劳动保护用品的类别及选择，因此，企业发生合理的劳动保护支出税前扣除条件应当符合《用人单位劳动防护用品管理规范》的要求，如企业为接触粉尘、有毒、有害物质的劳动者配备相应的呼吸器、防护服、防护手套和防护鞋等，否则不允许扣除。

根据上述分析，本案例中为员工购买的"防寒服"，即非规定的员工服饰，也非合理的劳动保护支出，全额税前扣除、未做纳税调整是有问题的。

情形3－16　计提未发放的工资薪金未做纳税调整

一、业务描述

一家由国企改制的民企，随着中国房地产行业的发展迅速成长，实行阿米巴式经营模式，以便使企业以更低的成本优势参与市场竞争。这家企业的财务总监说："我们公司搬了三次家，每次搬家后的办公楼都会成为那个区域内的地标性建筑——因为每晚，我们的办公楼都是灯火通明，哪怕是到深夜……"辛苦的劳动，得到的是良好的工资回报，所以，对这家单位的检查，与工资相关的税收问题也是检查的一个重点。

2017年度、2018年度的"企业所得税年度纳税申报表"之纳税调整表均显示：工资支出的会计金额与税收金额一致，无纳税调整。"应付职工薪酬——工资"明细账借、贷方的当年累计发生额一致，初步显示是当期计提的工资已全部发放。但检查人员并未止步，接下来，又用查账软件查看了“应付职工薪酬——工资”贷方对应科目的情况。科目对应显示：“应付职工薪酬——工资”贷方对应科目均为成本、费用类，无异常。但查看“应付职工薪酬——工资”借方对应科目时，发现了异常：每年均有多笔对应的科目并不是“现金”“银行存款”或“应交税费——应交个人所得税”，而是“其他应付款——其他应付个人款——工资”，金额总计达数千万元。此时，这些转到“其他应付款——其他应付个人款——工资”的金额是否全部发放事关重大，如未发放，则面临纳税调整的问题。

打开“其他应付款——其他应付个人款——工资”，检查人员看到的是每个年度均近亿元的贷方余额，该科目每年借方也发生数千万元，但总的趋势是“其他应付款——其他应付个人款——工资”科目余额在贷方，且逐年增加——这意味着，每年均有已经计提的工资从“应付职工薪酬——工资”科目中转来，且沉淀在“其他应付款——其他应付个人款——工资”科目里。

类似地，还有一个案例。税务人员在查看一家企业2017年12月的资产负债表时，发现表中“应付职工薪酬”期末余额200多万元，而该单位共有100多员工，薪资水平正常，显然“应付职工薪酬”期末余额偏大。税务人员怀疑该单位可能存在计提工资未发放，且未做纳税调整的情况。当税务人员询问该单位财务人员时，财务人员一口咬定2017年12月计提的工资余额已经在2018年5月31日前发放，并拿出2018年5月的资产负债表。表上显示，“应付职工薪酬”期末余额90多万元。但税务人员不死心，要求财务人员提供账簿资料来核对。当税务人员打开2018年度“应付职工薪酬”明细账时，发现该单位2017年每个月计提的工资均在次月发放。2017年年末的余额其实包括两部分，一部分是2017年12月工资，约90多万元；另一部分计提的是年终绩效，约110万元。2017年12月工资已在次年1月发放，而年终绩效部分在2017年5月做了一笔这样的会计处理：

借：应付职工薪酬——工资　　　　1 100 000

　　贷：其他应付款——个人　　　　1 100 000

追踪查看其他应付款的后续处理，税务人员确认从“应付职工薪酬——工资”科目转到“其他应付款——个人”的110万元，一直未发放。核查的结果证实了税务人员的猜测：计提绩效工资未在次年5月31日前发放，应纳税调增、补税。

二、税务处理错弊

显然，第一个案例中，虽然拐了几道弯，但计提的工资最终被证明没有全部发放完，且未做纳税调整。多年的积累、沉淀，金额是惊人的，也将面临巨额的滞纳金甚至罚款。对于企业来说，拐了好几道弯，也许有刻意隐瞒的动机，但无论如何，只要在账上留下了痕迹，终归是能核对出来的。

三、政策依据分析

《中华人民共和国企业所得税实施条例》第三十四条规定：“企业发生的合理的工资薪金支出，准予扣除。前款所称工资薪金，是指企业每一纳税年度支付给在本企业任职或者受雇的员工的所有现金形式或者非现金形式的劳动报酬，包括基本工资、奖金、津贴、补贴、年终加薪、加班工资，以及与员工任职或者受雇有关的其他支出。”《国家税务总局关于企业工资薪金和职工福利费等支出税前扣除问题的公告》（国家税务总局公告2015年第34号）规定：企业在年度汇算清缴结束前向员工实际支付的已预提汇缴年度工资薪金，准予在汇缴年度按规定扣除。上述规定对工资薪金的扣除，强调了两点：一是要实际支出，二是要合理。这样的规定，基本上是收付实现制，而不是权责发生制，但这样的规定最起码对保护劳动者的利益是很有意义的——欠发工资，却能在企业所得税前扣除，沾了双重的便宜，岂不是没有天理了？

情形3－17 新购进房产装修费用按5年摊销，未计入房产原值计提折旧

一、业务描述

检查人员在检查一家企业2017年、2018年企业所得税税前扣除情况时看到，“长期待摊费用”科目里每个月固定会有一笔30万元的费用摊销，对应的凭证，摘要注明“装修摊销”。凭证后面有一个计算表，表中显示：摊销金额1 800万元，摊销年限为5年。由于装修支出发生在查账年度以前，如果不想麻烦，检查人员可以忽略。但检查人员心有不甘，询问财务人员，得到的答复是：办公楼的装修费用，到2018年年初，已经全部摊销完毕。接着检查人员提出，要查看当年归集这些摊销费用的原始凭证或资料。财务人员的答复是：时间比较久，中间换了好几任财务人员，不好找。财务人员如此答复让检查人员不放心，他坚持要查看原始资料。几天后，检查人员终于看到了原始资料。固定资产卡片显示，该单位2013年购进一座写字楼。其他资料显示，共计1 800万元的装修支出，是该单位2013年新购写字楼的装修费用。当年购买时，写字楼是毛坯房，买来后，公司精心装饰了一番，安装了功能区隔断、灯光、安全防护设备，重新粉刷了墙面、铺装了地面，装修了卫生间等。检查人员查看了装修支出的相关凭证附件，发现，该笔装修双方的结算金额是1 800万元，实际支付1 700万元，因双方有质量争议，100万元未支付，也未取得发票。

二、税务处理错弊

新购进房产装修支出属于使该资产达到预定用途发生的支出，应计入固定资产原值按不低于20年的时间计提折旧，而不是按5年摊销。企业所得税税前多扣除部分，应纳税调整增加。

归集的装修费用中的100万元支出，由于未取得合法扣除凭证，不允许税前扣除。已扣除部分应纳税调整增加。

三、政策依据分析

《中华人民共和国企业所得税法实施条例》第五十八条“固定资产按照以下方法确定计税基础”第一条规定：“外购的固定资产，以购买价款和支付的相关税费以及直接归属于使该资产达到预定用途发生的其他支出为计税基础。”本案例中，被查单位购进固定资产发生的装修支出，属于使该资产达到预定用途而发生的其他支出，因为购入的毛坯房不能直接使用，必须按公司设定的用途进行装修甚至改造，因此不属于长期待摊费用，应当计入固定资产原值，按直线法在规定的年限内提取折旧。该单位按5年摊销，多计了税前扣除额。

需要说明的是，同样是装修，不同时间点，税前扣除的规定会有所不同。例如，购进后，已经投入使用一段时间的房产再进行装修，此时的支出已经不属于实施条例第五十八条规定的情形，如果可以判定为固定资产的大修理支出，则应按照固定资产尚可使用年限分期摊销；如不属于固定资产的大修理支出则可以按不低于3年的时间摊销。

由于各省对装修支出税前扣除的规定不太相同，读者还需留意当地的规定。

情形3－18　拼凑发票、虚构业务、虚增成本费用少缴企业所得税

一、业务描述

这是一家提供技术服务的企业，所属业务部门，可以分别向外提供技术服务。为了充分调动部门和员工增收节支的积极性，该单位对各项经营指标进行了详细、清晰的分解。例如，将收入和相关税金核算到部门，同时按一定比例核定其允许列支的成本、费用。而对于其他综合部门，该单位也根据其承担的

业务、员工人数、对企业收入间接贡献的大小，分别核定其允许列支的相关管理费用。在核定的额度内，各部门可以自由支配使用。这样做，确实达到了预期目的，节约开支成了各部门员工的自觉行动：打印纸正反都用；能骑自行车的，不让单位安排公车；就是针对客户的公关支出也是精打细算——不见兔子不撒鹰……但是，节约的经费如何变现呢？各业务部门的办法就是到年底拼凑发票，集中报销，然后按级别分给每个员工。当然，这些事，只有财务和部门负责人以及相关管理人员知情。

但是，检查人员在年底大量报销的费用中发现了疑点。这些报销的费用，分散在不同的科目里，有的记入管理费用，有的记入生产成本。涉及的费用种类有：交通费、办公费、差旅费、会议费、考察费、业务招待费、印刷费等。其中一张凭证如图 3－16 所示。

记 账 凭 证

单位：××× 公司　　2016 年 12 月 12 日　　记账凭证 134 号

凭证摘要	科目名称	借方金额	贷方金额
张××等报交通费	管理费用——公司费用——交通费	20 388.00	
张××等报会务费	管理费用——公司费用——会务费	36 000.00	
张××等报差旅费	管理费用——公司费用——差旅费	94 963.13	
张××等报通讯费	管理费用——公司费用——通讯费	620.57	
张××等报办公费	管理费用——公司费用——办公费	6 071.50	
张××等报交通费进项税额	应交税费——应交税金——应交增值税——进项税额	25.28	
张××等报交通费进项税额	管理费用——进项税额	－25.28	
××部经办业务招待费	生产成本——基本生产成本——业务招待费	4 880.00	
××部费用	银行存款——活期存款——××银行		162 923.20
合计		162 923.20	162 923.20

填制人：×××　　审核人：×××　　主管人：×××　　附件张数：114

图 3－16　某企业记账凭证

凭证后的其中一张费用报销单如图 3－17 所示。

费用报销单

经办单位	××有限公司		经办部门	A 业务部	
经办人	张××	报销日期	2016/12/12	费用类型	管理
报销事由	交通费				
报销金额	市内交通费 19 980.00 元				
实付金额		预借金额		单据张数	18
报销金额	19 980.00	大写	壹万玖仟玖佰捌拾元整		
财务审核	×××	部门领导	×××	预算管理部门	人力资源中心
分管副总裁		总裁		董事长	
支付账号信息	××××××××××		支付方式	银行转账	

图 3－17 某企业费用报销单

检查人员仔细审看凭证后附单据，发现两个问题：一是大部分单据均不能连贯地反映一项业务；二是票据载明的业务与报销单位描述的业务不符。例如，大量的出租车票，同一个出租车公司的票据装订在一起，从日期上看，甚至有周末和节假日的；差旅费中，有的车票有去无回，或有回无去，大量的发票是长途汽车的定额客票，无日期、无往返地点；大量的加油发票，充满折痕和污渍（显示这些发票可能来自加油站且倒了好几手：一些个人加油，不能报销的，不需要发票，加油员便可以乘机搜集发票倒卖）；有的显示是办公费，却是购物卡支出；有的显示是会议费，却是餐饮公司或旅行社开出的发票，且无任何与会议有关的会议证明文件。检查人员心里非常清楚，这些发票所对应的业务，基本上都不是企业真实发生的，都应不允许税前扣除。但执法行为要讲求证据，对无会议证明文件的会议费、不能证明有真实业务支出的长途客车费、无法证明是公司业务需要的旅游费支出、其他明显不符合常理的支出，检查人员依法进行了处理。

有意思的是，笔者有一次到某一线城市出差，乘出租车。司机上车就问笔者是否要出租车票。出于职业敏感，笔者假装需要，并和司机聊了起来。原来，该市不少出租车司机都“兼职”卖出租车票的生意，他们随身携带一台袖珍型的出租车票打印机。这台机器自带电池，小到可以放在上衣口袋里。最神奇的是，机器里内置了全市数万台出租车的车号牌，当客人需要买发票时，可以自动随机匹配车号牌及时间、金额（避免不同车票的时间、车号牌发生冲突）。并且发票用纸也是真的，用的是其他出租车剩余的空白发票（出租车司机间有个空白发票交易群，可以随时买到）。所以，他们提供的出租车发票几乎没有办法识别真伪，也正因为如此，他们的生意不错，客户基本都是外地来出差的。买票的目的呢？你懂的。

二、税务处理错弊

该案例是典型的真票假业务、假票假业务，最终目的是套取现金，同时偷逃个人所得税和企业所得税款，行为严重的，会被定性为偷税。现实的情况是：一些企业尝到甜头后，对这种行为“乐此不疲”，因为确实有很多发票真实，但无真实业务的情形，检查人员受检查手段限制，无法取得足够证据证明其行为违法。

三、政策依据分析

不需要做政策分析……无论什么时候，这种行为都不具合法性，偷国家的，企业很难长久。

情形 3－19 单位承担员工个人住房的维修支出，未做纳税调整

一、业务描述

职工福利费支出向来是纳税检查的重点，该科目发生的业务可能会涉及两个问题：一是企业所得税问题，福利费支出超过规定的标准或有不允许税前扣除的支出未做纳税调整；二是个人所得税问题，即福利支出的受益对象为个人，按规定应代扣个人所得税却未代扣个人所得税。

检查人员在对某单位2017年、2018年的“应付职工薪酬——职工福利费”科目进行检查时，发现该科目中列支的部分员工福利应扣未扣个税，如祝贺员工结婚送给员工的电器、礼金等，对此类问题被查单位无异议。是否还存在企业所得税问题呢？检查人员利用查账软件对该科目的摘要进行了汇总分析，简单浏览了一下，好像没发现什么疑点，又再次浏览了一遍，“提取宿舍维修费”几个关键字引起了检查人员的注意——没听说这个单位有集体宿舍，那么发生的宿舍维修费支出会是什么样的业务呢？

检查人员以“宿舍维修”作为关键字对两个年度所有凭证进行了检索，发现了多笔该类支出，年累计发生额达四五十万元。且会计核算不统一，一部分借记“应付职工薪酬——职工福利费——福利补贴”，贷记“银行存款”，当年度该科目期末余额方向为“平”，表明福利费支出已进入当期损益；而另一部分支出则是借记“管理费用——职工福利”，贷记“银行存款”。查看了上述凭证，上述凭证的相关信息表明，这些支出是用于“光明小区”宿舍维修的。光明小区与被查单位什么关系？为什么会发生这样的支出？检查人员询问该单位财务人员。财务人员的回答是：该小区是被查单位原先的福利房，房改后已经全部归个人所有，检查人员所看到的维修支出正是用于该小区的。经核对“企业所得税年度纳税申报表”和询问财务人员，证实，纳税调整事项未涉及宿舍维修支出。

二、税务处理错弊

员工个人住房的维修支出，理应由个人或相关住户集体负担，所在单位如愿意负担，没有什么问题，但不能侵蚀企业所得税税基。该支出属于与企业取得收入无关的支出，不允许企业所得税税前扣除，应纳税调整增加。

与企业取得收入无关的支出，类似的，还有一个案例。检查人员在检查一家企业账簿时，发现该单位管理费用中列支一笔8万元的退役士兵安置费。通过询问财务人员，检查人员了解到，该单位有退役士兵安置任务，但该单位人多事少，不想接收，但又不能拒绝。而需要安排的退役士兵了解到这家单位效益并不好，对这家企业能提供的工作岗位也不满意。最终双方协商，该单位不再安置这位退役士兵，退役士兵也不再主张自己的权利。作为补偿，该企业一次性支付退役士兵8万元。检查人员认为，支付退役士兵的费用于法无据，不属于与企业取得收入有关的支出，不能在企业所得税前扣除。

三、政策依据分析

《中华人民共和国企业所得税法》第十条“在计算应纳税所得额时，下列支出不得扣除”第八项规定：“与取得收入无关的其他支出。”

这条规定是条兜底条款，对不得扣除项目，仅仅是正列举的七个项目是不够的。有了兜底条款，就可以应对现实生活中各类复杂的事项，避免允许扣除事项被不当放大。这条规定特别强调的是相关性，这种相关性我们可以理解为：时间范围限制——应归属于当期的支出（不属于当期应承担的支出，自然不允许扣除）；空间范围限制——应属于法人应该承担的支出（本应由个人负担的支出，自然不允许扣除）；受益范围限制——必须是与收益有联系的支出的范围内（生产）。

情形3－20　现金支出暴露税务问题！

一、业务描述

这是一家工程施工企业，检查人员在检查“应付职工薪酬”明细账及相关记账凭证时，发现一个奇怪的现象：每个月支付工资时，会有一小笔是以现金形式支付的。检查人员打开相应的记账凭证及后面附的原始凭证、工资发放表，发现工资表的最下方一个姓名为“王××”的员工，每个月工资发放额恰好是23 000元，除了该员工姓名始终在工资表最下面一行外，另一个与其他员工不同的地方是，工资表并未显示被查单位为其扣缴“五险一金”。

检查人员询问被查单位财务人员何女士，何女士回答：王××为本单位员工。检查人员要求何女士与人力资源部提供相应的劳动合同、岗位任职资料、考勤资料，何女士、人力资源部均未提供。经检查人员耐心说服，何女士道出实情：王××并非该单位员工，该姓名为虚拟，实际套取的现金，支付给了甲方现场管理人员。之所以用现金支付，是担心资金流向暴露问题，连累甲方现场管理人员。该问题最终处理：属于不合理且与取得收入无关的支出，纳税调整增加，补缴企业所得税，同时处以少缴税款50%的罚款。其记账凭证如图3－18所示。

记　账　凭　证

单位：×××公司　　2015年12月12日　　记账凭证98号

凭证摘要	科目名称	借方金额	贷方金额
发工资	应付职工薪酬	1 234 380.00	
收货款	银行存款		100 438.00
合计	现金		23 000.00

填制人：×××　　审核人：×××　　主管人：×××　　附件张数：4

图3－18　某企业记账凭证

无独有偶，检查人员在检查另一家企业W公司时也发现这种情况：这家单位工资支付的会计核算非常混乱。发放工资，经常会莫名其妙地在不同科目间来回结转，或混在莫名核算对象的往来科目中处理。杂乱无章的会计处理，让人很难搞清员工的工资发放情况。并且，这个单位的员工好象特别喜欢现金，每个月，该公司都要提取大笔的现金用于支付工资。由于银行对提取现金有限额规定，所以，这家单位就采取“蚂蚁搬家”的方式来提现，即每天按上限提取现金，攒到月底，再集中起来支付给员工，这些员工均是外籍。

最终，通过检查人员耐心细致的调查，发现该单位支付工资，特别是现金支付工资时，未足额扣缴工资薪金个人所得税，最终该单位因未履行扣缴义务，被责令补扣补缴少扣缴的个人所得税，并处以少扣缴个人所得税一倍的罚款。检查人员通过调查，还了解到一个情况：一些外籍员工之所以喜欢现金也是为了避税，这些钱他们通过地下钱庄输送到国外，逃避所在国对他们个人所得税的监管。

二、税务处理错弊

现金支付隐藏了流向就安全了吗？未必！万绿丛中一点红！正常的都是通过银行转账，反而现金支付的业务容易被关注。现金支出并非不可以，但故意为之，就会变成“此地无银三百两”。那么，是不是银行转账就安全了？答案是更不安全，因为征管法赋予了税务人员调查银行账户及个人储蓄账户交易信息的权利，而这些交易信息，履行相关手续后，很容易就查得到，且证据效力极高。对于那些通过其他莫名账号收款隐匿收入的问题，往往一查一个准儿。

三、启示

财务人员要加强对现金支出业务的审核，以防止有不当或不合规支出。非特殊情况，一定要统一通过银行转账的方式支付。这既是财务内控的需要，也是税务风险防范的需要。

情形 3－21　预警指标让费用类涉税问题原形毕露

一、业务描述

正如一个人的各项生理指标如果不在正常范围内，则意味着身体不健康甚至得病一样，对于纳税人来说，各种财务指标、税务指标如果不在正常范围内，则意味着纳税申报可能存在问题。在目前税务机关征管手段已经更依赖于大数据的情况下，纳税人涉税问题因指标异常而暴露已经越来越常见。

A 公司日前收到主管税务机关的《风险预警通知书》，该通知书指明 A 公司有两项指标不在正常范围内被预警，要求 A 公司自查原因并做出解释。这两项预警分别是：2016 年度对比 2015 年度企业所得税期间费用变动率异常，变动率达到 1.052，也就是说，期间费用增长了将近一倍；2016 年度对比 2015

年度企业毛利率变动异常，2016 年比 2015 年毛利率增加一倍，达到 22%。

A 企业财务人员收到《风险预警通知书》的第一反应是：一头雾水——我们一直是正常申报，怎么可能会被预警？但税务人员答复很明确：只要发出预警，一般情况下都指向纳税人存在涉税问题。税务人员要求财务人员认真梳理、查找问题、自我纠正。如不能按期纠正，则接下来会转入稽查。考虑到被转入稽查的后果，A 公司财务人员向老板汇报并征得老板同意后（该财务人员接手时间不长，过去的一些情况不太清楚），与相关人员一同进行了认真的自查，最终找到了问题的主要原因。

期间费用变动异常，是因为该公司 2015 年度及以前，管理人员的各项公务经费（电话费、车补、出差补助、房租补助），均是在工资里以补贴的形式直接发放，但相关当事人认为这样做，缴纳个人所得税太多；而公司层面也认为这样做加大了社保缴纳基数，会多缴社保，也不合算。于是在“高人”指点下，2016 年度，该单位不再以工资形式发放，采取当事人提供发票限额报销费用的形式来处理，这导致 2016 年管理费用大额增加，引发了预警。该预警涉及三个问题：一是部分费用为虚列，需要纳税调增，补缴企业所得税；二是增值税，部分属于用于个人消费而取得的进项税额需要转出补缴增值税；三是个人所得税，管理人员因报销个人费用而取得的所得，除去合理的公务费用外，需要补扣补缴个人所得税。

第二个预警问题，则是由于 2015 年收入与成本错配造成——2015 年的一部分销售业务，货物已经发出，成本也已经结转，但未收款，也未开发票，因此一直未计收入，直到 2016 年收款开票后才确认收入。该预警主要涉及企业所得税和增值税。2015 年实现收入但未及时确认，虽然已经在 2016 年确认，未造成少缴企业所得税和增值税，但需要补缴税款所属期差异而应加收的滞纳金。

该单位对两项预警存在的涉税问题进行认真梳理后，计算了补缴数额，提请税务机关审核后，补缴了相应税款，预警消除。

二、税务处理错弊

会计处理如果任性，即不按会计制度的要求进行账务处理，甚至做假账，人为调整收入、成本、费用等基础数据，会导致财务报表和纳税申报表的数据“扭曲”——在海边游泳，大家一起在水里还好，但是，当退潮时，不好的身材便会暴露……

三、启示

纳税人应时刻关注自己的各项财务指标、纳税指标，若干个纳税年度对比，收入、成本、费用异动；增值税进项税额、销项税额的异动，税负过低或异动等都预示着纳税申报可能存在问题。问题明显且无客观理由的，纳税人应当及时调整申报表、补税，否则税务机关会从后台发出预警，推送相关部门进行调查或转入稽查。到这一步，风险将不可控，因违法而被处罚会给纳税人带来更大经济损失。

情形 3-22　进项税额“任性”转出作为成本扣除

一、业务描述

甲化工企业，为增值税一般纳税人，主要生产 A、B 两种化工产品，原材料分别是 a、b。纳税评估人员在对甲企业 2015 ~ 2017 年三个年度纳税申报数据进行分析时发现，2015 年企业所得税税负、增值税税负、毛利率处于同行业正常区间，2016 年增值税税负突然下降到 1% 左右，但企业所得税税负（3%）、毛利率（11%）处于正常区间，而 2017 年增值税税负继续走低，企业所得税税负更是变为 0，三个年度相同参数变化明显异常，评估人员约谈了甲公司的财务人员。

就上述参数变化异常问题，财务人员的解释是，2016 年，考虑到价格可能要上涨，所以该公司大量购进专门用于生产 A 产品的 a 原料，取得了大量进项税额留抵。但是，由于市场行情突变，2016 年下半年，A 产品滞销，其销售收入骤减。虽然有 B 产品在继续正常销售，但由于留抵税额较大，所以，增值税负在2016年大幅下降。但财务人员对2017年企业所得税税负突然下降和增值税税负持续走低语焉不详，没有令评估人员信服的解释。

评估人员决定进行实地核查。在实地核查中，评估人员查看了3个年度的增值税申报表、企业所得税年度申报表，特别是针对2017年的账簿资料进行了查看，终于弄清2017年企业所得税税负变为0、增值税税负持续走低的原因。原来，该企业2016年大量购进a原材料，准备大干一场，结果市场判断错误，A产品滞销，这导致了2016年相关参数的异常变化。而到了2017年，该单位通过市场分析判断：未来相当长的时间内，A产品仍然滞销，且a原料只能生产A产品。这种行情持续的结果就是：a原料积压，同时购进a原料的进项税额也因“积压”而不能抵扣，会间接给企业造成损失（抵扣滞后纳税提前、占压资金影响现金流）。

为了应对这种不利局面，该单位财务反复考虑，决定分批将购进a原料取得的未抵扣进项税额转出，计入B产品原料成本中。这样，增值税虽然不能立刻抵扣，但作为成本抵减企业所得税应纳税所得额，少缴企业所得税，也是合算的。甲企业付诸行动，确实达到了预期目的：2017年企业所得税应纳税额为0……

弄清了原因，评估人员认定：甲企业进项税额转出太“任性”，不仅不属于法定应当转出的事项，而且虚增了B产品的成本，因而，不能在企业所得税税前扣除，已经作为成本扣除的进项税额，应纳税调整增加、补缴相应的企业所得税。但甲企业财务人员不认可评估人员的意见，他的理由是：纳税人放弃抵扣是自己的权利，而放弃抵扣部分，作为购进货物支付的进项税额税金，自然能作为成本、费用扣除……那么，评估人员的认定与纳税人的辩解，谁是正确的呢？

二、税务处理错弊

类似的情况还有。笔者曾经对一家房地产企业进行检查时，发现该单位有这种情况：2018年12月，该单位开发产品按期交付，相应地，该企业会计上确认收入，同时结转成本，并且确认交付开发产品发生增值税纳税义务。该项目采用一般计税方式。根据《房地产开发企业销售自行开发的房地产项目增值税征收管理暂行办法》（2016 年第 18 号）第四条的规定，该单位应按照取得的全部价款和价外费用，扣除当期销售房地产项目对应的土地价款后的余额计算销售额？但该单位计算增值税销售额只扣除一小部分土地价款，而剩余部分并未扣除。这样做，带来的问题就是，原本用来抵增值税的土地价款部分作为企业所得税的成本来扣除。这家企业这样做的原因是当期有较大留抵税额，土地价款作为企业所得税成本来扣除对他们更有利。这样，问题就来了，企业能否这样自由选择呢？

本案例中，一方面纳税人购进原材料取得的进项税额并不属于不可抵扣范围，应按规定用于抵扣，不按规定随意转出是不正确的；另一方面，允许抵扣的增值税并不能在企业所得税前作为税金扣除。

三、政策依据分析

《财政部 国家税务总局关于全面推开营业税改征增值税试点的通知》（财税〔2016〕36 号）第二十六条、第二十七条对取得的进项税额不得抵扣的情形做出了规定：纳税人取得的增值税扣税凭证不符合法律、行政法规或者国家税务总局有关规定的，其进项税额不得从销项税额中抵扣。购进货物、加工修理修配劳务、服务、无形资产和不动产用于简易计税方法计税项目、免征增值税项目、集体福利或者个人消费，取得的进项税额不得从销项税额中抵扣，其中涉及的固定资产、无形资产、不动产，仅指专用于上述项目的固定资产、无形资产（不包括其他权益性无形资产）、不动产……

从财税〔2016〕36 号相关规定可以看出，只有正列举的项目才不可以用于抵扣，除此之外均能用于抵扣。那么，如果纳税人能抵扣，但是放弃抵扣，放弃抵扣的进项税额能否作为已缴纳税金扣除呢（进项税额实质上是纳税人“出资”购买的）？

《中华人民共和国企业所得税法》第八条规定：“企业实际发生的与取得收

入有关的、合理的支出，包括成本、费用、税金、损失和其他支出，准予在计算应纳税所得额时扣除。”《中华人民共和国企业所得税法实施条例》（国务院令2007年第512号）第三十一条规定：“企业所得税法第八条所称税金，是指企业发生的除企业所得税和允许抵扣的增值税以外的各项税金及其附加。”从上述规定可以看出，允许抵扣的增值税，即使转出，也不能在企业所得税前扣除。因而，本案中，甲企业任性转出进项税额意在企业所得税税前扣除是不正确的。

情形3－23　单位为职工缴纳的补充养老保险超过规定的税前扣除比例，未做纳税调增

一、业务描述

L电气工程有限公司是一家国有企业，主要业务是承接送变电工程。在检查开始前，检查人员就通过各种渠道了解到，该单位属于某垄断国有企业集团的一个成员单位，而该企业集团的一个最大特点就是薪酬水平高、员工福利待遇好。因此，职工薪酬涉税问题无疑要作为检查的重点。检查人员还了解到，该国有企业集团有较严格的管理制度，其会计核算及账簿、报表应有较高的可信度。

果然，检查人员查看该公司2016年“应付职工薪酬——社会保险费——企业年金”科目发现，该企业2016年为职工缴纳的补充养老保险共计1 846 232元。随后查看该公司2016年职工工资总额，该单位2016年“企业所得税年度纳税申报表”显示，2016年工资总额为2 000万元。显然，按这个总额计算，该单位为职工缴纳的补充养老保险已经超过规定的扣除限额。账簿资料显示，2017年也同样存在这种情况。两个年度企业所得税申报表显示，超过限额部分缴纳的补充养老保险已计入相关成本、费用，未纳税调整增加。

二、税务处理错弊

会计核算真实、清晰，但又不按规定正确地进行税务处理，这等于是给自

己挖坑。对于企业来说，如果把企业会计核算和纳税规范程度区分不同等级，那么，最上等的，就是会计核算规范、纳税申报规范；次等的就是会计核算规范，但纳税申报不规范；最次的就是会计核算不规范，纳税申报也不规范。第二种情况的税务风险，从某种程度上来说甚至比第三种还要大——问题在明处，调查取证和查处非常容易。

三、政策依据分析

《中华人民共和国企业所得税法实施条例》第三十五条第二款规定："企业为投资者或者职工支付的补充养老保险费、补充医疗保险费，在国务院财政、税务机关规定的范围和标准内，准予扣除。"

关于扣除限额标准，《关于补充养老保险费补充医疗保险费有关企业所得税政策问题的通知》（财税〔2009〕27号）明确：自2008年1月1日起，企业根据国家有关政策规定，为在本企业任职或者受雇的全体员工支付的补充养老保险费、补充医疗保险费，分别在不超过职工工资总额5%标准内的部分，在计算应纳税所得额时准予扣除；超过的部分，不予扣除。

情形3－24　研发费用加计扣除超过规定的范围

一、业务描述

S有限公司主营业务是生产液晶面板，每年在研发方面有较大投入，因此，研发费用加计扣除是否符合规定是重点检查内容。检查人员按规定提取了该单位2017年度的"企业所得税优惠事项备案表"、研发费用相关备案资料、主要留存备查资料等资料。

检查人员将该公司提交的研发项目组成员名单与该研发项目执行期间公司员工的花名册进行了比对，同时核对了研发团队成员的劳动合同。通过核对，检查人员发现，该单位研发人员的构成并不简单——排研发团队名单第一位的是该公司董事长，其余成员中，还有几名公司部门领导。检查人员询问该单位财务人员："董事长还有这些部门领导也直接参与研发?"财务人员肯定地回答："是!"检查人员并不采信，继续追问："董事长、部门领导的职位描述是怎样的？他们日常的工作内容是什么？是直接从事研发吗？如果是直接从事研发，同时从事非研发活动，那么，从事非研发活动，有无记录？实际发生的相关费用有无在研发费用和生产经营费用间分配?"财务人员沉默。

二、税务处理错弊

责任和权利是对等的，如果纳税人享受了税收优惠，那么就应当履行相应的义务。研发费用中，直接人工费用有明确的范围规定，超过了范围自然不允许加计扣除。本案中，直接从事研发的人员，同时又从事非研发活动的，其从事非研发活动对应的费用支出是不允许加计扣除的。

三、政策依据分析

《国家税务总局关于研发费用税前加计扣除归集范围有关问题的公告》（国家税务总局公告 2017 年第 40 号）第一条明确："人员人工费用是指直接从事研发活动人员的工资薪金、基本养老保险费、基本医疗保险费、失业保险费、工伤保险费、生育保险费和住房公积金，以及外聘研发人员的劳务费用。"

该条第三款明确："直接从事研发活动的人员、外聘研发人员同时从事非研发活动的，企业应对其人员活动情况做必要记录，并将其实际发生的相关费用按实际工时占比等合理方法在研发费用和生产经营费用间分配，未分配的不得加计扣除。"

这条规定考虑到参与研发员工同时又担负其他工作，即"内部兼职"的工资费用扣除问题，更贴近企业加计扣除的实际情况，不过，纳税人须有清晰的核算，否则会有风险。例如，某企业 2017 年 1 月开始进行某项目的研发（该项目符合加计扣除条件），主管生产的一位副总参与了项目研发，2017 年度该副总的工资薪酬总额为240 000元，那么该副总的工资支出如何加计扣除呢？正确的做法是，准确核算该副总工时及工时分配，可通过出勤记录、员工工时统计表、工时分配明细表佐证。假定2017年共240个工作日，该副总经理有160个工作日在项目部直接参与研发，另外80个工作日从事日常管理工作，财务上根据工时进行分配，将160 000元计入研发费用，将其余80 000元计入管理费用，那么该企业、该副总的人工费用在所得税汇算清缴时可以加计扣除160 000元。如果没有对该副总全年工时的准确核算和分配，即使他参与了研发，其工资支出也不能加计扣除。

第三节　申报表填写类

情形3－25　合同能源管理与高新技术企业税收优惠叠加享受少缴企业所得税

一、业务描述

东华有限公司，为增值税一般纳税人，2014年、2017年被认定为高新技术企业。公司主营业务就是提供“合同能源管理服务”，帮助客户实现节能的目的。2013年该公司与B发电有限公司签订合同承接其合同能源管理项目，2013年9月该项目取得第一笔收入，当年10月，东华公司向税务机关提交相关资料，完成项目优惠备案。

该公司被检查年度是2016年度、2017年度。检查人员审查了备案资料，该公司符合财税〔2010〕110号规定的条件。

在核对该企业2016年“企业所得税年度纳税申报表”（2014版，A100000）时，发现其合同能源管理所得税优惠填报存在问题。该公司2016年企业所得税调整后应纳税所得额为500万元，其中，合同能源管理项目收入额为300万元，成本为200万元，所得额为100万元。

错误之处在于，按财税〔2010〕110号规定，2016年度被查单位的合同能源管理项目已进入减半期，应在“所得减免优惠表”（A107020）第38行第七列填写减半征收所得额，却未填写。这样，A107020表减免所得额为空（见表3－1），所以不会在主表A100000（见表3－2）中显示数字。为了享受相应的优惠，被查单位在“减免所得税优惠明细表”（A107040）27行“其他”（见表3－3）填入数字125 000.00（1 000 000×50%×25%），导致申报表逻辑关系错乱为5 000 000×25%－(5 000 000×10%＋1 000 000×50%×25%)＝625 000.00（元）。

A107020表：未在减免所得额中填写减免所得额，如表3－1所示。

表3－1　A107020　　　　所得减免优惠明细表

行次	项目	项目收入	项目成本	相关税费	应分摊期间费用	纳税调整额	项目所得额	减免所得额
		1	2	3	4	5	6（1－2－3－4＋5）	7
36	五、其他专项优惠项目（37＋38＋39）	3 000 000.00	2 000 000.00	—	—	—	1 000 000.00	—
37	（一）实施清洁发展机制项目						—	
38	（二）符合条件的节能服务公司实施合同能源管理项目	3 000 000.00	2 000 000.00		—		1 000 000.00	
39	（三）其他						—	
40	合计（1＋17＋26＋33＋36）	3 000 000.00	2 000 000.00	—	—	—	1 000 000.00	—

A100000表：第20行未显示减免所得额；第26行来源于A107040表，计算错误，如表3－2所示。

表 3-2　A100000　中华人民共和国企业所得税年度纳税申报表（A 类）

行次	类别	项　目	金　额
19	应纳税所得额计算	四、纳税调整后所得（13-14+15-16-17+18）	5 000 000.00
20		减：所得减免（填写 A107020）	—
21		减：抵扣应纳税所得额（填写 A107030）	—
22		减：弥补以前年度亏损（填写 A106000）	—
23		五、应纳税所得额（19-20-21-22）	5 000 000.00
24	应纳税额计算	税率（25%）	25%
25		六、应纳所得税额（23×24）	1 250 000.00
26		减：减免所得税额（填写 A107040）	625 000.00
27		减：抵免所得税额（填写 A107050）	—
28		七、应纳税额（25-26-27）	625 000.00

A107040 表：第 27 行错误填写为 100×50%×25%，如表 3-3 所示。

表 3-3　A107040　　减免所得税优惠明细表

行次	项　目	金额
1	一、符合条件的小型微利企业	
2	二、国家需要重点扶持的高新技术企业（填写 A107041）	500 000.00
3	三、减免地方分享所得税的民族自治地方企业	
4	四、其他专项优惠（5+6+7+8+9+10+11+12+13+14+15+16+17+18+19+20+ 21+22+23+24+25+26+27）	125 000.00
27	（二十三）其他	125 000.00
28	五、减：项目所得额按法定税率减半征收企业所得税叠加享受减免税优惠	
29	合计（1+2+3+4-28）	625 000.00

而根据相关政策规定，被查单位作为高新技术企业，同时又有减半征收企业所得税项目，正确的计算公式应为（5 000 000-1 000 000×50%）×25%-[（5 000 000-1 000 000×50%）×10%-1 000 000×50%×10%]=725 000.00（元），纳税人错误填写申报表，造成少缴企业所得税 10 万元。

上述表格的正确填写分别如表 3-4、表 3-5、表 3-6 所示。

A107020 表：在第 38 行填写减半征收金额，如表 3-4 所示。

表 3－4 A107020 所得减免优惠明细表

行次	项目	项目收入	项目成本	相关税费	应分摊期间费用	纳税调整额	项目所得额	减免所得额
		1	2	3	4	5	6（1－2－3－4＋5）	7
36	五、其他专项优惠项目（37＋38＋39）	3 000 000.00	2 000 000.00	—	—	—	1 000 000.00	500 000.00
37	（一）实施清洁发展机制项目						—	
38	（二）符合条件的节能服务公司实施合同能源管理项目	3 000 000.00	2 000 000.00		—		1 000 000.00	500 000.00
39	（三）其他						—	
40	合计（1＋17＋26＋33＋36）	3 000 000.00	2 000 000.00	—	—	—	1 000 000.00	500 000.00

A107040 表：在第 28 行填写叠加享受应减除部分 1 000 000×50%×10%＝50 000，如表 3－5 所示。

表 3－5 A107040 减免所得税优惠明细表

行次	项 目	金额
1	一、符合条件的小型微利企业	
2	二、国家需要重点扶持的高新技术企业（填写 A107041）	450 000.00
3	三、减免地方分享所得税的民族自治地方企业	
4	四、其他专项优惠（5＋6＋7＋8＋9＋10＋11＋12＋13＋14＋15＋16＋17＋18＋19＋20＋ 21＋22＋23＋24＋25＋26＋27）	
27	（二十三）其他	
28	五、减：项目所得额按法定税率减半征收企业所得税叠加享受减免税优惠	50 000.00
29	合计（1＋2＋3＋4－28）	400 000.00

A100000 表：A107020 表、A107040 表填写正确后，A100000 表自然会计算出正确结果，如表 3－6 所示。

表 3－6 A100000 中华人民共和国企业所得税年度纳税申报表（A 类）

行次	类别	项　目	金　额
19	应纳税所得额计算	四、纳税调整后所得（13－14＋15－16－17＋18）	5 000 000.00
20		减：所得减免（填写 A107020）	500 000.00
21		减：抵扣应纳税所得额（填写 A107030）	—
22		减：弥补以前年度亏损（填写 A106000）	—
23		五、应纳税所得额（19－20－21－22）	4 500 000.00
24	应纳税额计算	税率（25%）	25%
25		六、应纳所得税额（23×24）	1 125 000.00
26		减：减免所得税额（填写 A107040）	400 000.00
27		减：抵免所得税额（填写 A107050）	—
28		七、应纳税额（25－26－27）	725 000.00

二、税务处理错弊

本案问题完全是因为申报表填写错误造成的。纳税人应注意复杂项目的填写，认真研究填表说明，搞清各表格间逻辑关系，同时了解相关政策。其实，本案中，如果报表填写不是太熟悉，但如果懂得相关政策。可以先根据政策计算下结果。如果计算结果与填表结果不相符，那么有可能是报表填写错误，可以把手工试算作为报表填写是否正确的一个校验手段。

三、政策依据分析

《财政部 国家税务总局关于促进节能服务产业发展增值税、营业税和企业所得税政策问题的通知》（财税〔2010〕110 号）第二条“关于企业所得税政策问题”第一项规定：“对符合条件的节能服务公司实施合同能源管理项目，符合企业所得税法有关规定的，自项目取得第一笔生产经营收入所属纳税年度起，第一年至第三年免征企业所得税，第四年至第六年按照25%的法定税率减半征收企业所得税。”

第四节　其他

情形3－26　未分配利润、盈余公积转增资本公积，非居民股东未缴纳企业所得税

一、业务描述

检查人员在对P股份有限公司2016年、2017年纳税申报情况进行检查。在查看该公司2016年资产负责表时，发现该公司2016年所有者权益有较大变化。进一步查看明细账及相关凭证，检查人员了解到，该公司于2016年10月将未分配利润余额1 000万元、盈余公积500万元余额转入资本公积。根据经验，检查人员认为，所有者权益类各科目间余额的变化，意味着企业有重大经营事件发生，而重大经营事件背后，往往会有税收的问题，且一般金额也很大。

通过与该公司财务人员沟通，检查人员了解到，该公司原先为有限公司，2009年设立，2016年10月改制为股份有限公司，以经审计的净资产1亿元折合为股份有限公司的8 500万股，每股面值人民币1元，剩余净资产计入资本公积，这就是该公司所有者权益科目间金额变动的由来。

了解这一情况后，检查人员首先关注该公司股东构成。通过询问财务人员、查阅相差资料，检查人员查明，改制前，该公司共有三个投资方，两个投资方为居民企业，一个投资方为非居民企业。在美国设立的K公司，持股比例为20%。改制过程中，P公司未申报预提的企业所得税。

基于上述调查结果，检查人员认定，P股份有限公司将盈余公积、未分配利润转入资本公积，其实质上是一种利润分配行为，非居民股东K公司应当

就未分配利润1000万元和盈余公积500万元，按照持股比例计算应享有的份额300万元，按中、美双方税收协定的规定适用20%税率减按10%计算缴纳非居民企业所得税30万元。

二、税务处理错弊

P公司对重大经营行为涉税风险的管控意识太弱。当企业改制，留存收益减少，虽然没有直接地表现为现金分红，也应当设想该业务本身可能存在的税务风险，然后采取相应措施，如通过专业机构做合理的纳税规划等，以防范可能的税务风险。

三、政策依据分析

有限责任公司整体以组织形式变更的方式改制为股份有限公司，根据公司法的规定，需要将有限公司经审计的净资产金额相应折合为股份有限公司的股份总额。这一过程中，如果有限公司有留存收益，则留存收益要构成发起人对股份公司出资的一部分，从而被“归0”。“归0”的实质就是境内居民股东和境外非居民股东在改制过程中取得股利收入，是事实上的利润分配。

《中华人民共和国企业所得税法》第三条第三款规定：“非居民企业在中国境内未设立机构、场所的，或者虽设立机构、场所但取得的所得与其所设机构、场所没有实际联系的，应当就其来源于中国境内的所得缴纳企业所得税。”第十九条规定：“非居民企业取得股息、红利等权益性投资收益，以收入全额为应纳税所得额。”第三十七条规定：“对非居民企业取得本法第三条第三款规定的所得应缴纳的所得税，实行源泉扣缴，以支付人为扣缴义务人。税款由扣缴义务人在每次支付或者到期应支付时，从支付或者到期应支付的款项中扣缴。”《中华人民共和国企业所得税法实施条例》第七条第四项规定：“股息、红利等权益性投资所得，按照分配所得的企业所在地确定。”《国家税务总局关于非居民企业所得税源泉扣缴有关问题的公告》（国家税务总局公告

2017 年第 37 号）第七条第二款规定："非居民企业取得应源泉扣缴的所得为股息、红利等权益性投资收益的，相关应纳税款扣缴义务发生之日为股息、红利等权益性投资收益实际支付之日。"

根据上述规定，本案例非居民股东 K 公司应当就其取得的股息红利缴纳企业所得税，P 企业为扣缴义务人。

需要说明的是，根据《关于境外投资者以分配利润直接投资暂不征收预提所得税政策问题的通知》（财税〔2017〕88 号）及《国家税务总局关于境外投资者以分配利润直接投资暂不征收预提所得税政策有关执行问题的公告》（国家税务总局公告 2018 年第 3 号）相同规定，对境外投资者从中国境内居民企业分配的利润，直接投资于鼓励类投资项目，凡符合规定条件的，实行递延纳税政策，暂不征收预提所得税。该政策自 2017 年 1 月 1 日起执行，本案例中，如果 P 企业属于《外商投资产业指导目录》所列的鼓励外商投资产业目录，或属于《中西部地区外商投资优势产业目录》，且境外 K 公司取得股息、红利的时间是 2017 年 1 月 1 日以后，则可以按上述文件享受暂不征收预提所得税的优惠政策。

第四章

增值税检查的双方博弈

第一节 销售额及销项税额类

增值税销售额是指纳税人销售货物或者提供应税劳务向购买方收取的全部价款和价外费用，但不包括收取的销项税额。价外费用，包括价外向购买方收取的手续费、补贴、基金、集资费、返还利润、奖励费、违约金、滞纳金、延期付款利息、赔偿金、代收款项、代垫款项、包装费、包装物租金、储备费、优质费、运输装卸费以及其他各种性质的价外收费。价外费用，是指价外收取的各种性质的收费，不包括代为收取并符合规定条件的政府性基金或者行政事业性收费，以及以委托方名义开具发票代委托方收取的款项。

除了销售额的定义，纳税人更需要注意的，就是纳税义务发生时间。虽然纳税义务发生时间和销售额是两个征税要素，但二者紧密关联，相比而言，纳税义务发生时间的判定更具优先性。关于增值税纳税义务发生时间，《财政部国家税务总局关于全面推开营业税改征增值税试点的通知》（财税〔2016〕36号）第四十五条以及《中华人民共和国增值税暂行条例》（2017年11月19日第二次修订）第十九条有明确规定，二者表述稍有不同，但基本的规定一致：发生应税销售行为，为收讫销售款项或者取得索取销售款项凭据的当天；先开具发票的，为开具发票的当天。关于“收讫销售款项”和“取得索取销售款项凭据”，《中华人民共和国增值税暂行条例实施细则》第三十八条针对销售货物和加工修理修配劳务，根据不同收款方式做了明确。财税〔2016〕36号对“收讫销售款项”和“取得索取销售款项凭据”表述稍有不同：收讫销售款项是指纳税人销售服务、无形资产、不动产过程中或者完成后收到款项；取得索取销售款项凭据的当天，是指书面合同确定的付款日期；未签订书面合同或者书面合同未确定付款日期的，为服务、无形资产转让完成的当天或者不动产权属变更的当天。

根据增值税暂行条例及实施细则以及36号文关于增值税纳税义务发生时间的规定，总的来看，增值税纳税义务发生时间基本等同于“收付实现制”，也即纳税义务发生时间与发生应税销售行为的收款时间密切相关。这种规则的制定，同样是为了满足征税的基本规则，即在纳税人有纳税能力（有现金流）的时候，赋予其纳税义务，以方便征收。

销售货物、加工修理修配劳务增值税纳税义务发生时间如表4-1所示。

表4-1 销售货物、加工修理修配劳务增值税纳税义务发生时间表

序号	收款方式	纳税义务发生时间
1	直接收款	销售货物过程中收到款项（直接收款：“提货制”或“送货制”）
		索取销售款凭据的当天
2	托收承付和委托银行收款	发出货物并办妥托收手续的当天
3	赊销和分期收款	书面合同约定的收款日期
		无约定，货物发出的当天
4	预收款	货物发出的当天
		收到预收款或者书面合同约定的收款日期（生产工期超过12个月的大型货物）
5	委托其他纳税人代销	收到代销清单
		或者收到全部、部分货款的当天
		发出代销货物满180天的当天
6	进口	报关进口的当天
7	视同销售货物	货物移送的当天

销售服务、不动产、无形资产纳税义务发生时间如表4-2所示。

表 4－2　　销售服务、不动产、无形资产纳税义务发生时间表

序号	时间点	备注
1	开具发票	按孰先原则
2	合同约定的付款时间	
3	销售服务、无形资产、不动产过程中收到款项	
4	销售服务、无形资产完成或不动产权属变更当天	
5	收到预收款（销售租赁服务）	

情形 4－1　视同销售与进项税额转出相混淆

一、业务描述

1. 某大型化工企业，有一个自备火力发电厂，其产品是电力和蒸汽，一部分自用，一部分销售给周边化工园区的企业。自用的蒸汽，除办公楼、厂区使用之外，还有一部分蒸汽用于职工浴室和食堂。检查人员在对该企业进行检查时，发现“应付福利费”科目有如图 4－1 所示的账务处理。

记　账　凭　证

单位：××× 公司　　2017 年 12 月 12 日　　记账凭证 98 号

凭证摘要	科目名称	借方金额	贷方金额
12 月浴池耗汽转出材料进项税	应付福利费——支出——其他	3 575.9	
12 月浴池耗汽转出材料进项税	应收账款		3 575.9
合计		3 575.9	3 575.9

填制人：×××　　审核人：×××　　主管人：×××　　附件张数：4

图 4－1　某化工企业的记账凭证

检查人员在查看了相关科目并询问企业财务人员后，了解到了这么一个情况：该单位工作环境较差，为解决职工下班后的洗澡问题，建立了一个职工浴室。浴室所用蒸汽来源于自备电厂，每月根据所耗用的蒸汽数量，计算出应负担的生产成本，借记“生产成本”，贷记“应付福利费——支出——其他”。考虑到该业务还涉及增值税，于是按月根据浴室耗用蒸汽，计算出所应负担的

燃煤进项税额，然后转出，并做图 4－1 的账务处理。

2. 税务稽查也没分清进项税额转出和视同销售。检查人员在对一家维修企业 2018 年纳税情况进行检查时，询问被查单位的财务人员，以前年度是否曾经被稽查过，财务人员的回答是肯定的。于是，检查人员要求对方提供收到的检查结论文书（稽查经验告诉他，以前稽查文书所涉及的问题，纳税人有可能并未改正、依旧存在，了解的目的是借鉴）。

财务人员提供了一份《×××税务局稽查局税务行政处罚事项告知书》的复印件。该复印件的内容引起了检查人员的注意："你单位 2015 年给客户无偿提供维修服务，共领用配件 100 000 元，根据《中华人民共和国增值税暂行条例》第十条第一款'用于非增值税应税项目、免征增值税项目、集体福利、个人消费的购进货物或应税劳务的进项税额不得从销项税额中抵扣'的规定，应做进项税额转出，补缴增值税 17 000 元……"

对上述违法行为的定性处罚，该告知书的叙述是："根据《中华人民共和国税收征收管理法》第六十三条第一款规定，你单位上述行为属于偷税，拟对你单位应补税款处以 50% 罚款计 8 500 元……"

检查人员又仔细向财务人员询问了该处罚告知书所涉及业务的具体内容，财务人员做了解释：为了宣传企业形象、吸引更多客户，公司会不定期开展一些免费维修活动，上述配件均为免费维修中所领用。如果是收费的同类业务，领用配件并不单独计价，直接按项目报价并开具修理费发票。

听完财务人员叙述，检查人员认为，上述业务原稽查处理、处罚意见有误——无偿提供修理劳务，应视同销售，而不是领用配件的进项税额转出；应按《中华人民共和国增值税暂行条例实施细则》第十六条规定，根据纳税人最近时期同类货物的平均销售价格确定视同销售价格计提销项税额；同时，取得的进项税额可以抵扣；另外，纳税人该行为并不符合征管法第六十三条第一款规定，不应定性为偷税。

经计算，检查人员要求纳税人按最近时期同类修理劳务的平均销售价格确定视同销售价格，领用配件取得的进项税额允许抵扣，最终除去按原处理意见补缴的税款外，另外仍需补缴 2018 年增值税 1 万多元。被查单位接受了检查人员的处理意见，以自查方式申报补缴。补缴时，提供了原稽查处理意见的相关文书，证明上述少缴税款行为是税务机关责任造成，未被加收滞纳金。

稽查人员也没有分清进项税额转出与视同销售的差别，这样做的直接后果就是导致纳税人少补缴税款——纳税人沾光了。

二、税务处理错弊

案例1中，被查单位上述税务处理是错误的。蒸汽由燃煤增值而产生，一定的蒸汽其金额通常应大于耗用燃煤成本金额，所以，一定的蒸汽所计提的销项税额应大于耗用燃煤成本所取得的进项税额。将本应是蒸汽的增值税视同销售业务，处理为燃煤的进项税额转出，导致少计提销项税额，少缴增值税。

案例2中，纳税人将“自产”的修理劳务无偿赠送其他单位或者个人，并不是将领用的配件直接用于集体福利或个人消费。领用的配件是提供修理的一个组成成本而已，就像销售建筑服务需要耗用水泥一样，所以，应视同销售而不是进项税额转出。

三、政策依据分析

案例1中，《中华人民共和国增值税暂行条例实施细则》（财政部 国家税务总局第50号令）第四条规定：“单位或者个体工商户的下列行为，视同销售货物：（五）将自产、委托加工的货物用于集体福利或者个人消费。”

《中华人民共和国增值税暂行条例》第十条规定：“下列项目的进项税额不得从销项税额中抵扣：4. 用于集体福利或个人消费的购进货物或应税劳务。”

上述关于视同销售和不允许抵扣的规定，由于都涉及职工福利，乍一看很像，但二者还是有区别的。主要区别有两点，一是来源不同；二是一个有增值，另一个没有增值。视同销售的货物，其来源是自产、委托加工，可以看作来源于内部，由于经过了一定的生产加工环节，所以有增值；而不允许抵扣、需要进项税额转出的，则直接来源于外购，未经过再生产或再加工，没有增值。

两种行为，结果也是不同的。A公司生产甲水杯，市场价113元一只，成本80元一只，该公司将甲水杯作为福利发放给职工。按规定，A公司应视同销售计提水杯的销项税额13元。如果此业务处理为进项税额转出，则进项税额转出金额为$80\times13/113=10.4$（元）。显然，两种业务混淆的结果就是少缴了增值税。

那么，为了避免错误，实务中应如何分辨呢？

（1）对某一具体经济业务来说，增值税“视同销售”和“进项税转出”不能并存，即“视同销售”了，无须“进项税转出”；“进项税转出”了，也肯定不能“视同销售”。

（2）看是否有增值，如有增值则视同销售。自产的产品和委托加工的产品，从原材料变成产成品有增值，不论对内（个人消费、职工福利等），还是对外（分配、捐赠、投资）都应视同销售、计提增值税销项税。

（3）如果未增值，则看对内还是对外，对内不得抵扣（要做进项税额转出），对外则视同销售。购进的材料未增值，对内（个人消费、职工福利等），不得抵扣进项，要做进项税额转出。若购进材料对外（分配、捐赠、投资），则要视同销售。

情形4－2　购进货物对外赠送应视同销售，但却有销项无进项

一、业务描述

制造企业H公司，为增值税一般纳税人，主要为其他大型企业生产配件。检查人员在该公司管理费用、销售费用的二级明细科目“业务招待费”中，发现该单位有对外赠送礼品列支的情况，赠送的礼品有电子产品、茶叶、烟酒等。这些礼品均属于外购，有的取得了增值税专用发票，有的是增

值税普通发票。检查人员将所有赠送礼品支出归集整理成一个电子表格，汇总后，一年礼品支出约有10万元。经询问该单位财务人员并核对有关纳税申报情况，检查人员确认，上述礼品支出未代扣代缴个人所得税，企业所得税、增值税未做视同销售处理。最终该单位礼品对外赠送涉及的税务问题受到处理。

二、税务处理错弊

因业务宣传或公关需要，向个人客户赠送礼品是一件再正常不过的事情。不过，这一项业务会同时涉及个人所得税、增值税、企业所得税三个税种，不仅税收负担重、核算和纳税申报麻烦，而且税务风险也大。

三、税收政策分析

《中华人民共和国增值税暂行条例实施细则》第四条第八项规定："单位或者个体工商户将自产、委托加工或者购进的货物无偿赠送其他单位或者个人，视同销售货物。"本案例中，纳税人购进货物作为礼品赠送客户，应按视同销售货物的规定缴纳增值税；取得增值税专用发票的购进货物，其进项税额可以抵扣。

实务中，会遇到这样的情况：购进货物对外赠送，因某种原因没有取得增值税专用发票；或者虽取得增值税专用发票，但被税务人员武断地判定是用于交际应酬和个人消费而不允许抵扣，如购进烟、酒（一般情况下不能取得增值税专用发票，但某些情况下会取得）。上述两种情形下，纳税人没有进项税额可抵扣，但却要视同销售按13%的适用税率申报缴纳增值税，相当不合算。

纳税人购进礼品对外赠送，只要如实记账，从账上很容易检查出来。所以，这类业务税务处理要合规。就增值税而言，特别要注意购进时应取得增值税专用发票，否则，无进项、有销项，给企业带来损失。

此外，《国家税务总局关于修订〈增值税专用发票使用规定〉的通知》

（国税发〔2006〕156 号）第十条规定："商业企业一般纳税人零售的烟、酒、食品、服装、鞋帽（不包括劳保专用部分）、化妆品等消费品，不得开具专用发票。"

情形 4-3 发生纳税义务未计提销项税

一、业务描述

这是一家提供建筑工程设计服务的企业，查账年度为 2017 年、2018 年。报表显示，该单位两个年度主营业务收入分别在 3 亿元左右。该单位为轻资产、劳动密集、技术密集型企业，对于该单位增值税的检查，检查人员首先从销项税计提是否正确入手。少计提销项税，一个常见的问题就是已经收取款项、发生纳税义务，但却仅记入往来科目却未计提销项税。

检查人员将目光投向了"其他应付款——其他应付单位款——往来"科目，如图 4-2 所示。电子账显示：两个年度该科目贷方累计发生额约在 2 000 万元左右，余额均在贷方，且每年都在增加。通过查账软件查询该科目贷方对应科目，确认主要是"银行存款"。对该科目借、贷方发生额凭证的摘要进行汇总分析显示，该科目凭证摘要主要有两种类型：一类为"收取某公司设计费"，另一类为"收取某公司设计定金"。经查询，检查人员发现，该科目借方发生额对应科目是"主营业务收入"和"应交税费——应交增值税（销项税）"。上述调查的情况表明，该科目主要核算收取的设计定金，一旦符合收入确认条件、发生增值税纳税义务则转入主营业务收入科目，并计提相应的销项税额。但较大的余额和每年在不断增加的趋势，使检查人员有理由相信：该科目里一定包含了一部分甚至相当一部分已经收取款项、发生增值税纳税义务但却未计提增值税销项税的金额。那么，问题来了，怎么调查取证、确认问题呢？

账户名称：其他应付款——其他应付单位款——往来　　　　　　　　　　币种：人民币

2016		凭证号	摘要	借方	贷方	方向	余额
月	日						
			期初余额			贷	21 034 657.00
1	12	34	收 A 公司设计费		1 132 765.00	贷	22 167 422.00
1	14	36	收 B 公司定金		210 000.00	贷	22 377 422.00
1	20	42	C 公司设计费转收入	300 000.00		贷	22 077 422.00
……							

图 4－2　企业有关科目明细账

唯一的办法就是调查该科目所记载每一笔收取费用所对应设计劳务的提供情况。检查人员经过努力，调取了该科目记载的所有设计业务所对应的合同，将所有的合同整理录入编制成一个设计劳务台账。该台账显示了每项设计劳务的起止时间、付款方式、付款时间、应收取的设计费用等信息，通过这些信息再逐一比对“其他应付款——其他应付单位款——往来”贷方所记载的、收取设计费的情况，检查人员确认了这样一个事实：贷方发生额除一小部分为预收设计定金外，其余部分均为按设计合同约定，在提供设计劳务过程中，向甲方收取的设计费。它们有一个共同特点：均未向甲方开具增值税专用发票。原来，由于各种原因，双方在履行合同过程中，甲方并不急于索要增值税专用发票，对所有从甲方收取设计费款项，但却未向对方开具发票的，该单位全部记入“其他应付款——其他应付单位款——往来”科目，当向对方开具发票时，再结转收入并计提相应的增值税销项税。

二、税务处理错弊

该单位完全按发票开具时间作为增值税纳税义务发生时间是不正确的。虽未开具发票，但只要发生纳税义务，就需要计提销项税额。造成少缴增值税税款的，税务机关要进行追缴并处以少缴税款 50% 到 5 倍的罚款。

三、政策依据分析

《财政部 国家税务总局关于全面推开营业税改征增值税试点的通知》（财税〔2016〕36 号）第四十五条“增值税纳税义务、扣缴义务发生时间为”第一项规定：“纳税人发生应税行为并收讫销售款项或者取得索取销售款项凭据的当天；先开具发票的，为开具发票的当天。收讫销售款项，是指纳税人销售服务、无形资产、不动产过程中或者完成后收到款项。取得索取销售款项凭据的当天，是指书面合同确定的付款日期；未签订书面合同或者书面合同未确定付款日期的，为服务、无形资产转让完成的当天或者不动产权属变更的当天。”

本案例中，被查单位在销售服务的过程中收到款项，虽未开具发票，但按合同约定在劳务提供过程中收到了款项，同样发生了纳税义务，因此需要计算申报缴纳相应的增值税款。

情形 4－4　房屋出租未按规定计提增值税销项税额

一、业务描述

H 公司 2016 年无形资产明细账显示，该单位有一块入账价值约 200 万元的土地。检查人员从该单位固定资产账上了解到，该单位有办公用房，于是习惯性地询问该单位财务人员：“办公用房申报缴纳房产税时，计税依据是否包含了地价？”财务人员毫不犹豫地回答说：“这块地不是办公用房的。办公用房为购入，购入时，已经包含了地价。”检查人员追问：“那这块地所对应的房产是哪一个？”财务人员答：“八里河路上的一处商铺。”检查人员问：“这处商铺现在作何用？”财务人员犹豫了一会儿，答：“出租。”

检查人员记得，该单位有多处房屋在出租，因此，在“其他业务收入”科目中，每年显示有很多笔房屋出租收入，但是印象中好像没有八里河路商铺的出租收入。检查人员曾特意要求财务人员提供所有的租赁合同，但财务人员多次以丢失为由搪塞。刚才通过询问了解的情况，检查人员觉得该处房产有税收问题。经过反复追问，财务人员说出实情。原来，八里河路商铺建成多年，一直在出租，也有租赁合同，每年租金 50 万元，每年 1 月 1 日支付 25 万元、7 月 1 日支付 25 万元。但租赁方由于种种原因，2016 年一直未按合同约定付款，所以没有给他们开发票，也没有做任何账务处理。只申报缴纳了城镇土地使用税，未做其他税务处理。

二、税务处理错弊

按合同约定及相关税法规定，H 公司已经分别在 2016 年 1 月 1 日发生营业税纳税义务、7 月 1 日发生增值税纳税义务，应分别计算并申报缴纳相应的营业税、增值税及相关附加。由于该商铺 2015 年 4 月 30 日前取得，因此 7 月 1 日应收租金 25 万元，可以采用简易计税办法，按 5% 的征收率计算并申报缴纳增值税。

三、政策依据分析

全面营改增后，对不动产租赁增值税纳税义务发生时间的规定是：纳税人发生应税行为并收讫销售款项或者取得索取销售款项凭据的当天；先开具发票的，为开具发票的当天。收讫销售款项，是指纳税人销售服务、无形资产、不动产过程中或者完成后收到款项。取得索取销售款项凭据的当天，是指书面合同确定的付款日期；未签订书面合同或者书面合同未确定付款日期的，为服务、无形资产转让完成的当天或者不动产权属变更的当天。采取预收款方式的，其纳税义务发生时间为收到预收款的当天。营改增前，不动产租赁营业税纳税义务发生时间与增值税相同，唯一不同的就是少了“先开具发票的，为开具发票的当天”这一规定。

需要说明的是，该单位应收的 2016 年 50 万元房屋租金，少计了 2016 年 50 万元应纳税所得额，应纳税调整增加；同时，少缴了从租计征的房产税。根据《财政部 国家税务总局关于营改增后契税 房产税 土地增值税 个人所得税计税依据问题的通知》（财税〔2016〕43号）第二条规定："房产出租的，计征房产税的租金收入不含增值税。"因此，营改增后H公司八里河路商铺下半年计征房产税的租金收入为不含增值税收入。25万元租金如采用简易计税办法，可按5%征收率还原不含税收入，作为缴纳下半年房产税的计征依据。

情形4－5　销售服务计算方法错误少缴增值税

一、业务描述

这是一家规模较大的培训机构，承担各类中、小学升学培训及各种外语考试类培训，为增值税一般纳税人。检查人员调取了该单位的电子账，检查其2016年纳税情况。通过与财务人员沟通，检查人员了解到，2016年5月1日全面营改增后，该单位考虑到本企业的实际情况，按照《财政部关于进一步明确全面推开营改增试点有关再保险 不动产租赁和非学历教育等政策的通知》（财税〔2016〕68号）第三条"一般纳税人提供非学历教育服务，可以选择适用简易计税方法按照3%征收率计算应纳税额"规定，对非学历教育服务业务采用了简易计税方法。

按照一般的检查思路，他们把目光投向了"预收账款"这类往来科目。纳税人增值税出现问题的一种可能，就是收取款项记入往来科目，即使已经发生纳税义务，也不计提相应的销项税额（一般计税）或应缴纳的增值税额（简易计税方法）。在"预收账款——SAT"科目里，检查人员注意到了这么一种情况：2016年5月以后的每个月，直到11月，收到多笔款项记入该科目贷方，摘要注明"SAT考团费"；在6、10、11月会以银行转账的方式集中支付，借记"其他应付款——SAT考团"，贷记"银行存款"，摘要注明"支付旅行社费用"。支付后，将余额结转至"其他业务收入"，同时按简易计税方法、3%的税率计提了应缴的增值税额（见图4－3）。

科目名称：预收账款——SAT

凭证日期	凭证编号	摘要	科目名称	借方金额	贷方金额
20160902	22	收 SAT 考团费	预收账款——SAT		38 000.00
20160923	194	收 SAT 考团费	预收账款——SAT		12 000.00
20160923	191	收 SAT 考团费	预收账款——SAT		22 500.00
20160930	381	收 SAT 考团费	预收账款——SAT		5 500.00
20160930	280	收 SAT 考团费	预收账款——SAT		8 000.00
20160930	269	收 SAT 考团费	预收账款——SAT		5 500.00
20161008	8	收 SAT 考团费	预收账款——SAT		5 500.00
20161013	75	收 SAT 考团费	预收账款——SAT		16 500.00
20161026	118	付合作方款	预收账款——SAT	107 430.00	
20161027	133	SAT 考团确认收入	预收账款——SAT	6 070.00	

图 4－3　某培训机构预收账款明细账

检查人员询问了财务人员，进一步查看了相关资料，了解了上述业务的基本情况。原来，该培训机构会定期组织参加 SAT 考前培训的中学生赴境外参加“SAT”考试（美国大学委员会主办的一种考试，其成绩是世界各国高中生申请美国大学入学资格及奖学金的重要参考）。该培训机构派出随队老师负责管理和协调，由于交通、食宿的安排及签证的办理并非该机构强项，所以，交通、食宿等外包给旅行社，该机构收取学生的费用去除支付旅行社外包的费用，剩余约 7% 差额部分结转至“其他业务收入”，按销售教育服务申报缴纳了增值税。

当检查人员询问财务人员，为什么要差额纳税时，他回答：“我们认为我们提供了旅游服务。”

二、税务处理错弊

组织学生赴境外参加 SAT 考试，安排交通、住宿、餐饮，属于提供旅游服务，可以选择以取得的全部价款和价外费用，扣除支付给其他接团旅游企业旅游费用后的余额为销售额。由于被查单位是一般纳税人，其适用税率为6%，而被查单位按3%征收率计算应纳税增值税额，少计算缴纳了增值税额。

三、政策依据分析

关于销售旅游服务和非学历教育服务，《财政部 国家税务总局关于全面推开营业税改征增值税试点的通知》（财税〔2016〕36号）附件一《营业税改征增值税试点实施办法》之销售服务、无形资产、不动产注释规定：旅游服务，是指根据旅游者的要求，组织安排交通、游览、住宿、餐饮、购物、文娱、商务等服务的业务活动。非学历教育服务，包括学前教育、各类培训、演讲、讲座、报告会等。从以上规定可以看出，旅游服务不同于非学历教育服务。因此，在计税方法、税率上不能混用，否则会造成少缴增值税款。

情形4－6　销售不动产租赁服务取得收入冲减费用，未进行增值税处理

一、业务描述

这是一家制造企业，为增值税一般纳税人，它有一个完整的厂区，办公楼临街。检查人员调取了该企业的电子账，在使用查账工具软件对该单位2016年电子账中的“管理费用”科目进行“负值分析”（由软件自动检索指定会计期间、指定科目中的发生金额为负的业务）时，发现该年度“管理费用”科目中有多笔负值业务，人工筛选掉无问题信息后，检索结果汇总如图4－4所示。

针对上述检索结果，检查人员一一查看了每个凭证及相关附件，核实了每个记账凭证背后的业务：该单位办公楼临街有部分房屋出租给一家书店，年租

金10万元，每半年收取租金一次；临街办公楼部分区域提供给某零售商放置自动售货机、提供给招商银行放置ATM机，一年收取一次租金……

账户名称：管理费用——其他　　　　币种：人民币

2018		凭证号	摘要	借方	贷方
月	日				
7	3	34	收到书店租金	-50 000.00	
8	14	96	收自动售货机地使用费	-90 000.00	
8	22	112	收招商银行点位管理费	-5 000.00	
……					

图4-4　某制造企业有关科目明细账

检查人员核对后确认，上述管理费用中发生的负值金额，对应科目均为“银行存款”或“现金”，说明上述业务已经实际收到款项，收款日期符合租赁合同的约定。收取书店租金，由于对方是个体工商户，所以未开具发票；收取自动售货机地使用费、招商银行点位管理费，向对方开具了增值税普通发票。检查人员询问该单位财务人员：是否计提增值税销项税额？对方回答：“这些是零星业务，不太关注也不太清楚。”检查人员核对相关科目后证实，上述业务未做增值税处理。

二、税务处理错弊

上述业务主要为销售不动产租赁服务，按照增值税的相关规定，已经发生增值税纳税义务，应当按规定进行增值税处理。收取费用，如果仅冲减费用，企业所得税可能不会有太大问题，但增值税肯定会存在问题。由于问题较小，且属于不太经常发生的业务，所以容易被企业所忽略。

三、政策依据分析

根据《财政部 国家税务总局关于全面推开营业税改征增值税试点的通知》

（财税〔2016〕36号）相关规定，一般情况下，一般纳税人销售不动产租赁业服务，适用税率为11%，纳税地点为机构所在地。特殊情况：

一般纳税人出租其2016年4月30日前取得的不动产，可以选择适用简易计税方法，按照5%的征收率计算应纳税额。纳税人出租其2016年4月30日前取得的与机构所在地不在同一县（市）的不动产，应按照上述计税方法在不动产所在地预缴税款后，向机构所在地主管税务机关进行纳税申报。本案例中，由于出租的是2016年4月30日前取得的不动产，因此可以采用简易计税方法。

一般纳税人出租其2016年5月1日后取得的、与机构所在地不在同一县（市）的不动产，应按照3%的预征率在不动产所在地预缴税款后，向机构所在地主管税务机关进行纳税申报。

情形4-7　取得代扣个人所得税手续费返还未申报缴纳增值税

一、业务描述

H建筑设计股份有限公司为增值税一般纳税人，10年前由一家事业单位改制而成，改制释放了企业的潜能、激发了活力，短短的几年时间，这家几乎快要关门的企业有了极大的发展。针对该公司的检查，涉及2017年度、2018年度。检查人员从“金三”系统查询该企业税款入库的情况得知，该单位2017年度、2018年度每年代扣代缴入库个人所得税款约3 000万元。这个数字表明，该单位员工可能有较高的收入，同时，因为代扣代缴的税款多，会得到较多的代扣手续费返还。那么，取得代扣手续费返还，该单位是否正确进行增值税的处理是此次检查需要关注的一个“点”。他们调取了该单位的电子账，打开电子账，在“凭证查询”模块中输入“手续费返还”关键字，查找到了代扣个人所得税手续费返还相关凭证。打开其中之一显示如图4-5所示的内容。

记 账 凭 证

单位：H 建筑设计股份有限公司　　2017 年 8 月 12 日　　记账凭证 8/158 号

凭证摘要	科目名称	借方金额	贷方金额
收个税手续费返还	银行存款——工商银行吴江区支行	590 657.00	
收个税手续费返还	其他应付款——单位往来——其他		590 657.00
合计		590 657.00	590 657.00

填制人：×××　　审核人：×××　　主管人：×××　　附件张数：2

图 4－5　H 公司记账凭证

该凭证后面，附的是税务机关开具的《×市地方税务局代征代扣手续费领据》及银行收款凭证。2018 年 9 月，该单位也收到约 60 万元的代扣手续费返还款项，会计处理与 2017 年相同。通过询问该单位财务人员和查询增值税的申报情况，检查人员认定，该单位收取的上述款项未申报缴纳增值税。

二、税务处理错弊

被查单位取得的代扣个人所得税手续费，属于提供应税劳务收取的款项，应当按规定申报缴纳增值税。

三、政策依据分析

《财政部 国家税务总局关于全面推开营业税改征增值税试点的通知》（财税〔2016〕36 号）附件一《营业税改征增值税试点实施办法》第一章“纳税人和扣缴义务人”第一条规定：“在中华人民共和国境内销售服务、无形资产或者不动产的单位和个人，为增值税纳税人，应当按照本办法缴纳增值税，不缴纳营业税。”第十条规定：“销售服务、无形资产或者不动产，是指有偿提供服务、有偿转让无形资产或者不动产。”

依据《国家税务总局关于印发〈个人所得税代扣代缴暂行办法〉的通知》（国税发〔1995〕65 号）第十七条规定，被查单位代扣代缴个人所得税取得的手续费返还，实际上是单位提供代扣代缴服务而取得的收入，属于在境内销售服务，应当按规定申报缴纳增值税。

在原先营业税时代，虽然有很多争议，但多数地方的税务机关对取得的代扣个人所得税手续费返还掌握的口径，都是要征营业税的。全面营改增后，针对此问题，一些地方的税务机关态度也是明确的。例如，《深圳市全面推开“营改增”试点工作指引（之一）》第四条规定，根据现行税收法规，代扣代缴个人所得税的手续费返还应按照“商务辅助服务——代理经纪服务”缴纳增值税；《内蒙古自治区国家税务局全面推开营改增政策问题解答三（生活服务业部分）》第一条规定，根据现行税收法规，代扣代缴个人所得税的手续费返还应按照“商务辅助服务——经纪代理服务”缴纳增值税。

对于履行个人所得税扣缴义务而取得代扣手续费返还的纳税人来说，应正确地进行增值税的税务处理，否则会有税务风险。

情形4－8　未开票收入少申报缴纳增值税

一、业务描述

这是一家普通的商务酒店，位于高铁站附近，注册资本100万元，一年销售收入约1 000万元，为增值税一般纳税人。检查人员调取了该单位2017年、2018年账簿资料进行检查。该单位2017年、2018年“企业所得税年度纳税申报表”引起了检查人员的注意。申报表显示，2017年、2018年应纳税所得额为负，会计利润为负。

检查人员又通过“金三”查看了该单位成立以来的企业所得税申报情况。结果发现，该单位自2010年成立以来，年年会计利润为负，调整后应纳税所得额为负。该酒店股东为两名自然人，关系为夫妻。凭直觉判断，这种情况极不合常理——投资的目的，就是为了获利，没有哪个人愿意在连续八九年亏损的情况下继续经营。这一情况表明，该单位必然有少计收入、多列成本费用问题。但是，证据呢？

检查人员查看账簿资料发现，其营业成本中按月摊销一笔费用，金额约为10万元。当问起这笔摊销支出的内容时，财务人员回答说："是酒店所用房产的租金。开业时签订的10年期合同，每年120万元，每5年的上一年12月31日前预付下一个5年的租金。

检查人员要求查看当时预付租金的凭证，财务人员反复找各种理由不愿意提供。经过检查人员耐心细致的工作，财务人员提供了当时预付租金的记账凭证。打开记账凭证，检查人员发现了问题：

借：长期待摊费用　　　　　　　　　　　　　　6 000 000

　　贷：现金　　　　　　　　　　　　　　　　　　6 000 000

该凭证后仅附一个收据。检查人员差点惊掉下巴！为什么要用现金支付呢？怎么才能凑起这么多现金呢？面对检查人员的询问，财务人员闪烁其词，只是说对方要求的。这些现金其实并不是一次性给付，而是平时先从营业款里拿，凑够600万元时，一次性做一个账务处理。对方没有提供发票，也不愿意提供发票。更多的细节，财务人员不愿再多说。显然，这个业务背后，纳税人没有取得合法凭据是一个大问题，而另外的问题就是房产所有人在隐藏税的问题，还有其他经济问题。

案子调查到这儿，检查人员的困惑——长期亏损的问题原因，并没有找到答案。因为虽然没有合法凭据，租金支出不能扣除，但这个租金是真实发生的，长期亏损的原因并没有找到。

检查人员百思不得其解。经过反复思考，检查人员认为，问题还是应该出在少计收入上。这些餐饮住宿企业直接面对个人消费者，通常情况下，个人消费者很少主动索要发票，对这些没有索要发票的收入，一些纳税人理所当然地不计收入、少缴相应税款。根据这一推断，检查人员查看该酒店每个月的增值税纳税申报表，果然发现，在每个月100万元的销售额中，未开票收入仅有不到10万元，明显与行业特点不相符合。

但是，问题又来了，推断不能当证据。如何才能找到未开票收入未入账、未申报纳税的证据呢？

检查人员一不做、二不休，立即履行程序对该酒店两位自然人股东的个人存款账户进行检查，果然有重大发现。在其中一位女性股东的一个银行卡里，检查人员看到，每个月都有近10万元现金存入，存入现金的地点就是酒店附近的一个自动柜员机。但两位股东依旧不承认未开票收入未入账、未纳税申报的事实。当检查人员要求银行提供存款时的监控视频时，两位股东不再争辩。

至此，问题已经调查清楚，该单位向自然人提供服务，对方未索要发票的未开票收入，该酒店只是部分象征性地申报"未开票收入"，其余部分定期存入股东个人账户，未记收入、未申报纳税，构成偷税。

二、税务处理错弊

该案中，纳税人的行为，根据征管法的规定，显然已经构成偷税。需要说明的是，上述行为，不仅少计销售额，少缴增值税（营改增前为营业税），同时少计销售收入、少计应纳税所得额，少缴了企业所得税。

三、教训总结

现今这个时代，想隐藏交易的痕迹已经不太容易，每个人、每个单位其实已经成为大数据的一部分。现金的交易，似乎不留痕迹，可是现金主人的行动总会留下痕迹，其他与之有关的行为也会留下痕迹。两位股东没想到，检查人员能通过ATM机的监控视频指认他们偷税。"踏雪无痕"在今天已经不可能。

四、风险提示

直接面对自然人消费者的餐饮住宿企业，特别是那些"低端"的餐饮住宿企业，其申报的增值税未开票收入最少应当占到20%！如果不是，即为高风险，有少计收入、少申报纳税的疑点！"低端"餐饮住宿企业谋生不易，但规范纳税申报不能忘记，否则，在税务稽查的重压之下，人生的小目标便几乎不可能实现！

情形4－9 应纳营业税却缴了增值税

一、业务描述

1. 某市地税稽查局接受任务，对A建筑公司2015年度、2016年度的各地方税种申报缴纳情况进行专项检查，该公司的企业所得税归国税局管理。

根据以往经验，检查人员首先把重点放在了往来账，特别是预收账款的检查上。浏览了该公司的相关明细账后，检查人员掌握的初步情况是：该公司所有收到的工程款均通过“预收账款”科目核算，一段时间后再根据他们的判定原则，结转至“主营业务收入”科目；该企业每年预收账款均保留有数百万元余额且逐年递增。很自然地，检查人员想到，该单位收到工程款在营业税的纳税义务发生时间确认上可能存在问题。

为了验证自己的判断，检查人员要求财务人员提供所有2015年、2016年在建项目的合同，在认真阅读合同的基础上，检查人员制作了2015年、2016年4月30日前分项目的合同约定付款时间及项目工期明细表格；同时，根据账载数据，检查人员梳理了2015年、2016年4月30日前所有项目工程款收取的时间及金额，计提及实际缴纳营业税及相关附加金额，同样制作了一个分项目收款明细表格。将两张表格按项目汇总在一起，检查人员发现，2015年有200万元收取的工程款未计提缴纳营业税及相关附加，2016年有100万元收取的工程款未计提缴纳营业税及相关附加。

通过与被查单位财务人员沟通，检查人员了解了事情的原委：该单位2015年收取200万元工程款项未计提营业税，是因为其中一部分为预收工程款，另一部分是工程已经开始，甲方根据合同约定支付了部分款项，但未开具发票，所以，未计提申报缴纳营业税及相关附加。

而2016年收取100万元工程款未计提营业税，是因为3月底《财政部 国家税务总局关于全面推开营业税改征增值税试点的通知》（财税〔2016〕36号）文件发布后，该单位财务人员对过渡期相关问题不知如何处理，所以，3月底以后收到的工程款均没有计提申报缴纳营业税及相关附加。

情况了解清楚后，检查人员提取固定证据并提出了处理意见：被查单位未按规定申报缴纳营业税造成少缴税款，应追缴并加收滞纳金，同时处以少缴税款0.5倍的罚款。

对2015年度少缴税款，被查单位无异议，但对2016年4月30日以前少缴营业税的处理，被查单位表示强烈异议：因为涉及的100万元工程款已在2016年8月作为增值税销售额适用简易计税方法申报缴纳了增值税！

2. A房地产开发公司按合同约定于2016年4月1日前取得房屋预售收入1 000万元，记入预收账款，未申报缴纳营业税。2016年5月1日“营改增”后，在当月按3%预征率预缴了增值税。2017年4月，某地税稽查局在对A房地产公司2016年度纳税情况进行检查时，发现了这一问题并进行了如下处理：按营业税的相关规定，被查单位2016年4月1日按合同约定取得的房屋预售收入1 000万元已经发生营业税纳税义务，应申报补缴归属期为2016年4月1日~2016年4月30日的营业税50万元，同时加收滞纳金。已经预缴的增值税，由A房地产开发公司向其主管国税机关申请退税或留抵。

3. B公司自2016年1月到12月出租房屋给另一家公司，合同约定2016年1月1日一次性付清全年租金10万元。B公司在2016年2月1日收到10万元租金，记入“其他应付款”，未申报缴纳相关税款。2017年4月，某地税稽查局在对B公司2016年度纳税情况进行检查时，发现了这一问题并进行了如下处理：按营业税的相关规定，B公司预收的10万元房屋租金已经发生纳税义务，应申报补缴归属期为2016年1月1日—2016年12月31日的营业税5 000元，同时加收滞纳金并处以少缴税款50%罚款。

二、税务处理错弊

案例1情况下，2016年5月1日全面营改增，对销售建筑服务来说，增值税纳税义务发生时间几乎是将营业税的纳税义务发生时间平移了过来，只增加了一个“先开具发票的，为开具发票的当天”规定（注：《财政部 国家税务总局关于建筑服务等营改增试点政策的通知》（财税〔2017〕58号）明确，采用预收款方式销售建筑服务，收到预收款不再发生增值税纳税义务）。

因此，销售建筑服务，营业税改征增值税纳税义务界限是分明的，不存在交叉和重合的问题。本案中，被查单位2016年4月30日以前按合同约定的收款时间收到了工程款（包括预收），已经发生了营业税纳税义务，理所应当按规定的期限申报缴纳营业税，同时申报缴纳相关附加——在营改增后申报缴纳增值税是不正确的。

正确的处理是：地税稽查部门追缴相应的营业税，同时被查单位根据地税稽查部门出具的相应文书到主管国税机关办理增值税退税手续。

同样，对案例2、案例3来说，销售不动产、销售租赁服务，营业税、增值税纳税义务发生时间界限是清晰的，不会出现交叉，发生了营业税纳税义务而不缴纳营业税是有问题的。

三、政策依据分析

虽然2016年5月1日全面“营改增”后，营业税将彻底退出历史舞台，但税务机关对营业税的纳税检查并不会停止。《中华人民共和国税收征收管理法》第五十二条规定：“因税务机关的责任，致使纳税人、扣缴义务人未缴或者少缴税款的，税务机关在三年内可以要求纳税人、扣缴义务人补缴税款，但是不得加收滞纳金。因纳税人、扣缴义务人计算错误等失误，未缴或者少缴税款的，税务机关在三年内可以追征税款、滞纳金；有特殊情况的，追征期可以延长到五年。对偷税、抗税、骗税的，税务机关追征其未缴或者少缴的税款、滞纳金或者所骗取的税款，不受前款规定期限的限制。”

《财政部 国家税务总局关于全面推开营业税改征增值税试点的通知》（财税〔2016〕36号）附件二《营业税改征增值税试点有关事项的规定》第一条

第十三项“试点前发生的业务”规定：“试点纳税人纳入营改增试点之日前发生的应税行为，因税收检查等原因需要补缴税款的，应按照营业税政策规定补缴营业税。”

基于上述规定，2016年5月1日全面“营改增”后，纳税人新发生的纳税义务改征增值税，但之前已经发生营业税的纳税义务，应缴、未缴的营业税并不能“一笔勾销”，一旦地税机关在税务检查中发现营业税问题，只要未超过追征期，依旧可以追缴、处罚并加收滞纳金。纳税人、扣缴义务人认为全面“营改增”后，以前存在的营业税问题可以“一笔勾销”的想法是非常危险的。

四、启示

营改增时点及过渡期，由于税收政策骤变，一些纳税人会由于无所适从而未进行正确税务处理，埋下了税务风险的伏笔。因此，在已经较为熟悉营改增政策的情况下，纳税人应适时搞好“回头看”工作，及时纠正营改增时点及过渡期可能存在的错误税务处理，消除税务风险。

情形4－10 将外购的货物无偿赠送未做视同销售处理

一、业务描述

H公司生产销售数控机床，为增值税一般纳税人。税务人员受命检查该公司2016年、2017年纳税申报情况，履行法定手续后，调取了该单位的电子账及记账凭证、相关报表资料。在查看两个年度销售费用明细账时，检查人员用查账软件分析了该科目的变化趋势。趋势显示，每年1月销售费用明显要大于其他月份，打开该月份明细账，检查人员按发生额大小排序，并从大到小查看记账凭证，如图4－6所示的记账凭证引起了检查人员的注意。

记　账　凭　证

单位：H公司　　2018年1月22日　　记账凭证98号

凭证摘要	科目名称	借方金额	贷方金额
发备件	销售费用——维修服务费	1 000 000.00	
发备件	应交税费——应交增值税——进项税	170 000.00	
发备件	应付账款——备品		1 170 000.00
合计		1 170 000.00	1 170 000.00

填制人：×××　　审核人：×××　　主管人：×××　　附件张数：4

图4-6　H公司记账凭证

凭证后面所附的原始资料为发货清单、购货发票等。检查人员询问财务人员该业务的情况，财务人员解释道："全国各地均有代理销售我公司产品的销售商，每年我们会根据这些代理销售商的销量，购进一些机床配件奖励给他们，销售费用中的这些支出，就是给他们的奖励……"

检查人员按98号凭证的借、贷科目及方向特点，进一步在查账软件中检索，发现每年有多笔同样的账务处理，两个年度累计金额有数百万元，该类业务未做增值税"视同销售"处理，取得的进项税额均用于抵扣。经计算，该类业务少缴增值税数十万元，H公司因此受到处理处罚。

二、税务处理错弊

H公司购进配件赠送给销售商，属于增值税视同销售行为，应按规定计提增值税销项税额。H公司这类业务账载清晰，账务处理明显不正确，税务检查时，容易发现、容易取证、定性无争议，因此，被查处的概率几乎是百分之百，风险等级极高。

有意思的是，有的企业将自产的货物或外购的货物对外赠送时，为了规避税务风险，采取的是账外形式，如用账外资金购买并对外赠送（账外资金一般来源于未开票收入或其他账外收入）、自产的货物不入账（如在生产环节作为测试样品或损耗进行处理）然后对外赠送等。这样做，检查人员从企业提供的账簿资料上看不到视同销售行为的存在，也就没有办法进行处理、处罚，因而比较隐蔽，一些纳税人使用此法也驾轻就熟。

三、政策依据分析

《中华人民共和国增值税暂行条例实施细则》第四条第八项规定："将单位或者个体工商户自产、委托加工或购进的货物无偿提供给其他单位或个人视同销售货物。"本案中，H 公司将购入配件无偿赠送给各地销售商，应视同销售货物，计提增值税销项税额。

情形 4－11　冲减收入少计销售额

一、业务描述

这是一家房屋中介公司，主要从事不动产销售及租赁的中介业务。检查人员查看该单位 2016 年、2017 年"主营业务收入"明细账时，发现该科目有部分冲减收入的会计处理，打开后看到如图 4－7 所示的记账凭证。

记　账　凭　证

单位：×房屋中介公司　　　　2017 年 10 月 30 日　　　　记账凭证 264 号

凭证摘要	科目名称	借方金额	贷方金额
购房福利	主营业务收入		－1 000.00
购房福利	银行存款		1 000.00
合计		0	0

填制人：×××　　　审核人：×××　　　主管人：×××　　　附件张数：1

图 4－7　某房屋中介公司记账凭证

该记账凭证后面所附原始凭证是一张审批单，审批单上的相关文字说明使检查人员了解到，该单位有个员工福利，即如果员工本人或直系亲属通过被查单位购房或租房，按规定标准缴纳中介费后，可按一定比例退还部分中介费。

检查人员查看该单位增值税纳税申报表、企业所得税年度申报表，发现该单位每个月的增值税均按月末主营业务收入数申报，此金额为购房福利冲减后的余额。也就是说，是按照当月发生纳税义务的销售额减除购房福利后的金额申报的销售额并计算缴纳的增值税。企业所得税年度申报的销售收入同样为购房福利冲减后的收入。

二、税务处理错弊

购房福利冲减收入，少计收入，少申报销售额，少计企业所得税应纳税所得额，少缴了增值税、企业所得税。同时，由于该购房福利，当事员工已经取得现金返还，所以，返还部分还应作为员工的工资薪金所得计算扣缴个人所得税。

三、政策依据分析

正常情况下，因为发生销售折让、销售折扣、销售退回以及会计差错，会做冲减收入的会计处理。但本案中，用支付给员工的购房福利直接冲减收入并不属于上述几种情形，显然是不正确的。被查单位提供中介服务，按独立交易原则收取相应价款，符合企业所得税收入确认条件，符合增值税纳税义务发生时间的规定，应就收取的全部价款计入当期销售额计算缴纳增值税。而支付给员工的购房福利，是另一项业务，是一种成本或费用，这项业务的发生，不应当影响会计收入的确认（包括时间点的确认、金额的确认）、企业所得税收入的确认（包括时间点的确认、金额的确认）、增值税销售额的确认（包括纳税义务发生时间的确认、销售额的确认）。

那么，员工个人取得的这项“购房福利”，应如何判定支出的性质呢？检查人员通过调查了解到，该购房福利是按每一单中介费的比例计算支付的，而这个比例的确定还与员工的服务年限有关。所以，总的来看，虽然被查单位把“购房福利”称作“福利”，其实并不属于福利，而属于销售提成，应作为工资薪金在企业所得税税前扣除，同时应计入员工工资薪金所得计算扣缴个人所得税。

情形4－12　少计无形资产转让销售额、少缴增值税

一、业务描述

甲公司是一家保险代理公司，主要从事各保险公司的财产保险及人寿保险产品的代理销售业务，2016年1月注册成立，注册资本金1 000万元，为一法人股东全资控股。检查人员查看该单位2016年、2017年资产负债表时，发现该单位成立后不久实收资本有变化。查看对应的权益类科目明细账，检查人员了解到，2016年3月，该单位新增一位自然人股东王先生，以现金出资，共出资500万元。不过，出资的构成有些特别，500万元出资额中，100万元记入了实收资本，而另外400万元记入了资本公积。对一个新成立不久的企业来说，新引入的投资者其实际出资部分绝大部分记入资本公积，明显不符合常理。该自然人出资后不久，即登记为该企业法人代表。

检查人员带着疑惑继续查看账簿资料，在查看2016年“无形资产”明细账时，发现甲公司在2016年2月出资购买乙公司商誉及客户关系，支付价款总计2 000万元。检查人员认真核对资金流向，确认上述款项在2016年2～6月，分多笔支付给了乙公司。甲公司购买乙公司商誉及客户关系，记入“无形资产”并未逐月按直线法进行摊销，未取得乙公司开具的发票。商誉及客户关系无形资产的摊销支出，甲公司在2016年度、2017年度企业所得税汇算清缴时未纳税调整增加。

考虑到乙公司出售商誉及客户关系未开具发票，检查人员怀疑乙公司少计收入。于是登录“金三”系统查询乙公司相关信息，查询的结果让检查人员有些吃惊，因为乙公司与甲公司的经营业务完全一样。乙公司的全资股东、法人代表不是别人，正是王先生，且该公司已于2017年2月注销。接下来，检查人员通过“金三”系统查询乙公司2015～2017年报表及纳税申报情况，发现该公司2016年起不再发生业务。报表显示：收入为0，税费申报基本为0，净资产与实收资本基本一致。根据这些信息，检查人员确信，乙公司转让商誉及客户关系少计收入，少缴企业所得税及增值税。

履行相关手续后，乙公司主管税务机关恢复了其税务登记，检查人员立案对乙公司进行纳税检查。遗憾的是，检查人员所获取的只有该公司上报税务机关的资料，以及注销清算时申报的相关资料。尽管如此，检查人员还是通过查询乙公司的资金账户取得了重要线索。原来，甲公司购买乙公司商誉和客户关系支付的2 000万元款项转到乙公司账户后不久，即分几笔转入了王先生的个人账户。王先生随后用这笔钱中的一部分（500万元）完成了对甲公司的出资，成为甲公司的股东及法人代表。甲公司之所以收购乙公司商誉和客户关系，就是看中了乙公司及法人代表王先生在其所在地区的商誉和客户关系资源，而这是甲公司在该地区发展业务所急需的。

取得上述关键证据后，检查人员履行相关手续，随即对王先生本人进行立案检查。通过调查王先生个人账户的交易信息，检查人员取得关键证据，最终确认乙公司取得商誉及客户关系转让收入未申报缴纳增值税、企业所得税，王先生从其投资企业乙公司取得清算所得未申报缴纳个人所得税。上述违法行为，税务机关按规定进行了处理。

二、税务处理错弊

乙公司转让商誉和客户关系取得收入未开具发票，所以心怀侥幸地未将这笔收入入账。由于款项已经实际转到乙方账户，为了达到隐藏这部分收入的目的，该公司采取的方法是这笔转让款项在银行账户的增加或减少并不在该公司账簿及报表上反映。也就是说，乙公司取得转让款以及随后转到王先生个人账户，银行存款明细账并不反映，这样税务机关没有办法从其提供的报表资料中看到该公司取得收入的相关线索。这样做，不仅掩盖了乙公司取得收入不申报，少缴企业所得税、增值税的问题，也掩盖了王先生从被投资企业取得清算所得少缴个人所得税的问题，乙公司及王先生的行为已经构成了偷税。

三、政策依据分析

《财政部 国家税务总局关于全面推开营业税改征增值税试点的通知》（财

税〔2016〕36号）附件一《营业税改征增值税试点实施办法》所附《销售服务、无形资产、不动产注释》第二条“销售无形资产”规定：“销售无形资产，是指转让无形资产所有权或者使用权的业务活动。无形资产，是指不具实物形态，但能带来经济利益的资产，包括技术、商标、著作权、商誉、自然资源使用权和其他权益性无形资产。”本案例中，转让商誉及客户关系属于转让无形资产，应按规定计算缴纳增值税。

情形4-13 收取贴现利息未申报缴纳增值税

一、业务描述

F公司是一家大型商贸企业，主要业务是钢材的采购与销售。检查人员对该单位2016年、2017年纳税情况进行检查，在浏览“应收票据”明细账，通过查账软件的功能模块查看对方科目时，发现“应收票据”借方对应的科目似乎有些不正常。一般情况下，应收票据借方对应科目是主营业务收入、其他业务收入、营业外收入，或者是应收账款、其他应收款，但F公司“应收票据”借方对应科目有一部分是“其他应付款”。打开其中一个凭证，看到的是如图4-8所示的内容。

记 账 凭 证

单位：F公司　　2017年10月30日　　记账凭证287号

凭证摘要	科目名称	借方金额	贷方金额
收票据	应收票据——票据贴现	1 000 000.00	
收票据	其他应付款——票据贴现		1 000 000.00
合计		1 000 000.00	1 000 000.00

填制人：×××　　审核人：×××　　主管人：×××　　附件张数：1

图4-8 F公司287号记账凭证

追踪查看“其他应付款——票据贴现”发生情况，发现该单位收到的承兑汇票似乎以银行存款和现金的形式付出去了（见图4-9）。

记账凭证

单位：F公司　　2017年10月31日　　记账凭证309号

凭证摘要	科目名称	借方金额	贷方金额
付款	其他应付款——票据贴现	1 000 000.00	
付款	银行存款		950 000.00
	现金		50 000.00
合计		1 000 000.00	1 000 000.00

填制人：×××　　审核人：×××　　主管人：×××　　附件张数：1

图4-9　F公司309号记账凭证

检查人员不太明白这样处理有什么含义，于是询问财务人员。财务人员解释：这是该单位帮老板朋友的公司的忙，老板朋友的公司收到的承兑汇票多，但是他们更需要现金，于是老板朋友的公司把承兑汇票背书转让给他们，他们再把现金支付给老板朋友的公司。

检查人员询问："你们这样做，没收好处费？白帮忙？"财务人员回答："是的。你也看到，我们是按票面金额支付的款项。"检查人员并没有相信财务人员的解释，他逐个打开"其他应付款——票据贴现"里每笔发生额的记账凭证，发现每次付款都是以银行存款转账为主，一部分零头以现金形式支付，而这个零头基本都是票面金额的5%左右。显然，这样的支付方式大有玄机。检查人员询问财务人员：为什么一部分要以现金形式支付？财务人员的回答有些犹豫：按照对方的要求。

显然，财务人员的解释非常牵强。于是检查人员要求财务人员如实说明情况，并准备到交易的另一方企业调查收款情况……最终财务人员如实说明了相关情况。

原来，F公司资金较充裕，于是兼做起了"贴现"业务——有企业需要将承兑汇票贴现的，把承兑汇票背书转让给F公司。F公司收到承兑汇票后，依照期限和承兑汇票种类收取比例不等的贴现利息。收取的利息，该单位不想缴税，但账上又要体现，就想出了上面的处理办法。一方面能平账，另一方面，账面上体现为现金支付，能掩盖真实交易情况——毕竟现金"支付"，没有办法查到流向的痕迹。而实际上账上体现的现金支付并未付出去，现金存入了老板个人账户，未申报纳税。

二、税务处理错弊

该单位取得贴现利息收入未计收入，少缴企业所得税、增值税，同时该行为还应当被定性为偷税。

三、政策依据分析

《财政部 国家税务总局关于全面推开营业税改征增值税试点的通知》（财税〔2016〕36 号）附件一：《营业税改征增值税试点实施办法》之贷款服务规定：贷款，是指将资金贷与他人使用而取得利息收入的业务活动。各种占用、拆借资金取得的收入，包括金融商品持有期间（含到期）利息（保本收益、报酬、资金占用费、补偿金等）收入、信用卡透支利息收入、买入返售金融商品利息收入、融资融券收取的利息收入，以及融资性售后回租、押汇、罚息、票据贴现、转贷等业务取得的利息及利息性质的收入，按照贷款服务缴纳增值税。

但是，实务中，由于本案中纳税人进行的票据贴现业务未经中国人民银行批准，所以合法性存在问题。国务院于 1998 年 6 月 30 日发布并施行的《非法金融机构和非法金融业务活动取缔办法》第二条规定："任何非法金融机构和非法金融业务活动，必须予以取缔。"第四条第一款规定："本办法所称非法金融业务活动，是指未经中国人民银行批准，擅自从事的下列活动：……（三）非法发放贷款、办理结算、票据贴现、资金拆借、信托投资、金融租赁、融资担保、外汇买卖……"这个文件的效力级次不高，但确实明确：未经中国人民银行批准的票据贴现业务属于非法金融业务活动。并且，实务中也有因非法从事贴现业务而被处罚的案例——2015 年，广西柳州市柳北区人民法院以非法经营罪，判处违法从事票据贴现业务的吴某有期徒刑 2 年 2 个月，处罚金人民币 150 万元。

那么问题来了，如果未经中国人民银行批准从事票据贴现业务属于违法，那么获取的利息收入是否应征税？这也是实务中一个争议比较多的问题。

税务机关一般倾向于认为，只要所得满足征税要件，无论其来源是否合法，均应依法纳税。这样做，能保护取得合法收入纳税人的正当权益，彰显公平；另一方面也有利于增加财政收入，缩小贫富差距，促进分配公平。并且，我国现行税收制度未将收入来源是否合法纳入课税要件的规定范围。也就是说，没有任何一个税收法规规定违法收入不征税。某市税收管理员王某因对违法收入未征税，被一审法院判决犯玩忽职守罪就是税务机关以及司法部门对违法收入是否征税观点的一致表达。

情形 4－14　房地产老项目纳税义务发生时间确认错误少缴增值税

一、业务描述

M 房地产开发公司，2014 成立，2015 年拍得一块土地进行开发建设“××花园”。该项目《建筑工程施工许可证》注明的合同开工日期是 2015 年 3 月 1 日，营改增后，该单位被认定为增值税一般纳税人。

2018 年 8 月，税务机关对该单位 2016 年、2017 年纳税情况进行检查。案头分析其纳税申报情况，检查人员发现，该公司 2016 年预缴增值税约 2 000 万元，2017 年上半年预缴约 500 万元，2017 年下半年不再有预缴的增值税，所有增值税的申报只有预缴申报，没有正常申报。

从申报数据上看，基本符合房地产企业开发的规律，即预售阶段收取预售房款预缴增值税，直至所销售开发产品交付。增值税申报情况显示，该单位销售开发产品截止到 2017 年 12 月 31 日仍没有发生增值税纳税义务。

由于开发项目备案成老项目，所以，检查人员对该单位增值税纳税情况的检查重点放在两个方面：一是预售阶段，预售房屋收到预收款是否按规定时间预缴了增值税；二是销售开发产品达到增值税纳税义务发生时间时，是否按规定的方法计算申报了增值税。

案头分析结束后，检查人员到该房地产开发公司进行实地核查，核查的方式有两种：一是调取并查阅了所有的售房合同，落实合同约定的交付时间；二是走访住户和物业，实地落实业主实际入驻时间。通过核查发现，M公司所开发项目开盘多年，已售房屋已于2017年11月交付购房者，因此，所销售房屋应当在2017年11月就已经发生增值税纳税义务，这与被查单位增值税申报情况明显不符。由于该单位是老项目，一直是按预收款换算成不含税的3%预征率预缴增值税，而发生纳税义务后，应当按不含税销售额5%征收率计算应缴纳增值税。该公司只预缴，达到纳税义务发生时间后不申报，少缴了2%的增值税。

检查人员询问财务人员，为什么截止检查前，没有按房地产企业销售开发房地产的纳税义务发生时间进行申报？财务人员答复：不太了解相关政策，认为和营业税一样，按预收款计算缴纳税款就可以。

二、税务处理错弊

纳税义务发生时间是增值税税制的一个极重要要素，错误判定必然导致错误纳税申报，从而带来风险。

三、政策依据分析

《财政部 国家税务总局关于全面推开营业税改征增值税试点的通知》（财税〔2016〕36号）所附《营业税改征增值税试点实施办法》第四十五条规定，增值税纳税义务发生时间，为纳税人发生应税行为并收讫销售款项或者取得索取销售款项凭据的当天；先开具发票的，为开具发票的当天。收讫销售款项，指纳税人销售服务、无形资产、不动产过程中或者完成后收到款项。取得索取销售款项凭据的当天，指书面合同确定的付款日期；未签订书面合同或者书面合同未确定付款日期的，为服务、无形资产转让完成的当天或者不动产权属变更的当天。

具体到房地产开发企业销售开发产品的增值税纳税义务发生时间，各地均有明确的解释。

河北省国家税务局《关于全面推开营改增有关政策问题的解答（之二）》第九条“关于房地产开发企业销售自行开发的不动产纳税义务发生时间问题”：“《营业税改征增值税试点实施办法》第四十五条规定了增值税纳税义务发生时间……可见，纳税人发生应税行为是纳税义务发生的前提。房地产公司销售不动产，以房地产公司将不动产交付给买受人的当天作为应税行为发生的时间。交付时间，以《商品房买卖合同》上约定的交房时间为准；若实际交房时间早于合同约定时间的，以实际交付时间为准。”

其他地区关于房地产企业销售开发的不动产纳税义务发生时间的解读与河北国税基本相同。

第二节　进项税额类

表面上看，增值税是“链条税”，但这个链条并不完整，因为增值税税制出于保护税基的考虑，对进项税额用于抵扣又做了一些限制：《财政部 国家税务总局关于全面推开营业税改征增值税试点的通知》（财税〔2016〕36 号）第二十七条明确：用于简易计税方法计税项目、免征增值税项目、集体福利或者个人消费的购进货物、加工修理修配劳务、服务、无形资产和不动产。其中涉及的固定资产、无形资产、不动产，仅指专用于上述项目的固定资产、无形资产（不包括其他权益性无形资产）、不动产……

《中华人民共和国增值税法（征求意见稿）》第二十二条明确，下列进项税额不得从销项税额中抵扣：

（1）用于简易计税方法计税项目、免征增值税项目、集体福利或者个人消费的购进货物、服务、无形资产、不动产和金融商品对应的进项税额，其中涉及的固定资产、无形资产和不动产，仅指专用于上述项目的固定资产、无形资产和不动产。

（2）非正常损失项目对应的进项税额。

（3）购进并直接用于消费的餐饮服务、居民日常服务和娱乐服务对应的进项税额。

（4）购进贷款服务对应的进项税额。

（5）国务院规定的其他进项税额。

征求意见稿关于进项税额能否用于抵扣的叙述更为清晰、简洁。无论是增值税条例、营改增 36 号文还是增值税法征求意见稿，关于取得进项能否用于抵扣的规则是一致的，即取得抵扣凭证，只要不是用于正列举不可抵扣项目，就可以用于抵扣。这两年，在减税降费的大形势下，增值税进项抵扣规则在向从宽的方向发展。比如，《财政部 税务总局 海关总署关于深化增值税改革有关政策的公告》（财政部 税务总局 海关总署公告 2019 年第 39 号）明确，从 2019 年 4 月 1 日起，购进国内旅客运输服务，其进项税额允许从销项税额中抵扣。

工作中，遇到这样一个案例。一家民营医院于 2017 年投资 10 亿元建了一座病房大楼，2019 年投入使用，建设该病房大楼共取得的进项税额 1 亿元，已认证用于抵扣。病房大楼用途主要有两个：地下部分为收费停车场，用于访客停车，属于增值税应税项目；地上部分是病房，用于提供医疗服务，属于免税项目。依据《财政部 国家税务总局关于全面推开营业税改征增值税试点的通知》（财税〔2016〕36 号）附件三第一条第（七）项规定：医疗机构提供的医疗服务免征增值税。《财政部 税务总局关于明确养老机构免征增值税等政策的通知》（财税〔2019〕20 号）第二条规定：自 2019 年 2 月 1 日至 2020 年 12 月 31 日，医疗机构接受其他医疗机构委托，按照不高于地（市）级以上价格主管部门会同同级卫生主管部门及其他相关部门制定的医疗服务指导价格（包括政府指导价和按照规定由供需双方协商确定的价格等），提供《全国医疗服务价格项目规范》所列的各项服务，可适用《营业税改征增值税试点过渡政策的规定》（财税〔2016〕36 号）第一条第（七）项规定的免征增值税政策。

该单位病房大楼投入使用后，当地主管税务机关要求该单位建设病房大楼所取得的进项税额转出，不得用于抵扣。理由：购进不动产用于免税项取得的进项税额不得用于抵扣。由于金额巨大，该单位财务人员几次与主管税务机关进行交涉，主管税务机关勉强同意可按病房面积占比转出相应的进项税额。

笔者认为，案例中所涉及的进项税额无须转出。理由：首先，该单位购进的不是不动产，而是建筑服务、货物、设计服务等，且购进的上述项目用于不动产在建项目，不属于《财政部 国家税务总局关于全面推开营业税改征增值税试点的通知》（财税〔2016〕36 号）第二十七条（《中华人民共和国增值税法（征求意见稿）》第二十二条规定）不得用于抵扣的项目，因此可以用于抵扣。其次，该单位投资建设的病房大楼投入使用后，并非专门用于不可抵扣项目，根据规定，只有专门用于不可抵扣项目的固定资产，其对应的进项税额才不可用于抵扣。而该单位所建病房大楼投入使用后，属于“混”用，既用于免税，也用于应税，所以也不属于不可抵扣项目，应当可以抵扣。综上，该单位病房大楼取得的进项税额可用于抵扣。

从检查实务来看，纳税人进项税额用于抵扣方面存在的主要问题有三类：一是接受虚开取得进项税额用于抵扣；二是难以证明业务真实，不符合“三流一致”要求，但却用于抵扣；三是业务真实，抵扣凭证也无问题，但用于不可抵扣项目，未转出。

情形 4－15　取得进项税额用于非应税项目未转出

一、业务描述

这是一家背景及实际运行均很复杂的公司，因为即使到了今天这样一个信息化的年代，这家注册资本 2 亿元、年营业收入数亿元的公司，仍然使用手工记账，真实原因只有他们自己知道。该公司有两类业务，一类是从政府承接的一个旧村改造安置房的开发任务，另一类是建筑钢材的销售业务。在2015年度“其他应收款”科目中，检查人员发现了如图4－10所示的一个记账凭证。

记　账　凭　证

单位：×××公司　　　　2015年8月12日　　　　记账凭证112号

凭证摘要	科目名称	借方金额	贷方金额
安置房造价咨询费	其他应收款——安置房	100 000.00	
	应交税费——增值税（进项税额）	6 000.00	
	预付账款——B公司		106 000.00
合计		106 000.00	106 000.00

填制人：×××　　　　审核人：×××　　　　主管人：×××　　　　附件张数：2

图4－10　某公司记账凭证

该凭证后面是一张B公司开出的工程造价咨询费用的发票，经查验，发票为真。在“其他应收款——安置房”科目中，每年发生多笔这样的业务。经询问被查单位财务人员得知，该单位开发安置房自行购买的建筑材料及与开发项目有关其他的费用支出，只要取得增值税专用发票的，取得的进项税额均记入“应交税费——应交增值税（进项税额）”，这些进项税额已经抵扣了当期的增值税销项税额，未转出。

二、税务处理错弊

在2016年4月30日之前，房地产开发业务属于非增值税应税项目，被查单位将取得的非增值税应税项目用于增值税应税项目，抵减了当期应纳增值税额，少缴了增值税。有意思的是，检查人员检查发现，该单位其实已经意识到这个问题，两个检查年度中，有多笔抵扣的进项税额做了红冲处理，但过一段时间后，又调了回来——利益诱惑之下，他们摇摆不定，最终心怀侥幸，他们冒险一“搏”，当然也付出了代价。

三、政策依据分析

1994 年的税制改革，将流转税分为两种，一种是增值税，主要征税对象是销售货物和提供加工、修理、修配劳务等，而剩下的业务类型，如金融保险、建筑安装等，则征收营业税。为了确保各自的计税方法不受干扰而导致少缴相应税款，《中华人民共和国增值税暂行条例》第十条规定："下列项目的进项税额不得从销项税额中抵扣：（一）用于非增值税应税项目、免征增值税项目、集体福利或者个人消费的购进货物或者应税劳务……"《中华人民共和国增值税暂行条例实施细则》第二十三条规定："条例第十条第（一）项和本细则所称非增值税应税项目，是指提供非增值税应税劳务、转让无形资产、销售不动产和不动产在建工程……" 该单位 2015 年进行的房地产开发项目自然不属于增值税应税项目，该项目取得的进项税额，自然不能抵扣增值税应税项目所取得的销项税额。

2016 年 5 月 1 日全面营改增，房地产开发也纳入了增值税的征税范围，但由于照顾不同时期房地产开发项目的税负，特别规定老项目可以采用简易计税方法。如果一家房地产开发企业的开发项目有两种计税方法，那么，用于简易计税项目所取得的进项税额，同样不能抵扣。

情形 4－16　购进柴油用于职工福利取得进项税额用于抵扣

一、业务描述

检查人员在检查 T 公司账簿时，发现"管理费用——交通费——油料费"中列支大量的油料费。按金额特点，油料费支出可分为两类：一类金额大，价税合计一般为整数；另一类数额较小，一般不是整数。根据常理进行分析，第一类是办理加油卡的支出可能性较大，第二类则有可能是车辆到现场加油。打开其中一个较大整数的记账凭证，其内容如图 4－11 所示。

记　账　凭　证

单位：T公司　　2018年6月25日　　记账凭证96号

凭证摘要	科目名称	借方金额	贷方金额
车辆加油	管理费用——交通费——油料费	42 735.04	
车辆加油	应交税费——应交增值税（进项税）	7 264.96	
车辆加油			50 000.00
合计		50 000.00	50 000.00

填制人：×××　　审核人：×××　　主管人：×××　　附件张数：4

图4－11　T公司记账凭证

查看该凭证后面的附件，检查人员发现有三张发票和一张付款凭证。三张发票为连号，由同一加油站开出。检查人员首先上网查询了该发票真伪，得出的结论是发票为真。接下来，检查人员又仔细看了看发票，发票相关信息显示：货物或应税劳务名称为“成品油”，规格型号显示的是“0号普通柴油”“0号车用柴油”。看到这里，检查人员有一丝疑惑，因为在他的印象中，固定资产卡片显示的信息似乎都是小型客车，应该都是使用汽油。为了查明情况，他又重新打开固定资产卡片，逐一查询该单位所有车辆的信息，并按型号上网查询其使用燃油类型。花了一个小时功夫，得出的结论是：所有固定资产卡片上所记载的、该单位拥有的车辆，均以汽油为燃料。那么，问题来了，发票上显示的、购进的柴油，谁用了呢？

检查人员询问财务人员，财务人员一口咬定：“不可能！”但当她看到发票时，沉默了，因为她只知道发票是真的，但没留意购进的是汽油还是柴油。经过再三询问，财务人员终于说出实情：这部分购进油料用在单位租来的班车上了。原来，该单位为了方便员工上、下班，包了一辆大巴定点、定时接送。由于大巴挂靠的企业出于某种原因，不需要增值税进项税额，双方协商，决定由被查单位办理加油卡给大巴车用，取得发票后用于抵扣并进费用，同时抵顶应付大巴的车辆租赁费，剩余租赁费通过银行转账方式支付给大巴车一方。“管理费用——交通费——油料费”科目中列支的、价税合计为整数的，基本上都是这类支出。

二、税务处理错弊

该单位购进柴油用于集体福利，取得的进项税额不允许抵扣，已经抵扣的，应当进项税额转出，造成少缴增值税的，要追缴税款，同时视情节给予处罚。

三、政策依据分析

《中华人民共和国增值税暂行条例》第十条第（一）项规定："用于非增值税应税项目、免征增值税项目、集体福利或者个人消费的购进货物或者应税劳务的进项税额不得从销项税额中抵扣。"

单位的通勤班车属于职工福利，因此，外购货物用于职工福利，取得的进项税额不得从销项税额中抵扣。

情形 4－17　购进设备用于集体福利取得进项税额用于抵扣

一、业务描述

M 公司主要从事空调、冰柜等家用电器的销售及安装。检查人员调取了该单位 2017 年度、2018 年度的电子账。对于该单位的增值税检查，已认证抵扣项目是否符合规定、不允许抵扣的进项税额是否转出是一个重要内容。库存商品的流向与购进商品时取得的进项税额是否允许抵扣直接相关，检查人员决定先查询"库存商品"科目的贷方对应科目。经查询，发现有部分业务其贷方对应科目是"固定资产"，这意味着所进部分货物未销售而是自用。打开其中一张记账凭证，显示如图 4－12 所示的信息。

记　账　凭　证

单位：M 电器销售公司　　　　2017 年 8 月 9 日　　　　记账凭证 124 号

凭证摘要	科目名称	借方金额	贷方金额
自用	固定资产	10 000.00	
自用	库存商品——冰柜		10 000.00
合计		10 000.00	10 000.00

填制人：×××　　　　审核人：×××　　　　主管人：×××　　　　附件张数：1

图 4－12　M 公司记账凭证

该凭证后面附的是一张出库单。检查人员随后查看了该单位 2017 年固定资产卡片，卡片信息显示：2017 年 8 月，该单位新增一台冰柜，使用部门是办公室；次月，该单位按规定的折旧方法提取了折旧。检查人员了解到，该单位从电器厂家进货时，取得增值税专用发票并进行了认证抵扣。由于该单位的经营特点，购进冰柜自用，其取得的进项税额是否能够抵扣，检查人员有理由存有疑问。经询问财务人员和实地查看，得到了答案。原来，该单位有一个自办食堂，用于解决员工的午餐问题，购进的冰柜正是专门用于职工食堂的。由于职工食堂归办公室管理，所以资产使用人是办公室。

二、税务处理错弊

作为一家电器销售公司，其购进用于职工福利的设备与公司正常销售的货物是相同的，但是，不同的用途，其对应的进项税额能否抵扣，规定是不同的。该单位没有认真判断业务性质，当购进货物用途发生改变时，未进行正确的税务处理。

三、政策依据分析

略。

情形 4－18　预警指标让运输企业涉税问题清晰显现

一、业务描述

对于纳税人来说，各种税务指标如果不在正常范围内，则意味着纳税申报可能存在问题。目前，税务机关已经有效建立不同行业类型、不同规模企业的指标模型，以这些指标模型去衡量纳税人，能比较容易地发现纳税人可能存在的涉税问题。以运输企业为例，税务机关根据电子底账系统中专用发票、普通发票、货运专票、机动车发票信息，以及核心征管系统增税申报信息，结合其经营及纳税特点，进行集中分析处理，已经建立起相应的预警分析指标模型。

1. 成品油（天然气）购进预警模型。成品油或天然气构成运输企业的主要成本，油、气的消耗与运输企业当期净运输收入有直接的勾稽关系，当购进金额占当期净运输收入比例大于 45% 时，指向纳税人可能存在虚抵成品油（天然气）进项税额，或者隐匿运输收入的行为；小于 10% 的，指向纳税人可能存在虚构业务、对外虚开运输发票的行为。

2. 轮胎、汽修类购进预警模型。轮胎是运输企业的日常消耗品，汽车修理也是运输企业经常发生的支出，二者均与运输企业当期净运输收入有较密切的关系。当轮胎汽修类购进金额占当期净运输收入比例大于 20% 时，指向纳税人可能存在虚抵轮胎、汽修类进项税额，或者隐匿运输收入的行为；无轮胎、汽修类购进或较少购进时，则指向纳税人可能存在虚构业务、虚开运输发票的行为。

3. 过路费购进预警模型。很自然的，过路、过桥费也是运输企业的一项重要支出，且与其当期净运输收入有密切关系。当过路费购进金额占当期净运输收入比例大于 30% 时，指向纳税人可能存在隐匿运输收入，或虚抵其他单位和个人过路费的行为。没有申报或较少申报过路费抵扣的，则指向纳税人可能存在虚构业务、对外虚开运输发票的行为。

4. 保险服务购进预警模型。运输企业是高风险行业，自然少不了保险支出。当购进保险服务占当期净运输收入的比例大于10%时，指向纳税人可能存在隐匿运输收入，或虚抵他人保险费的可能。而没有购进或较少购进保险服务，则指向纳税人可能存在虚构业务、对外虚开运输发票的行为。

某市国税局根据上述指标模型，集中对辖区内运输企业进行集中筛查，通过约谈、评估及稽查，发现运输企业存在的大量涉税问题，并集中进行了处理。主要问题有：①虚列燃油费支出，主要手段是购进加油卡后，与一些加油站加油人员串通，通过加油员套现，同时从加油站取得专用发票用于抵扣；②虚列过路过桥费支出，主要手段是找票；③虚列司机工资。

二、税务处理错弊

虚构业务、虚假抵扣，显然已构成偷税，严重的将会涉及刑事犯罪。

三、启示

税务机关依托“金三”系统，已经能够越来越多地获取纳税人相关数据，当纳税人数据累积到一定程度，建立一个精确的、针对纳税人进行税务风险分析的指标模型是一件再自然不过的事情，纳税人对此应有清醒的认识。面对这种形势，纳税人最好的选择就是规范纳税申报，使自己的各项税务指标处在正常范围内，或者即便不在正常范围内，也要有合理理由，否则，会招致税务机关的约谈、评估、稽查。

情形4－19　购进服务、货物用于非应税项目进项税额用于抵扣未转出

一、业务描述

H公司是一家规模不大的制造企业，为增值税一般纳税人。检查人员对该

公司2014年、2015年、2016年三个年度的纳税情况进行检查。检查人员首先提取了该单位三个年度的资产负债表进行审核。检查人员注意到，资产负债表中的在建工程有余额，三个年度的余额变化情况是：2014年开始有余额，逐月增加，到了2015年12月达到最大值1 000万元，2016年4月转为固定资产，在建工程余额变成0。

检查人员询问财务人员，在建工程是什么内容？财务人员回答说：该单位为了进一步扩大产能，将原厂搬迁至某市开发区，在建工程就是新建厂房及安装设备发生的支出。厂房已经按期竣工、投入使用。

检查人员凭经验意识到，由于在建工程正好跨营改增时点，所以，与在建工程有关的支出，增值税的处理有可能不正确。于是检查人员仔细审核相关年度“在建工程”列支情况、以及取得进项税额抵扣情况，通过审核，果然发现如下问题。

（1）购进建筑服务，双方一直未办理结算，承包方一直未开具发票，直到营改增后的2016年7月，施工方才按老项目采用简易计税适用3%征收率开具了建筑服务的增值税专用发票。此项业务，被查单位取得的进项税额已经用于抵扣。

（2）该单位自建厂房支付厂房设计费，设计方开具了增值税专用发票，被查单位取得的进项税额已经用于抵扣。

（3）与厂房配套的中央空调采购安装支出，销售单位开具了增值税专用发票，被查单位取得进项税额已经用于抵扣。

（4）被查单位自行采购了一些钢材用于建设厂房，销售方开具了增值税专用发票，被查单位取得的进项税额已经用于抵扣。

上述合计已抵扣进项税额200万元。

二、税务处理错弊

这是由“在建工程”暴露出的问题。本案中，在建工程发生在营改增之前，属于增值税的非应税项目，因此，购进的货物、服务用于非应税项目，取得的进项税额不能用于抵扣。在账载非常清楚的情况下，该单位仍不区分情况，取得进项税额就抵扣，忽略了营改增前后税收政策较大变化可能带来的风险。

三、政策依据分析

《中华人民共和国增值税暂行条例》（国务院令〔1993〕第134号）第十条第二项规定："用于非应税项目的购进货物或者应税劳务，其进项税额不得从销项税额中抵扣。"

上述规定已经根据2017年11月19日《国务院关于废止〈中华人民共和国营业税暂行条例〉和修改〈中华人民共和国增值税暂行条例〉的决定》进行了修订，全面营改增后，已经不存在非增值税应税项目的说法。但以2016年为界限的前后几年，很多企业会因为主、客观原因，营业税改征增值税过渡或衔接业务税务处理不正确，留下了隐患。由于稽查是查历史问题，所以，今后若干年，只要没有超过追溯期，上述涉税问题还会被查处，纳税人应当引起重视。

情形4－20　豁免债务所"包含"的进项税额应转出未转出

一、业务描述

2014年8月，A公司从B公司购进设备，总价款117万元，合同约定货到付款，票货同行，A公司取得增值税专用发票已认证抵扣。但是，货到后，A公司以资金困难为由，未按期支付。随后的时间里，B公司多次找A公司讨要货款未果。2016年8月，经双方协商，签订《采购合同补充协议》，约定：鉴于A方资金困难，双方进行债务重组，即B公司放弃债权10万元，余款A公司须在三日内支付B公司。合同签订后，双方按约定履行了相应的义务。A公司账务处理如下。

购进时：

借：固定资产　　1 000 000

　　应交税费——应交增值税（进项税额）　　170 000

　　贷：应付账款　　1 170 000

债务重组时：

借：应付账款　　1 170 000

　　贷：银行存款　　1 070 000

　　　　营业外收入　　100 000

2017 年，税务稽查局对 A 公司 2014～2016 年的纳税情况进行检查时，由 10 万元营业外收入倒查，结合原始凭证并询问相关财务人员，还原了业务经过。

二、税务处理错弊

A 公司债务重组利得 10 万元中包含的 14 529.91 元（100 000 ÷ 1.17 × 0.17）进项税额未支付也未负担，属于因购买货物而取得的各种形式的返还资金，所包含的进项税额应冲减当期的进项税额，并补缴相应的增值税款 14 529.91 元。

三、政策依据分析

《中华人民共和国增值税暂行条例》（中华人民共和国国务院令 538 号）第八条规定："纳税人购进货物、劳务、服务、无形资产、不动产支付或者负担的增值税额，为进项税额。"

《国家税务总局关于平销行为征收增值税问题的通知》（国税发〔1997〕167 号）第二条规定："自 1997 年 1 月 1 日起，凡增值税一般纳税人，无论是否有平销行为，因购买货物而从销售方取得的各种形式的返还资金，均应依所购货物的增值税税率计算应冲减的进项税金，并从其取得返还资金当期的进项税金中予以冲减。应冲减的进项税金计算公式如下：当期应冲减进项税金 = 当期取得的返还资金 × 所购货物适用的增值税税率。”

四、商榷与争议

本案例中，税务机关将 A 公司的行为定性为偷税，除了追缴税款，还处以少缴税款 50% 罚款，加收了滞纳金，纳税人也未提出异义。

但笔者认为，税务机关的处理意见值得商榷。因为，购买货物而从销售方取得的各种形式的返还资金与债务重组中的债务豁免显然是两个不同的事项。

前者可能的表现形式是：销售折让、销售返利、销售折扣，销售方要给购买方返还资金，主要是鼓励购买方多采购，当采购方采购货物达到一定数量时，销售方从价格上给购买方一定的折让，最终实质上是降低了销售价格，此时，销售方冲减收入和销项税额，购买方冲减成本和进项税额，符合交易的实质，符合增值税抵扣原理。而债务重组则明显不同，债务重组双方，无任何修改交易价格的意思表示，是销售方鉴于购买方无足够的支付能力，对所应收取价款的一种让步，而绝对不是降低销售价格。

税务机关处理依据之一是增值税第八条规定，认为债务重组部分没有支付，所以对应的进项税额不能抵扣。但是，这条规定中，除了“支付”，还有一个“负担”，而“负担”应当理解为按合同约定应支付款项（此时不一定非要有对应的现金流，就像增值税纳税义务发生时间规定一样，只要到合同约定付款时间，即使对方没有付款也发生纳税义务一样）。本案中，一直未付款，并非合同约定不付款，双方已经明确约定货到付款且始终没改变，所以，其取得的进项税额，为负担的增值税额，应当允许抵扣。

税务机关处理依据之一是国税发〔1997〕167 号第二条，把豁免的债务认定为从销售方取得的各种形式的返还资金。这样的认定显然也与事实不符，因为销售方从未明示或暗示要给购买方各种形式的返还资金，也没有这样的行为，之所以进行债务重组，是因为对方资金困难，没有办法全款收回而做出的无奈选择，这怎么能说是给购买方的返还资金呢？

总之，本案中，双方达成的意见是已完成交易应负债务的部分豁免，不是对增值税额的豁免，更何况销售方已足额申报纳税。

因此，本案中税务机关要求A公司债务重组利得“包含”的进项税额转出依据是不充分的。如果依此类推，则实务中很多类似的债务重组业务均需要对豁免债务部分“包含”的进项税额进行转出，这明显有损纳税人利益。

情形4-21 取得进项税额用于简易计税项目未转出

这是一家建筑企业，检查人员对该公司2018年纳税情况进行检查。该单位2018年利润表显示，2018年销售收入2 500万元左右；2018年资产负债表显示，“应交税费”有-4万元左右余额。检查人员询问该负数产生的原因，财务人员解释：这是留抵的进项税额。资产负债表同时显示，2018年期末存货余额为0。2018年“增值税纳税申报表”显示：全年取得进项税额69万元左右，进项税额转出4 800元，除去转出、留抵外，已经全部用于抵扣；2 500万元左右销售额中，简易计税销售额约2 000万元，一般计税销售额500万元左右。查看往期该单位增值税纳税申报情况，相关数据显示，该单位近几年增值税税负为0。

分析：建筑企业与制造企业不同，建筑企业一般情况下不会有存货，或即使有，也不多，所以，被查单位期末无存货是正常的。但在没有存货的情况下，有留抵的进项税额却不太正常。增值税是链条税，在税制设计的时候，就是只要有增值，就会产生应纳税税额。被查单位作为一家建筑企业长期持续经营，如果没有增值，早就该关门了。所以，无论如何，他们的增值税贡献不应当为0。只要不为0，当期的进项税额就不会存在留抵的情况。

结合报表数据，检查人员初步判断，纳税人可能存在简易计税项目取得的进项税额用于一般计税项目，多抵扣进项税少缴增值税的问题。检查人员调取了所有项目的合同、结算及采购的相关资料凭证，最终确认，问题属实，多抵部分转出，最终该企业补缴了相应的增值税。

该案例涉及金额并不大，但这种情况在类似企业中有一定程度的存在，如建筑安装企业、既有老项目也有新项目的房地产开发企业、有不动产经营租赁业务且出租的不动产是老项目的企业、有简易计税产品的医药生产企业等。有问题的企业会有与本案例相同的特征点：有一般和简易两种计税项目；增值税税负较低或为 0 等。

第三节　增值税发票类

情形 4－22　虚构业务、循环开票取得进项税额进行抵扣

一、业务描述

这家公司的主营业务到底是什么，检查人员即使查完了，也不太确定。主业是什么不重要，重要的是，检查人员对其增值税进行检查时，发现了这样一个事实：2016 年度、2017 年度，该单位“库存商品”明细账显示，大约每个月都要购进大量钢材，同时在当月或下月销售，购进和销售的记账凭证分别如图 4－13、图 4－14 所示。

记　账　凭　证

单位：××× 公司　　　　2017 年 4 月 12 日　　　　记账凭证 64 号

凭证摘要	科目名称	借方金额	贷方金额
购进钢材	库存商品	10 000 000.00	
购进钢材	应交税费——应交增值税（进项税）	1 700 000.00	
购进钢材	其他应付款——A 公司		11 700 000.00
合计		11 700 000.00	11 700 000.00

填制人：×××　　　　审核人：×××　　　　主管人：×××　　　　附件张数：2

图 4－13　某公司有关购进业务记账凭证

记 账 凭 证

单位：××× 公司　　　　2017 年 4 月 29 日　　　　记账凭证 134 号

凭证摘要	科目名称	借方金额	贷方金额
销售钢材	主营业务收入		10 000 000.00
销售钢材	应交税费——应交增值税（销项税）		1 700 000.00
销售钢材	其他应收款——B 公司	11 700 000.00	
合计		11 700 000.00	11 700 000.00

填制人：×××　　　　审核人：×××　　　　主管人：×××　　　　附件张数：2

图 4－14　某公司有关销售业务记账凭证

同时，每个月，该单位还在往来账中，做如图 4－15 所示的一个对冲的会计处理。

记 账 凭 证

单位：××× 公司　　　　2017 年 4 月 30 日　　　　记账凭证 136 号

凭证摘要	科目名称	借方金额	贷方金额
往来	其他应收款——B 公司		11 700 000.00
往来	其他应付款——A 公司	11 700 000.00	
合计		11 700 000.00	11 700 000.00

填制人：×××　　　　审核人：×××　　　　主管人：×××　　　　附件张数：2

图 4－15　某公司有关对冲业务记账凭证

上述凭证后附的发票经查验为真。检查人员仔细查看了相关科目后查明，上述所有钢材采购及销售均未见任何与之相关款项的收付记录，无任何与之相关的钢材运输合同、运输发票，未发生钢材的运输费用支出。这样的业务，每年累计发生约 1 亿元。检查人员通过“金三”系统及外网查询得知，A、B 公司均为被查单位的关联企业。在检查人员的反复追问下，财务人员说出了实情。原来，被查单位承接了一个房地产开发项目，出于做大销售额以便融资的需要，他们虚构了钢材的购销业务：一批钢材购进后，从未出过库，只是在几家关联公司间互相开票、走账，最终造成年销售额过亿元的假象。检查人员查看了该单位融资的相关资料，相关信息似乎透露这么一个事实：被查单位通过虚假业务做大销售额的事，银行似乎已经知道，所以，这里面其实还有更多的内幕……

二、税务处理错弊

本案例中，相关关联公司间循环互相开票、平进平出或略微加价售出，销项减去允许抵扣的进项税额后申报缴纳了增值税，没有造成国家税款的损失，但被查单位虚构业务、取得虚假抵扣、虚开增值税发票的事实是成立的。此种情况下，取得的进项税额不允许抵扣，同时其虚开增值税发票的行为也要受到处罚。

三、政策依据分析

《中华人民共和国发票管理办法》第二十二条第二款规定："任何单位和个人不得有下列虚开发票行为……（二）让他人为自己开具与实际经营情况不符的发票。"《中华人民共和国发票管理办法实施细则》第二十六条规定："填开发票的单位和个人必须在发生经营业务确认营业收入时开具发票。未发生经营业务一律不准开具发票。"本案例中，被查单位未发生经营业务，开具的发票与实际经营情况不符，因此，属于虚开发票，应根据发票管理办法第三十七条规定，处5万元以上50万元以下罚款。

《国家税务总局关于纳税人虚开增值税专用发票征补税款问题的公告》（2012年第33号）规定："纳税人取得虚开的增值税专用发票，不得作为增值税合法有效的扣税凭证抵扣其进项税额。"因此，本案例中，循环开票取得的进项发票，应做进项税额转出处理，计算并补缴相应的增值税款。

以上是税务机关的主流处理意见，实务中争议很大。从司法角度来看，观点明显与税务机关不一致，不一致产生的原因：税务机关更多考虑的是监管和打击，而司法层面，更多地考虑当事人合法权益的保护。

针对广夏（银川）实业股份有限公司相关人员涉及虚开增值税专用发票一案，中华人民共和国最高人民法院（2016）最高法刑核51732773号刑事裁定书明确：最高人民法院经复核认为，被告人张某强以其他单位名义对外签订销售合同，由该单位收取货款、开具增值税专用发票，不具有骗取国家税款的目的，未造成国家税款损失，其行为不构成虚开增值税专用发票罪。显然，司法的角度更看重行为的后果，而税务机关更看重行为的发生。

情形4－23　发票信息暴露真票背后的假业务

一、业务描述

发票虚开，很多情况下是真票、假业务。这种情况下，普通的、通过网站等方式查验发票真伪无法发现虚开的问题（因为发票本身就是真的）。但依照税务人员的经验，根据有限的票面信息，同样可以对发票是否涉及虚开进行分析判断，最终揭穿其虚开的事实。

1. 销售地、采购地距离分析。

纳税人购进货物、服务，从节约成本、方便接受服务的角度考虑，会尽量就近采购。例如，某玻璃生产企业生产玻璃时会消耗天然气，从节约成本角度考虑，该企业一般不会舍近求远去很远的地方采购天然气。如果明明纳税人可以就近采购，却从他地购进，可能会涉及接受虚开。

这是安徽省的一家建筑企业，该企业在安庆承接了一个江堤修筑工程。在对这家企业进行检查时，一张材料发票显示如下的信息。

货物名称：块石，价税合计99 800元，税率17%，购买方为被查单位，没有问题。但销售方一栏却显示这样的信息：销货单位为镇江某公司，该公司注册地在镇江市某区某写字楼一个写字间。

销售地距采购地约1 500公里，如此远的距离，对于销售和采购块石来说，极不合常理。这种低价值的货物，安庆附近同样会有生产，舍近求远采购，只能指向该单位接受了虚开。随后的调查，证实了检查人员的判断，该单位因接受虚开，被定性为偷税，取得的进项税额不得抵扣、虚增的成本调增应纳税所得额，该行为导致少缴的增值税、企业所得税被追缴，同时被处以少缴税款一倍的罚款。

2. 对方的登记、注册信息分析。

涉及对外虚开的企业，特别是暴力虚开的企业，特征点明显。笔者曾查过一家企业，这家企业名称是秀芬通信器材有限公司，法人代表叫马秀芬。单从这两个信息就能基本判断其涉嫌虚开。姓名中有“秀芬”，意味着她可能是农村人（没有歧视农村人的意思，我本人也是农村长大），因为身居农村，给孩子起名时，会带有深厚的乡土气息，这是其一；其二，她的年龄应当有60左右，因为每个时代起名都有规律。20世纪50年代出生的人名（女名）多为淑兰、淑英、秀英、秀珍等，20世纪60年代出生者姓名多使用“军、伟、华、红卫、红旗、红霞、卫东、立新、要武”等，20世纪70年代出生者，“伟、涛、勇、辉、静、颖”等名大量出现；20世纪八九十年代多用“洋、畅、硕、爽、帅”等，2000年后起名都找生僻字，很多都不认识，像什么梓豪、梓涵等。农村人、60岁左右，却开了一家，甚至多家公司，显然违背常理，所以，这基本上就是盗用别人信息注册的空壳企业，目的就是对外虚开。所以，受票企业要留心合作方的注册信息，法人代表年龄大于60岁、小于18岁，身居农村的，都要重点审查。

在有些地区，如南方某省的某县，盗用别人身份信息注册空壳企业暴力虚开，已经成了一个产业，有很多人因此暴富，盖起了三层小洋楼，也有的因此锒铛入狱。但由于利益巨大，仍不断有新人加入……

3. 对方经营范围和经营能力分析。

任何一个纳税人，都会有其相对稳定的经营范围及经营能力，如一家电器销售公司，一般情况下不会提供房屋中介服务。再如，一个注册资本金5万元、员工人数5人的企业，不太可能承接造价1亿元的工程、开出1亿元面额的发票，这与其经营能力不相符。

检查人员在检查B公司“管理费用”账簿、凭证时，发现一张增值税普通发票，开票单位为“胜×电子经营部”，货物或应税劳务、服务名称为“咨询费”，金额为29 999元，无任何相关合同、协议。询问该单位财务人员，财务人员回答是管理咨询费。检查人员查询“胜×电子经营部”相关注册信息发现，该经营部为小规模纳税人，经营范围为电子产品销售，显然，这样的单位是不可能提供咨询服务的，该发票所记载的业务并不存在，为虚开。最终，该单位因发票违法行为被处罚，同时，虚列费用导致少缴的企业所得税被追缴，并被处以少缴税款 0.5 倍的罚款。

4. 发票价税合计金额为整。

从常理来说，销售货物或应税劳务、服务价税金额恰好为整数的概率极低。虚开发票者为了省事、方便计算开票点数，会相对更多地乐于选择开具整数金额的发票。所以，整数金额的发票，往往可能存在虚开的问题。

对大华公司进行检查时，检查人员在该单位管理费用科目中，发现列支了不少的会议费。查看其中金额较大的一个记账凭证，后面是一张名称为会议费的增值税普通发票，价税合计金额 200 000 元，附了会议通知、会议日程、会议发票（查验为真）等证明资料。虽然形式没看出什么问题，但检查人员依旧认为，整数金额存疑。通过延伸调查开票单位，最终确认该发票业务内容并非会议费，而是餐费储值卡，且该储值卡并未发生支出。最终，该单位因虚增费用少缴企业所得税被补税、罚款、加收滞纳金。

5. 支出金额明显与该单位实际情况不相符。

从控制成本费用的角度来说，一个企业，其成本费用率是相对稳定的。成本费用的构成内容也是相对稳定的。如果成本费用突增，特别是某一类的成本、费用突增，很可能意味着有虚增，该成本费用所对应的发票，虚开的可能性较大。

检查人员在对某企业进行检查时，发现该企业管理费用——燃油费列支金额较大，而该单位只有五辆小汽车。经过测算，所有的油耗分摊到五辆车上，意味着每辆车每天要行驶近 300 公里。很显然，这不合企业经营的实际情况。检查人员根据其业务情况，核定了合理的燃油支出，超过部分调增应纳税所得额并补税。

二、税务处理错弊

为了降低企业所得税或增值税负担，或者为了套取现金用于其他无法示人的支出，一些企业会采取虚构业务通过不合法方式取得发票用于扣除和抵扣。根据征管法的相关规定，这类行为会被定性为偷税，对纳税人来说，风险等级较高。实务中，有的纳税人是被动接受虚开，也就是说，在不知情的情况下接受虚开。为避免这种情况，加强对合作单位、取得发票的审核是非常有必要的。

三、政策依据分析

《财政部 国家税务总局关于全面推开营业税改征增值税试点的通知》（财税〔2016〕36号）第二十六条规定："纳税人取得的增值税扣税凭证不符合法律、行政法规或者国家税务总局有关规定的，其进项税额不得从销项税额中抵扣。"

情形4－24　商品、服务税收分类与编码使纳税人处于"裸奔"状态

一、业务描述

《国家税务总局关于全面推开营业税改征增值税试点有关税收征收管理事项的公告》（国家税务总局公告2016年第23号）文件的出台，具有现实和未来的意义。

根据公告要求，2016年8月1日后，纳税人要按照税务机关规定的商品和服务编码开具增值税发票，包括增值税专用发票、增值税普通发票、货物运输业增值税专用发票和机动车销售统一发票。税收分类编码包括商品和服务的税收分类和编码两个组成部分。商品和服务税收分类，包括货物、劳务、服务、无形资产等四大类、4 021类商品和服务名称；编码采用19位加自定义编码。商品和服务税收分类编码的大类由税务总局维护（企业、个人不能自行编辑修改），商品和服务税收小类可在编码的最底层由纳税人自行维护。这样，在税务机关的统一口径下，纳税人销售商品和服务、开具发票时，均须

“对号入座”。

这样做，最大的受益者自然是税务机关。按编码开具发票，实际上是相当于纳税人把自己的经营数据不加掩饰地提供给税务机关，而税务机关则可以根据纳税人开具发票的相关数据，对纳税人的经营和纳税行为进行分析、判断，以对该纳税人可能存在的涉税问题进行预警。分析的重点主要是以下三个方面：

（1）纳税人接受的发票，其编码所对应的商品或服务、内容和金额是否为该纳税人合理所需？如不是合理所需，则纳税人会有接受虚开的可能。例如，一家商品流通企业接受了地质勘查服务，则明显不是该纳税人业务所需，有接受虚开的可能。再如，一家商业零售企业接受了大量的会议费发票，虽然业务内容为该纳税人所需，但金额明显非纳税人所需，同样指向该纳税人有接受虚开的可能。

（2）纳税人对外开具的发票，其编码所对应的商品或服务、内容和金额是否与该纳税人能力与范围相符合？如不符合，则该纳税人有对外虚开的可能。例如，一家电子经营部对外开出 10 万元含税金额的咨询费发票，则无论是金额还是业务内容都明显超出该电子经营部的能力和范围，可能涉嫌对外虚开。

（3）纳税人接受或开具的发票，根据内容和金额测算出该纳税人的毛利率、成本费用率、增值税税负率、企业所得税税负率等指标，是否与该单位的实际经营状况相符合，与同行业相比，指标是否明显异常？如异常，则可能指向该纳税人少计收入，多列成本、费用或多抵扣增值税。例如，某铸管生产企业，主要原材料是生铁，从开票信息，税务机关可以根据“生铁”的购进和“铸铁直管”的销售测算出投入产出比、毛利率等相关指标，如果指标明显异常则可能指向少计收入或者多计成本导致少缴企业所得税或增值税的问题。

特别需要提醒纳税人的是，随着编码系统的上线及相关数据采集的累积，上述数据分析会越来越精准。

二、税务处理错弊

购“甲”销“乙”，开出的发票金额与开出单位经营规模、经营范围不相符是常见问题，也是税务机关监控虚开行为的重点。

裸奔之下，“隐私”和“问题”很难隐藏。受此影响最大的，应当属于那些不太合规的企业。在没有采用编码之前，开具发票时，可以采用模糊处理商品服务名称的方式，隐藏可能存在的问题。采用编码之后，这些纳税人陷于两难境地：按商品服务编码如实开具，会暴露问题。不按商品服务编码，假的毕竟是假的，很难做到每个进项、销项高度关联、吻合，万一选择编码出现问题，反而让自己的问题暴露。

三、启示

总的发展方向是：纳税人在税务机关面前将越来越透明化，纳税人应适应这种变化，如果想做百年老店、长久发展，还是应当规范会计核算、规范纳税申报，特别是规范发票开具。否则，“裸奔”情况下，不规范操作很容易招致稽查。

情形4－25　“躺枪”被罚，风险如何避免？

一、业务描述

不久前，某省国税税警联合破获一起制售、虚开增值税发票案。侦察人员通过技术手段，现场查获并恢复了对外虚开、“销售”各类增值税发票的电子“台账”。结合案件嫌疑人的口供等信息，警方制作了一个完整的案件当事人对外虚开、“销售”各类增值税发票的流向信息，包括取得方的纳税识别号、名称、品名、金额，甚至包括买票当事人的姓名、手机号信息、买票中间人的姓名、手机号等信息，下游涉案企业全国有数百家。

上述信息，国家税务总局统一组织分别推送到各地国地税主管税务机关安排稽查，由于信息准确，上述发票问题很快得到落实，同时，顺着线索，各地国地税稽查部门深入调查，同时查出了发票以外的其他问题，涉案企业均受到了补税、罚款、加收滞纳金的处理。

A 企业为一家建筑企业，其承接的一个项目由张某负责。张某采购涂料时，联系了当地一家门市部，采购金额 100 余万元。门市部经理李某表示：采购数量大可以优惠，不过，不能提供门市部的发票。张某未提出异议，并按照李某的要求，将所有款项汇至李某个人账户。A 企业财务对上述情况并不知情，取得发票后，按程序入账。后因总局将该企业取得假发票信息推送到主管税务机关被查，李某闻风逃脱被公安列入网上追逃对象。国地税联合稽查进入后，同时查出该单位存在的其他营业税、增值税、企业所得税问题共计税款 100 余万元。这一次被查处，企业负责人同时也是出资人后悔不迭，但为时已晚。

B 企业是一家商务酒店，日常需要大量采购酒店用品，长期为其送货的合作伙伴是刘某。刘某企业经营地、注册地等相关信息，B 企业财务人员均不了解。需要酒店用品时，均是由采购部门直接电话联系刘某，货到、票到，结账、付款。最终，该酒店因为假发票案被牵连，结局自然也和 A 公司一样。

类似的例子还有很多。很多涉案企业有一个共同特点，即并未主观故意去“买票”，但对发票获取的监管失之于宽，甚至放任“买票”行为的发生，最终因为上游出事而“躺枪”被罚。

目前，税收征管已进入大数据时代，升级版增值税发票系统及全国增值税专用发票（电子底账）数据库系统能够通过发票电子信息对专用发票的全票面要素、全发票链条进行深入分析，以发现商贸企业购销货物品名和数量不匹配、生产企业原材料和辅料与产成品不关联的税收风险——通过“变名”“倒票”、购甲销乙、购多销少等方式虚开发票、虚抵税款，偷、逃、骗税将越来越行不通。

二、启示

鉴于目前这种管理环境，纳税人应当对风险有充分认识，采取有力措施加强对取得发票环节的风险管控。

（1）选择靠谱的供应商。靠谱的供应商应当有较好的商业信誉，持续经营且有一定的经营规模，经营地址相对固定，有良好的纳税信用记录、完善的内控制度。经营地址不确定、相关联系人经常变更、企业规模不大、经营定位模糊、无内控制度，这类企业应当远离，因为与他们发生了业务，发票可能会有问题。

（2）对采购业务的具体经办人要有约束机制。经办人员身处一线，对供应商的了解会更多些，是发票风险管控的第一责任人。要加强对采购人员的业务培训，提高他们对发票可能存在问题的辨识能力，同时通过案例对他们进行警示教育，以确保他们在责任驱使下按制度行事，将风险降到最低。

情形 4 –26　心塞！稽查员还没看发票就说发票有问题！

A 公司是一家商贸企业，为某集团公司在 B 省的子公司，其客户主要在 B 省范围内。2017 年，该单位的母公司及旗下所有单位不幸被总局选中进行稽查，于是 A 公司所在地税务稽查局根据上级要求对该单位进行稽查。

调取了该单位的电子账后，检查人员随手打开了“其他应付款”明细账，看到了“其他应付款——装运费”二级科目，该科目明细账显示如表 4 –3 所示的内容。

表 4 –3　　A 公司其他应付款——装运费明细账

科目编号	科目名称	凭证日期	凭证编号	凭证类型	摘要	借方金额	贷方金额
……	……	……	……	……			
2181054	其他应付款——装运费	20150516	66	记	安庆到望江运费	4 500.00	0
2181054	其他应付款——装运费	20150516	66	记	宿州到五河运费	1 600.00	0
2181054	其他应付款——装运费	20150516	66	记	铜陵到池州运费	1 300.00	0
2181054	其他应付款——装运费	20150529	195	记	合肥到肥西运费	3 500.00	0

续表

科目编号	科目名称	凭证日期	凭证编号	凭证类型	摘要	借方金额	贷方金额
2181054	其他应付款——装运费	20150529	195	记	淮北到萧县运费	3 335.00	0
2181054	其他应付款——装运费	20150530	216	记	池州到××运费	400	0
2181054	其他应付款——装运费	20150531	240	记	××到××运费	5 500.00	0
2181054	其他应付款——装运费	20150531	254	记	×××经办装运费	0	127 000.00
2181054	其他应付款——装运费	20150609	39	记	××到××运费	900	0
2181054	其他应付款——装运费	20150609	56	记	××到××运费	2 100.00	0
……	……	……	……	……			

一看完明细账，检查人员连凭证都没看，就直接电话连线了A公司财务主管L女士。检查人员不客气地对L女士说："你们的运费发票是不是有问题？"L女士一脸茫然："没有问题呀，发票我们都查验过的呀，我们的报销环节要求很严，没有查验过的，一律不允许报销。"

"不是我武断，凭我的职业敏感，我就能判断，你们的运输费用发票有问题！"检查人员依旧毫不客气地回复。

虽然L女士心有不服，但随后查清的事实证明检查人员的判断是正确的。A公司确实让其他运输企业为自己开具了运费发票。处理结果是：运费发票取得的进项税额不得抵扣，补缴相应的增值税、加收滞纳金；有问题发票所对应的支出不允许税前扣除，补缴相应的企业所得税、加收滞纳金，同时对少缴的税款处以一倍罚款。

被处理、处罚，L女士心里很不爽，但她不太明白的是，检查人员怎么能就看了一眼明细账就判断发票有问题？

原来，明细账的处理方式暴露了纳税人的违法行为。明细账摘要显示，货物配送分别在全省各地进行且金额较小。该单位支付时，未直接记入销售费用，而是挂往来，这样做，很可能是当时未取得发票。而按常理，这种小额、分散在各地的运费支出，对象一般是小的个体运输户，他们承运收取款项，一般不会开具发票。明细账 254 号凭证上贷方金额 12 700 元是结转销售费用，应该有对应的发票，而这个发票，不可能由各地的小个体运输户开具。只能是该单位另找一家运输企业，支付若干费用，让其为自己开具，以便入账、抵扣和税前扣除。明细账的异常处理暴露了被查单位让别的单位为自己开具发票的违法行为。

教训总结：发票问题是个大问题！不能涉足发票违法行为，特别是现在“金三”严管之下。财务人员应当有职业敏感——当支付小额费用暂时无法取得发票时，应当预估可能存在的风险，然后盯紧承办人，要求其向承运人追索代开运费发票，否则不予支付。

改进措施：如有可能，与较大的运输企业合作，由正规的运输企业集中负责配送。零星发生的运输费用，一定要取得其开具或代开的发票。

情形 4－27　进销不匹配，取得虚开被查

检查人员接到一个协查案件，协查对象为 A 公司。“金三”平台显示，该公司为增值税一般纳税人，经营状态正常，主打产品是精密加工工作台。协查信息表明，被查单位 A 公司从上游 B 企业取得多张品名为包装材料的增值税专用发票，顶额开具，涉嫌虚开。检查人员按规定流程，提取了纳税人的财务报表、各税种的纳税申报资料，以及近两年取得及开具发票的情况。结合取得的资料，检查人员对被查单位进行案头分析。为了能充分了解稽查对象的情况，检查人员还侧面通过其他渠道了解了该企业所在行业的经营特点。

该单位的进项发票显示，其购进的主要是包装材料，其他均为小额零星货物。检查人员在查前就已经了解到，该企业产品主要销往深圳等电子产业发达地区。该类产品的主要原料为济南当地产的一种大理石，但该企业进项发票信

息没有显示有相关购进。

该单位的增值税申报表显示，该单位增值税税负不到3%；企业所得税年度申报表及财务报表显示，该单位毛利率不足10%。但检查人员了解到，该行业购进材料，几乎都无法取得发票，这就意味着，该单位相关购进原材料涉嫌取得虚开的增值税专用发票。

综合上述协查、调查信息，检查人员分析判断，被查单位取得品名为包装材料的发票涉嫌虚开。根据分析的情况，检查人员制定了检查预案并着手实施。

在询问被查单位法人代表及财务负责人时，检查人员运用心理分析的方法，加上政策宣讲，相关涉案人员终于吐露实情。原来，协查信息指向的发票均为被查单位法人代表以支付手续费的方式“购得”，检查人员提取并固定了支付“购票”手续费资金流等相关证据，按规定进行了处理、处罚。

目前，有一些法律意识淡薄的纳税人，由于上游供应商出于逃税的考虑，即使有真实的购进，也不给类似A公司这样的企业开具发票，使这类企业无可抵扣的进项、没有能够在企业所得税税前扣除的凭证，面临较大的增值税、企业所得税纳税负担。出于少缴税款的考虑，类似A公司的企业会铤而走险，违法取得虚开发票。

最高人民检察院、公安部《关于公安机关管辖的刑事案件立案追诉标准的规定（二）的补充规定》第二条规定：涉嫌虚开发票一百份以上或者虚开金额累计40万元以上的；虽未达到上述数额标准，但5年内因虚开发票行为受过行政处罚二次以上，又虚开发票的，应予立案追诉。最高人民法院于1996年10月17日发布的《关于适用〈全国人民代表大会常务委员会关于惩治虚开、伪造和非法出售增值税专用发票犯罪的决定〉的若干问题的解释》的规定：虚开税款数额1万元以上的或者虚开增值税专用发票或可用于出口退税、抵扣税款的其他发票致使国家税款被骗取5 000元以上的，应当依法定罪处罚。

虚开违法行为是税务机关重点打击对象，纳税人在发生各类购销业务时，应依法合规开具和取得发票，否则会面临极大风险。

第四节　其他

情形4－28　不在免税范围内却按免税进行了申报

一、业务描述

富利肉食加工厂，为增值税一般纳税人，以羊肉加工销售为主要业务。检查人员对该企业2016年、2017年纳税情况进行检查时发现，该企业两个年度加工销售羊肉均未申报缴纳增值税。询问财务人员原因时，财务人员拿出了免税备案资料。备案资料显示，该企业认为自己的经营生产模式属于“公司＋农户”，按农业生产者销售自产农产品免征增值税进行了备案。

检查人员提取并查看了相关合同，随机抽取了若干农户进行调查。调查查明，该企业的“公司＋农户”模式，实际上是这样的流程：由于加工生产的羊肉是特定品种的，因此，所有羊羔由该企业统一购进，然后销售给农户并与农户签订养殖收购合同。合同约定：羊羔由农户负责养殖，养殖期间发生的检疫、疫苗等所有费用由农户承担，所有权也归农户，未经允许，不允许转卖他人。羊羔长成后，该企业按约定价格统一收购，然后屠宰、出售。

根据已经查清的事实，检查人员认为，富利公司从事收购成羊屠宰销售业务，为增值税纳税人，且不符合免税条件，应当依法申报缴纳增值税。

二、税务处理错弊

是否免税的判断，要慎重，应当认真研读相关政策以判断是否适用。不能准确判断的情况下，就盲目适用免税政策，会带来风险。

三、政策依据分析

《关于纳税人采取“公司+农户”经营模式销售畜禽有关增值税问题的公告》（国家税务总局公告〔2013〕第8号）明确：一些纳税人采取“公司+农户”经营模式从事畜禽饲养，即公司与农户签订委托养殖合同，向农户提供畜禽苗、饲料、兽药及疫苗等（所有权属于公司），农户饲养畜禽苗至成品后交付公司回收，公司将回收的成品畜禽用于销售。在上述经营模式下，纳税人回收再销售畜禽，属于农业生产者销售自产农产品，应根据《中华人民共和国增值税暂行条例》的有关规定免征增值税。

该公告对“公司+农户”模式销售畜禽增值税免税问题做出了具体规定。规定中特别强调，畜禽苗、饲料、兽药及疫苗所有权属于公司。而本案例中，富利公司为了降低自己的风险，将畜禽苗即羊羔直接销售给农户，农户养大后，再回购。这种模式已经不符合“公司+农户”免税的要求，所以，应当按规定补缴相应的增值税。

第五章

个人所得税检查的双方博弈

2019 年 1 月 1 日起开始实施新个人所得税法，由过去的分类税制变成分类加综合的征税模式，即工资薪金所得、劳务报酬所得、特许权使用费所得、稿酬所得合并作为综合所得，按纳税年度合并计算个人所得税。并且，新法引入了专项附加扣除，即以每一纳税年度的收入额减除费用 6 万元以及专项扣除、专项附加扣除和依法确定的其他扣除后的余额，为应纳税所得额。专项附加扣除的引入，充分考虑纳税人的生计成本差异，体现量能课税的原则，更加公平。

由于符合一定条件、取得综合所得和纳税人需要做汇算清缴，所以，总局陆续出台相关文件，明确相关政策。这些政策有：《个人所得税扣缴申报管理办法（试行）》（国发〔2018〕41 号）、《国务院关于印发个人所得税专项附加扣除暂行办法的通知》（国发〔2018〕41 号）、《国家税务总局关于全面实施新个人所得税法若干征管衔接问题的公告》（国家税务总局公告 2018 年第 56 号）、《个人所得税专项附加扣除操作办法（试行）》（国家税务总局公告 2018 年第 60 号）、《国家税务总局关于个人所得税自行纳税申报有关问题的公告》（国家税务总局公告 2018 年第 62 号）、《国家税务总局关于自然人纳税人识别号有关事项的公告》（国家税务总局公告 2018 年第 59 号），以及《国家税务总局关于办理 2019 年度个人所得税综合所得汇算清缴事项的公告》（财政部、税务总局公告 2019 年第 94 号）。

新法所规定的利息、股息、红利所得，以及财产租赁所得、财产转让所得、偶然所得，计算与扣缴的规则与旧的个人所得税法相比无变化。

旧法规定的应征税的部分其他所得，在新法“其他所得”取消后，由

《财政部 国家税务总局关于个人取得有关收入适用个人所得税应税所得项目的公告》（财政部 税务总局公告2019年第74号）进行明确；旧法规定的个体工商户生产经营所得，对企事业单位的承包经营、承租经营所得，在新法中被合并成经营所得，计算及申报基本无变化。

对于扣缴义务人来说，各种个人所得税问题，即使是实行新的个人所得税法，也只是计算方法改变了，但问题表现没有太大的不同。所以，以下个人所得税案例虽然发生在新个人所得税法实施之前，但依旧有借鉴作用。

第一节 工资、薪金所得类

《中华人民共和国个人所得税法实施条例》（中华人民共和国国务院令第707号）第六条第一项明确：工资、薪金所得，是指个人因任职或者受雇取得的工资、薪金、奖金、年终加薪、劳动分红、津贴、补贴以及与任职或者受雇有关的其他所得。新的个人所得税法实施后，支付工资薪金所得和单位由原来的代扣代缴个人所得税变成按累计预扣法计算并按月预扣预缴个人所得税，年度终了后，纳税人符合特定条件的，在规定的时间段办理综合所得汇算清缴。

常见的情况就是，支付的所得应当合并工资薪金所得计算并扣缴个人所得税（预扣预缴或代扣代缴）而没有合并计算并扣缴。还有一种常见情况就是，不能正确区分工资薪金所得与劳务报酬所得，导致计算扣缴错误。

实务中，应当如何界定工资薪金所得，并与劳务报酬所得区分开呢？笔者认为，二者的根本区别就是，看是否构成劳动关系。如果已经构成劳动关系或者事实上的劳动关系，单位在支付报酬时，就应当按工资薪金所得预扣预缴个人所得税，并且以工资表这类内部凭证作为企业所得税的扣除凭证。

但是，这里面的事实劳动关系难以判断一些。笔者认为，这类问题的判断可参考《国家税务总局关于离退休人员再任职界定问题的批复》（国税函〔2006〕526号），该文件明确了离退休人员再任职取得所得判定为工资薪金所得的条件：一是受雇人员与用人单位签订一年以上（含一年）劳动合同（协议），存在长期或连续的雇用与被雇用关系；二是受雇人员因事假、病假、休假等原因不能正常出勤时，仍享受固定或基本工资收入；三是受雇人员与单位其他正式职工享受同等福利、社保、培训及其他待遇（自2011年5月1日起，根据国家税务总局2011年第27号《国家税务总局关于个人所得税有关问题的公告》，单位是否为离退休人员缴纳社会保险费，不再作为离退休人员再任职的界定条件）；四是受雇人员的职务晋升、职称评定等工作由用人单位负责组织。

如果单位有实习生、临时工、季节工这类没签订或暂时没有签订劳动合同的员工，支付给他们的所得是否是工资薪金所得，参考上述规定，我们可以从劳动关系、计算报酬方式、是否享受单位福利、是否在单位有任职这四个方面去综合判定。一般情况下，实习生、临时工、季节工，即使用人单位没有与其签订书面劳动合同，但综合判断，依然要认定其构成劳动关系，支付给这类人员的报酬应按工资薪金所得计算并预扣预缴个人所得税。

实务中还会遇到这样的问题：员工能否从所任职单位同时取得工资薪金所得和劳务报酬所得？比如，格力电器董事长董明珠在格力电器开展全员营销活动，每个员工都可以利用自己的资源去推销格力电器，销售成功的，可以按销售额拿提成。假如董明珠也利用自己的资源成功推销了产品并因此获得100万元提成，那么问题来了，她所获得的100万元收入，在申报个人所得税的时候，是按工资薪金所得呢，还是按劳务报酬所得？个人认为应当按劳务报酬所得。我国现行个人所得税实行的是“分类”加“综合”的税制，取得所得必须进行分类，然后再确定计算及申报方法。个人所得税法关于工资薪金所得及劳务报酬所得的定义，是按其性质确定的，与支付所得是否同一来源无关。也就是说，即使来自同一支付所得人，也会因为性质不同，而被界定为不同的所得。董明珠从单位获得的销售提成，虽然与所获工资薪金所得属同一来源，但与其岗位职责无关，所以，不属于个人所得税法所规定的工资薪金所得，而应判定为劳务报酬所得。

情形5－1　企业其他人员借款购买股权登记在个人名下

一、业务描述

这是一家民营企业，检查人员在查看该单位“其他应收款”时，看到一个摘要为“转代持股”的记账凭证，打开后是如图5－1所示的内容。

记　账　凭　证

单位：×××公司　　　　2018年12月31日　　　　记账凭证102号

凭证摘要	科目名称	借方金额	贷方金额
转代持股×公司	其他应收款——代持股	4 200 000.00	
转代持股×公司	其他应收款——×××		4 200 000.00
合计		4 200 000.00	4 200 000.00

填制人：×××　　　　审核人：×××　　　　主管人：×××　　　　附件张数：1

图5－1　某企业记账凭证

该凭证后面附的是一个股权收购协议，协议注明，曲××（被查单位一名高管）购买胜利公司股权，支付的收购价款420万元。经检查人员调查，该股权收购及工商变更登记已经完成，股权登记在曲××名下。虽然凭证摘要写为“代持股”，但被查单位提供不出其他任何相关资料来证明其主张。

二、税务处理错弊

企业投资者个人、投资者家庭成员或企业其他人员从企业借款购买房屋或其他财产，“将所有权登记为投资者个人、投资者家庭成员或企业其他人员”，已经在法律上享有该财产的“所有权”。在上述人员已经实际占有了企业的资金且长期不做处理的情况下，这种借款其实已经不属于暂付应收性质的款项，也不应在“其他应收款”科目中核算。按照“实质重于形式”的原则，上述“借款”应当视同从企业取得“所得”。本案例中，曲××为被查单位高管，则应视为该职工的工资薪金所得，按“工资、薪金所得”计算扣缴个人所得税。

三、政策依据分析

《财政部 国家税务总局关于企业为个人购买房屋或其他财产征收个人所得税问题的批复》（财税〔2008〕83号）第一条第二项规定：“企业投资者个人、投资者家庭成员或企业其他人员向企业借款用于购买房屋及其他财产，将所有权登记为投资者、投资者家庭成员或企业其他人员，且借款年度终了后未归还借款的，应依法征税。”同时规定：“对个人独资企业、合伙企业的个人投资者或其家庭成员取得的上述所得，视为企业对个人投资者的利润分配，按照‘个体工商户的生产、经营所得’项目计征个人所得税；对除个人独资企业、合伙企业以外其他企业的个人投资者或其家庭成员取得的上述所得，视为企业对个人投资者的红利分配，按照‘利息、股息、红利所得’项目计征个人所得税；对企业其他人员取得的上述所得，按照‘工资、薪金所得’项目计征个人所得税。”这里所谓的“年度终了”是指当年的12月31日，纳税年度，是指自公历1月1日起至12月31日止。

这条规定，使上述人员从企业的长期借款面临税务风险，也很好地堵塞了一些遵从度不高的纳税人以上述方式向自然人分配所得，却不代扣代缴个人所得税的漏洞。

情形5－2　以报销发票的形式向员工发放交通补助未代扣个税

一、业务描述

这是一家大型国有企业，检查人员在检查其2017年、2018年度账簿资料时，发现该单位“管理费用”中下设一个“交通费”的二级科目。该科目中列支了大量的、支付对象为个人的交通费用，会计凭证如图5－2所示。

记 账 凭 证

单位：××× 公司　　2017 年 6 月 30 日　　记账凭证 72 号

凭证摘要	科目名称	借方金额	贷方金额
张××报销交通费	管理费用——交通费	35 000.00	
张××报销交通费	其他应付款——×××		35 000.00
合计		35 000.00	35 000.00

填制人：×××　　审核人：×××　　主管人：×××　　附件张数：18

图 5-2　某企业记账凭证

凭证后，附有一张明细表（见表 5-1），表上明确了该单位不同级别员工交通补助的发放标准。

表 5-1　　记账凭证明细表

职务级别	车辆费用（元/月）	交通费用（元/月）	备注
总经理室	10 000	6 000	
部门经理、总经理助理	6 000	4 000	
部门经理助理	4 000	2 000	
普通员工	2 000	1 000	

同时，凭证后还附有大量发票，主要是出租车票、高铁、飞机票以及长途汽车票。经检查人员认真核查，发现所有发票均不能构成一个完整的出差过程。部分票据为假，部分实名票据上显示的姓名并非该单位员工。这些情况表明，上述票据所对应的业务要么为假，要么未真实发生，或虽发生，但与该企业经营无关。虽经检查人员多番询问，财务人员仍一口咬定为真实业务，是实际发生的差旅费或交通费，税务处理无任何问题。检查人员并未采信。

二、税务处理错弊

上述业务的实质就是通过报销发票的形式向员工发放补贴。可能被查单位觉得如果直接向员工发放补贴，太“赤裸裸”，所以采取了报销发票的形式。但如此高额的补助，如果业务没有真实发生，想取得形式真实、完整的票据，实属不易。所以，看起来是贴了发票，报销的是正常的经营费用，但发票问题百出——一个企业，不论通过什么样的形式，只要向员工支付了所得，就应当履行个人所得税的扣缴义务。

三、政策依据分析

《国家税务总局关于个人因公务用车制度改革取得补贴收入征收个人所得税问题的通知》（国税函〔2006〕245 号）第一条规定："因公务用车制度改革而以现金、报销等形式向职工个人支付的收入，均应视为个人取得公务用车补贴收入，按照"工资、薪金所得"项目计征个人所得税。"

具体计征方法，按《国家税务总局关于个人所得税有关政策问题的通知》（国税发〔1999〕58 号）第二条"关于个人取得公务交通、通讯补贴收入征税问题"的有关规定执行。即：个人因公务用车和通讯制度改革而取得的公务用车、通讯补贴收入，扣除一定标准的公务费用后，按照"工资、薪金"所得项目计征个人所得税。按月发放的，并入当月"工资、薪金"所得计征个人所得税；不按月发放的，分解到所属月份并与该月份"工资、薪金"所得合并后计征个人所得税。

公务费用的扣除标准，由省级地方税务局根据纳税人公务交通、通讯费用的实际发生情况调查测算，报经省级人民政府批准后确定，并报国家税务总局备案。

情形 5－3　酒店员工无偿使用客房，未按规定代扣代缴个人所得税

一、业务描述

这是某世界级酒店集团旗下的一家准五星级酒店，位于某市高铁站附近，检查年度为 2017 年、2018 年。检查人员调取了相应年度的电子账和相关资料，根据常识，检查人员判断，作为知名品牌酒店，其日常管理应该非常规

范，对客房使用应该有成熟的管理系统进行管理并会有相应的报表反映客房使用情况。经询问财务人员，得到的答案是肯定的。于是，检查人员向该单位财务人员索要了 Opera（一种国际通用的酒店管理系统）系统生成的 2017 年、2018 年的“房态报表”。检查人员仔细审阅“房态报表”，报表上有一列“自用”的信息引起了他们的注意。该栏内容显示，有一套豪华套房一直在自用。这套房谁在用？检查人员随口提出了问题，而财务人员则不加思索地回答道：聘请的总经理。回答完了，财务人员可能意识到不妥，表情有些不自然。检查人员则牢牢抓住这条信息，继续追问其是否有相应的税务处理。财务人员一脸茫然地回答到：这是酒店业的行规，就职的总经理，一般都是异地请来，需要为其提供一个大的套房以方便其居住，这也是任职合同中约定的，没有向他收取任何费用。这难道还有税的问题吗？

二、税务处理错弊

员工无偿使用公司的房产且非集体宿舍、非履行岗位职责所必需，虽没有取得现金补贴，也应视为应税所得并入其当月工资薪金，计征个人所得税。

三、政策依据分析

《中华人民共和国个人所得税法实施条例》第十条规定：个人所得的形式，包括现金、实物、有价证券和其他形式的经济利益。本案例中，总经理因任职而得到套房的居住福利，属于得到的其他形式经济利益，应按酒店套房的租赁公允价并入其工资薪金所得计征个人所得税（注：新的个人所得税法实施条例第八条规定，个人所得的形式，包括现金、实物、有价证券和其他形式的经济利益。所得为实物的，应当按照取得的凭证上所注明的价格计算应纳税所得额，无凭证的实物或者凭证上所注明的价格明显偏低的，参照市场价格核定应纳税所得额；所得为有价证券的，根据票面价格和市场价格核定应纳税所得额；所得为其他形式的经济利益的，参照市场价格核定应纳税所得额）。

这一点，广州规定得非常明确：广州市地方税务局关于印发《个人所得税若干征税业务指引（2009）》的通知（穗地税发〔2009〕148号）第六条“关于企业职工无偿使用企业房产征税问题”规定：企业职工无偿使用企业自有或租赁的房产，应视为职工取得其他经济形式的应税所得，在使用期内按月并入职工当期工资薪金所得依法计征个人所得税。其中使用房产属企业租入的，按照企业每月支付的租金计算确认工资薪金收入额；使用房产属企业自有的，应先以租金的公允价格确认工资薪金收入额，但对缺乏公允价格作参考的，应按照企业每月提取的折旧额计算确认工资薪金收入额。

不过，福建的做法可能稍有不同。福建省地方税务局在网上答疑中回复：公司将自有住宅免费提供给本单位员工居住，不征营业税。单位将房产无偿提供给员工居住应按规定征收房产税。正常情况下单位根据工作需要，提供房屋免费给员工居住，不确认为个人收入，不征收个人所得税。如果是以报销或现金形式给予员工的住宿费，则按“工资薪金所得”缴纳个人所得税。外籍员工以非现金形式或实报实销形式取得的住房补贴，暂免征收个人所得税。

仔细阅读福建的答复，我们会发现，其实，福建的答复与广州的政策规定并不冲突，二者的侧重点不同。单位将自有房屋免费给员工居住是否计征个税？回答这个问题的关键是要区分这种行为是属于福利还是工作需要。如果是工作所必需的，那么不确认为个人收入，自然不征税。例如，酒店为夜间值班经理提供一间客房供休息属于工作需要，不征个人所得税。如果将自有房屋免费给员工居住属于福利，如本案例中长期为总经理提供酒店套房居住，则应计征个人所得税。

情形5－4 “任性”不代扣代缴工资薪金个人所得税惹来了官司

一、业务描述

因为工作单位为其少代缴了2年的个人所得税，导致其无法在北京取得购买自住型商品房和汽车摇号资格，北京张先生诉至法院，向单位索赔经济损失

73 万元。

张先生诉称，他于 2006 年来到被告单位工作，担任厨师一职。2015 年 2 月，他参加北京市小客车摇号，摇号资格审核结果显示其缴纳个人所得税不满 5 年，所以没有通过资格审查。可张先生的工资单显示已在 2010 年、2011 年全额代扣了个人所得税。

张先生后来了解到，是单位没有为他代缴个人所得税。单位如此做法不仅让他无法参与摇号购车，还导致张先生不能在北京取得购买自住型商品房资格。张先生认为，按照住房面积 90 平方米计算，自住型商品房每平米比市场价低 6 600 元，因此他损失差价 58 万。为了购车，他还需要再在北京工作 2 年，损失 10 万元，再加上 2 年期间会产生的交通费，预估为 5 万元，因此起诉要求单位赔偿其经济损失 73 万元。

法院经审理查明，因单位工作疏忽，导致原告在 2010 年度、2011 年度无个人所得税缴纳记录。后单位进行了补缴，并向税务机关缴纳了相应罚款。虽然原告主张没有取得在北京市购房、购车资格产生了损失，但就损失的具体数额，没有提供相应证据证明。综上，法院判决驳回了张先生的全部诉讼请求。宣判后，双方尚未上诉。

二、税务处理错弊

单位为员工代扣代缴个人所得税，这个事经常被一些企业所忽视，员工也常常乐见其成，似乎是一件两全其美的事。殊不知，这样“马虎”搞不好是要摊上大事的！

三、政策依据分析

为保证扣缴义务人依法履行扣缴义务，《中华人民共和国税收征收管理法》第六十九条规定：扣缴义务人应扣未扣、应收未收税款的，由税务机关向纳税人追缴税款，对扣缴义务人处以应扣未扣、应收未收税款 50% 以上 3

倍以下的罚款。第三十条第二款规定：扣缴义务人依法履行代扣、代收税款义务时，纳税人不得拒绝。

本案中，张先生是个人所得税纳税人，他所在的单位是扣缴义务人——在向张先生支付工资时，应按工资薪金所得计算并代扣代缴个税。张先生所在单位由于未履行扣缴义务，不仅要补缴税款，同时被处罚，虽然没有赔偿张先生的“损失”，但教训是深刻的。

四、启示

现实生活中，有一些企业往往只注重自己纳税义务的履行，而忽视代扣代缴（或预扣预缴）义务的履行。从笔者查办的案例来看，稽查对象存在个人所得税问题的比例几乎能达到90%以上。另外，虽然张先生要求单位赔偿没有得到法院支持，但客观上张先生所在单位未履行个税扣缴义务给他的生活带来了麻烦，教训也是深刻的。

这个案例提醒我们：单位个税代扣代缴（或预扣预缴）义务不能“任性”不履行，否则后果很严重！而作为个人来说，如果单位未扣缴或少扣缴个税，未见得是“好事”，一时的“便宜”，换回来的可能是加倍的“吃亏”！这时作为普通员工，最好的做法就是提醒单位要依法履行自己的义务——万不得已时，要向税务机关进行举报。

情形5－5　工资薪金个人所得税税前扣除项目超过规定范围

一、业务描述

M公司是一家主营业务为中介代理的公司，主要成本是代理业务员的工资，税务检查人员按规定调取该单位账簿资料进行检查。针对工资薪金个人所得税的检查，主要的思路是查看账载实际发放给员工的工资薪金（现金所得或实物所得）情况，查看工资表及个人所得税全员扣缴申报表，核对员工从单位取得的工资薪金所得是否足额代扣代缴了个人所得税。

检查人员在核对工资薪金发放及个人所得税计算扣缴表时，发现了问题。工资表显示了员工工资的构成、金额，以及应扣缴个人所得税的计算过程、金额。通过查看个人所得税的计算公式，检查人员发现，员工工资薪金所得个人所得税税前扣除的金额，除了按规定缴纳的“五险一金”外，还有其他一些项目，而这些项目明显不允许在计算工资薪金个人所得税时扣除。

（1）员工在本企业食堂就餐，需要按月缴纳100元餐费，这100元餐费在税前进行了扣除。

（2）该公司建立了员工互助制度，即员工按月缴纳50元，单位为该员工缴纳50元，所有这些款项由公司集中管理，当员工遇到互助金制度所规定的困难事项时，员工可向公司申请领取互助金以救急。员工缴纳的50元，该单位在计算个人所得税时，在税前进行了扣除。

（3）该公司业务员保底工资较低，约1 000元。如果该员工当月没有业绩，则仅能领1 000元保底工资。考虑到该保底工资较低，该公司规定，当员工某月仅能领取保底工资时，可另外向公司借款2 000元作为生活费，该借款要在以后取得业绩工资较多的月份扣除。但检查人员发现，这部分借款也在税前进行了扣除。

二、税务处理错弊

本案例中，应扣缴工资薪金个人所得税的计算犯了低级错误，原因是该单位工资薪金个人所得税的计算由人力资源部负责，而人力资源部具体经办人员并不了解个人所得税的相关政策。

三、政策依据分析

《中华人民共和国个人所得税法》第六条“应纳税所得额的计算”第一项

规定："居民个人的综合所得，以每一纳税年度的收入额减除费用六万元以及专项扣除、专项附加扣除和依法确定的其他扣除后的余额，为应纳税所得额。"专项扣除，包括居民个人按照国家规定的范围和标准缴纳的基本养老保险、基本医疗保险、失业保险等社会保险费和住房公积金等；专项附加扣除，包括子女教育、继续教育、大病医疗、住房贷款利息或者住房租金、赡养老人等支出。

根据以上规定，本案例中被查单位在计算工资薪金个人所得税时，扣除项目多列，少扣缴了个人所得税。

第二节 劳务报酬所得类

《中华人民共和国个人所得税法实施条例》第六条第二项规定：劳务报酬所得，是指个人从事劳务取得的所得，包括从事设计、装潢、安装、制图、化验、测试、医疗、法律、会计、咨询、讲学、翻译、审稿、书画、雕刻、影视、录音、录像、演出、表演、广告、展览、技术服务、介绍服务、经纪服务、代办服务以及其他劳务取得的所得。

关于经营所得，实施条例第六条第五项规定：经营所得，是指个体工商户从事生产、经营活动取得的所得，个人独资企业投资人、合伙企业的个人合伙人来源于境内注册的个人独资企业、合伙企业生产、经营的所得；个人依法从事办学、医疗、咨询以及其他有偿服务活动取得的所得；个人对企业、事业单位承包经营、承租经营以及转包、转租取得的所得；个人从事其他生产、经营活动取得的所得。

实务中，劳务报酬所得与经营所得有时难以区分。例如，某自然人是自由职业者，以美术设计为业，未注册成立个体工商户，该自然人取得的所得是经营所得还是劳务报酬所得？建筑企业包工头带领几个民工承包零活，未注册成立个体工商户，他们取得的所得是经营所得还是劳务报酬所得？对这类问题，目前没有一个官方权威答复，实务中，操作也很混乱。以建筑企业包工头承接工程为例，由于他们未注册成立个体工商户，所以需要到税务机关代开发票。代开发票时，有的地方税务机关把该所得界定为经营所得，也有界定为劳务报酬所得的。这两种所得，计税方法不一样，扣缴义务人扣缴义务不一样，企业所得税税前扣除要求也不同。如果不能正确区分，会给当事个人和企业带来较大风险。

笔者认为，二者应当这样区分：如果个人已经办理证照，则其以所办理证照的单位承接业务取得所得应判定为经营所得；如果没有办理证照，但长期持续从事某项业务，按实施条例第六条第五项最后一款规定，也应当界定为经营所得。除此之外的个人承接业务取得应税所得，与支付所得单位又不构成劳动关系或事实劳动关系的，应当界定为劳务报酬所得。以美术设计为业，未注册成立个体工商户；建筑企业包工头带领几个民工承包零活，他们取得的所得应当界定为经营所得。

情形5－6　向个人支付劳务报酬未代扣个税

一、业务描述

这是一家科技企业，检查人员在查看该单位2017年、2018年“管理费用——技术开发费”科目时，发现多笔讲课费支出。记账凭证如图5－3所示。

记　账　凭　证

单位：×××公司　　2016年9月30日　　记账凭证172号

凭证摘要	科目名称	借方金额	贷方金额
报销张教授授课费	管理费用——技术开发费	20 000.00	
报销张教授授课费	其他应付款——×××		20 000.00
合计		20 000.00	20 000.00

填制人：×××　　审核人：×××　　主管人：×××　　附件张数：2

图5－3　某企业记账凭证

该记账凭证后是一张《关于向张××教授支付授课费的支付证明》，该证明写道：“张××教授于2018年9月5日、9月6日在我单位为相关研发人员讲授基因切割技术，按约定，现支付讲课费 2 万元整。”该证明有经办人员、相关领导以及张 × × 教授本人的签名，未见其他票据。经询问检查人员确认，此账务处理是向张 × × 教授支付的讲课劳务费，未代扣个税。

二、税务处理错弊

很多企业在日常经营中，会产生类似上述情况的偶发费用，如接受直接由个人提供的劳务：讲课、表演、技术开发、咨询、中介等。由于数额不大，次数也不多，一些企业会忽略个人所得税的代扣义务。而类似于上述业务，即便一个很初级的税务检查人员也会很容易地看到。这是最容易被发现的一类问题，风险是极高的。根据个人所得税法的相关规定，上述所得，支付单位应按劳务所得代扣个人所得税。

有意思的是，有的单位为了规避个人所得税扣缴义务，筹划了这么一种办法：由劳务提供者在税收监管不严的地区（如某个边远省份）注册一个一人有限公司，然后与该一人有限公司签订服务（劳务合同），由劳务提供者以该一人有限公司的名义提供劳务、收取费用并开具发票。这样，扣缴义务被转移，同时也取得了合法扣除凭据，一举两得。而一人有限公司产生的相关纳税或扣缴义务呢？由于是税收监管的洼地，所以上述税款很可能就“化为无形了”。

三、政策依据分析

在旧的个人所得税法下，劳务报酬所得，是指个人从事设计、装潢、安装、制图、化验、测试、医疗、法律、会计、咨询、讲学、新闻、广播、翻译、审稿、书画、雕刻、影视、录音、录像、演出、表演、广告、展览、技术服务、介绍服务（佣金）、经纪服务、代办服务以及其他劳务取得的所得。

修订前的《中华人民共和国个人所得税法》第二条规定：“下列各项个人所得，应纳个人所得税：……四、劳务报酬所得；……”第六条“应纳税所得额的计算”第四项规定：“劳务报酬所得、稿酬所得、特许权使用费所得、财产租赁所得，每次收入不超过 4 000 元的，减除费用 800 元；4 000 元以上的，减除 20% 的费用，其余额为应纳税所得额。”第八条规定：“个人所得税，以所得人为纳税义务人，以支付所得的单位或者个人为扣缴义务人。”

对劳务报酬所得一次收入畸高（应纳税所得额超过 20 000 元）的，要实行加成征收，即一次取得劳务报酬收入，减除费用后的余额（即应纳税所得额）超过 20 000 元至 50 000 元的，按照税法规定计算的应纳税额，加征五成；超过 50 000 元的，加征十成。

新的个人所得税法实施后，支付劳务报酬所得的扣缴义务人，在支付所得时要预扣预缴个人所得税，取得劳务报酬所得的个人，符合《国家税务总局关于办理 2019 年度个人所得税综合所得汇算清缴事项的公告》（财政部、税务总局公告 2019 年第 94 号）规定条件，应当办理汇算清缴。

情形 5－7　虚列人数少缴税，弄巧成拙被处罚

一、业务描述

检查人员在对调取的 A 公司 2017 年度、2018 年度电子账进行检查时，发现该公司“管理费用”“销售费用”科目中均列支有“评审费”。通过查账软件的检索功能，检索出这类支出每年累计有近百万元。检查人员随机打开其中几笔评审费的记账凭证，均未看到支付时代扣代缴劳务的个人所得税。也就是说，该单位每年支付的近百万元“评审费”基本没有代扣代缴个人所得税。抽查了几笔评审费支付的原始凭证，其中的评审费签收表，有当事人领取评审费的签名，每个人的评审费均为 800 元，没有超过费用扣除额，这可能就是近百万评审费支出没有代扣代缴个人所得税的原因。

检查人员就评审费支出询问被查企业财务人员，财务人员解释：上级对评审费支出有限额控制，每人不超过 800 元，所以，每次组织评审活动，向评审专家支付的评审费就是 800 元。根据税法的规定，减除 800 元的费用，应纳税所得额为 0，所以没有代扣代缴个人所得税。

财务人员的解释显然不能让检查人员信服，因为关键性的两个疑点财务人员并没有做出合理解释。疑点一：就现在的工资水平来说，800 元一天的评审费，明显偏低。疑点二：每次评审，不管工作量大小、时间长短及技术要求，评审费都是 800 元，明显不符合常理。这些疑点指向该单位虚列人头、人为“摊薄”评审费，达到少缴个人所得税的目的。但是，证据呢？

检查人员决定还是从凭证资料入手。在对所有评审费支出的凭证进行逐一详查后，检查人员果然发现破绽：评审费领取表上有详细的名单，很多单位名称及职务为手写，且明显笔迹为同一人。最关键的是，评审会会议费发票显示会议地点明明是 B 市，评审人员所在单位是 B 市以外的其他地市，甚至还有外省的，但并没有这些专家报销差旅费、住宿费的发票和付款凭证。这种情况下，只有两种可能：一种可能是，所有专家自费参加评审，但这显然与事实不符——为了区区 800 元评审费，有哪个专家会拿出自己一到两天的时间，同时负担近千元的差旅、住宿费支出？另一种可能就是：评审费领取表中的领取人员虚列，也就是说，10 个人参加评审，但却另外虚列了 20 人，把人均评审费金额降到 800 元，达到不缴税的目的。

检查人员直截了当地把问题提了出来，财务人员无言以对，但依旧不承认虚列。当检查人员提出要根据评审费签收名单逐一到每个专家单位去核实情况时，财务人员才承认领取评审费人员中的大部分为虚列的事实。最终，该单位因为虚列人员少扣缴个人所得税被处罚。

二、税务处理错弊

依法诚信纳税是企业的本份，无厘头的纳税筹划反而会害了企业。该案有主观故意性，类似情形可能会被定性为偷税。需要说明的是，纳税人在履行个人所得税扣缴义务时，确实存在扣缴义务人有些不情愿、纳税人也有些不配合的情况，扣缴义务人应当依法做好宣传解释工作。如果所得方确实不愿意配合，双方应在合同中约定，税款由支付方负担，即纳税人所得为税后，支付方还原计算后，再申报缴纳个人所得税。

三、政策依据分析

同情形 5 –6。

第三节　利息、股息、红利所得类

《中华人民共和国个人所得税法实施条例》第六条第六项规定：利息、股息、红利所得，是指个人拥有债权、股权等而取得的利息、股息、红利所得。在新的个人所得税法下，利息、股息、红利所得涉及个人所得税的计算及扣缴规则无变化。

情形 5 –8　股东借款未用于正常业务

一、业务描述

这是一家房地产企业，检查人员查看其大额现金支出时，发现如图 5 –4 所示的一张记账凭证。

记　账　凭　证

单位：××× 公司　　　2018 年 12 月 31 日　　　记账凭证 84 号

凭证摘要	科目名称	借方金额	贷方金额
往来款	其他应收款——个人	6 623 000. 00	
往来款	现金		6 623 000. 00
合计		6 623 000. 00	6 623 000. 00

填制人：×××　　审核人：×××　　主管人：×××　　附件张数：1

图 5 –4　某企业记账凭证

该凭证后附了一张手写的借条，借款人签名是该企业财务主管。作为一家民营企业，财务主管能借出如此大额的款项，而且是以现金方式，非常不合常理。经过几番询问，企业财务人员无奈说出实情：该款项实际为其中一名股东的借款。

检查人员猜测，像这种借款，可能不止一个股东，于是逐年打开“辅助账按科目”→“其他应收款——个人”科目明细账，看是否存在其他股东从被投资企业借款的情况。在打开的辅助账所呈现的个人名单中，检查人员果然看到了其他股东的名字。打开其中一位股东“其他应收款”的辅助明细账，检查人员看到的是如表5－2所示的内容。

表5－2　　某企业其他应收款辅助明细账

日期	项目名称	摘要	凭证编号	凭证类型	科目名称	借方金额	贷方金额	余额	方向
201500合计	李××	年初合计						0	借
20150812	李××	李总借款	19	转	其他应收款——个人	5 000 000.00		5 000 000.00	借
201512累计	刘××	本期累计				5 000 000.00		5 000 000.00	借

分别打开另外几名股东“其他应收款”的辅助明细账，检查人员发现，另外几名股东也有借款，且借款比例与其持股比例相同。分别向后追溯查看相关账簿，检查人员发现，所有股东借款，截至检查期间，一直未归还。

二、税务处理错弊

显然，股东在以借款的名义分红，目的就是少缴个人所得税。一些纳税人的常见手法是：将股东个人借款隐藏在其他正常员工借款中；频繁在不同科目间转账；有借有还；用业务不真实但合法的票据进行冲销等。由于并不是每个年度都会被稽查，所以，类似于股东借款这种情况，如果若干年不稽查，纳税人又不履行代扣个人所得税义务，这个问题很难被发现。

三、政策依据分析

《财政部 国家税务总局关于规范个人投资者个人所得税征收管理的通知》（财税〔2003〕158 号）第二条“关于个人投资者从其投资的企业（个人独资企业、合伙企业除外）借款长期不还的处理问题”规定：“纳税年度内个人投资者从其投资企业（个人独资企业、合伙企业除外）借款，在该纳税年度终了后既不归还，又未用于企业生产经营的，其未归还的借款可视为企业对个人投资者的红利分配，依照‘利息、股息、红利所得’项目计征个人所得税。”

需要注意的是，该文所谓的“年度终了”是指当年的 12 月 31 日；纳税年度，是指自公历 1 月 1 日起至 12 月 31 日止。本案例中，股东按持股比例借款，超过一个纳税年度未归还且未用于生产经营，应依照“利息、股息、红利所得”项目计征个人所得税。

情形 5－9　单位负担集资利息应扣个人所得税款，未正确计算并补扣补缴个人所得税

一、业务描述

T 公司从事房地产开发，检查人员调取了该公司 2015 年、2016 年账簿资料进行纳税检查。当询问该单位财务人员，以前年度是否被税务机关检查过时，财务人员做出了肯定的回答，并提供了以前年度检查所出具的《税务处理决定书》和《税务处罚决定书》。从这两份文书中，检查人员了解到，该单位 2013 年度、2014 年度以 5% 的利率向单位员工集资，在支付集资利息时，按利息总金额 100 万元的 5% 代扣代缴了个人所得税。稽查局在对该单位 2012 年度、2013 年度纳税情况进行检查时，发现其少扣缴 15% 的 15 万元利息所得个人所得税，于是责令其补扣补缴，并给予了相应的处罚。检查人员询问财务人员，2015 年度、2016 年度是否仍存在这一问题时，财务人员回答：已经不

再向员工集资。检查人员在查看账簿资料时所了解的情况，证实了财务人员的说法。接下来，检查人员想了解补税的会计处理是否存在问题。财务人员很快找到了补税的凭证，并打开给检查人员看（见图5-5）。

记　账　凭　证

单位：T公司　　　　2014年12月12日　　　　记账凭证98号

凭证摘要	科目名称	借方金额	贷方金额
补缴个税	其他应收款——个人	150 000.00	
补缴个税	银行存款		150 000.00
合计		150 000.00	150 000.00

填制人：×××　　　审核人：×××　　　主管人：×××　　　附件张数：2

图5-5　T公司记账凭证

凭证后面所附的计算表等资料证明，应扣利息个人所得税的其余15%部分已按税务机关要求补扣补缴。检查人员觉得应该没什么问题，就不再追问。

在“投资收益”科目里，检查人员发现，该单位有将自有资金购买银行理财产品获取收益的行为，获取的理财收益未申报缴纳营业税及相关附加。于是询问财务人员，其购买的理财产品属于什么类型，是否属于不征营业税的项目。财务人员肯定地回答说：他们购买的理财产品都是保本、有固定收益的，不征收营业税。同时，他还提供了该单位的董事会会议纪要及理财产品的产品说明书。董事会会议纪要显示：为确保投资风险可控，只购买保本、有固定收益的理财产品。理财产品说明书表明，该单位所购买的理财产品符合董事会要求。

但是，检查人员却在该董事会的会议纪要中发现一条重要内容，而这个内容揭开了一个和以前年度检查有关的秘密：“经董事会研究决定，税务局检查后要求补缴的其余15%即15万元集资利息个人所得税，由单位负担，不再向个人补扣……”财务人员没想到，一个董事会的会议纪要不经意间透露出的秘密，惹来了一个大麻烦。

二、税务处理错弊

税务检查的后续处理如果不正确，同样会隐含巨大的税务风险。被查单位原本是想把集资作为员工的一项福利，当遭遇检查需要补扣补缴税款时，由于担心员工会有强烈的对抗情绪，采取了由单位负担的办法。这合乎情理，但税务处理要正确，需要还原计算应补扣补缴的税款，而不是一补了之。

三、政策依据分析

《中华人民共和国个人所得税法》第二条规定：利息、股息、红利所得，应纳个人所得税。第三条第五项规定：特许权使用费所得，利息、股息、红利所得，财产租赁所得，财产转让所得，偶然所得和其他所得，适用比例税率，税率为20%。第六条第六项规定：利息、股息、红利所得，偶然所得和其他所得，以每次收入额为应纳税所得额。第八条规定：个人所得税，以所得人为纳税义务人，以支付所得的单位或者个人为扣缴义务人（上述规定，新的个人所得税法无变化）。

《国家税务总局关于印发征收个人所得税若干问题的规定》（国税发〔1994〕89号）第十四条“关于单位或个人为纳税义务人负担税款的计征办法问题”规定：单位或个人为纳税义务人负担个人所得税税款，应将纳税义务人取得的不含税收入换算为应纳税所得额，计算征收个人所得税。计算公式如下：

（1）应纳税所得额＝(不含税收入额－费用扣除标准－速算扣除数)/(1－税率)

（2）应纳税额＝应纳税所得额×适用税率－速算扣除数

公式（1）中的税率，是指不含税所得按不含税级距对应的税率。

公式（2）中的税率，是指应纳税所得额按含税级距对应的税率。

根据此规定，本案例中，个人负担了5%的利息所得个人所得税，因此，其应纳税所得额为95/(1－20%)＝118.75（万元），应纳税额为118.75×20%＝23.75（万元），应补扣补缴利息所得个人所得税为23.75－15－5＝3.75（万元）。

情形5-10　信托公司支付个人利息未代扣代缴个人所得税

一、业务描述

稽查对象A集团公司旗下成员单位有十几家，为统一管理和使用资金，集团公司设有资金管理部，所有成员单位的资金均通过集团公司资金管理部进行收、付及结算，检查年度为2014年、2015年。很自然地，检查人员甲与搭档把资金管理部资金业务涉及税收问题的检查作为一个重点。不出所料，他们发现了该集团公司将资金借给所属企业收取利息不符合统借统还条件，却按统借统还进行免税处理的问题，涉及税款约有数百万元。

对A集团公司从外部融资支付利息税前扣除是否符合税法规定，检查人员同样进行了认真的检查，但未发现明显问题。不过，检查中有一个细节让检查人员甲感到很奇怪。A集团公司外部融资渠道有银行、信托公司等多家金融机构，检查人员抽取借款合同进行审核，发现该公司从金融机构借款，年利率基本在6%上下浮动，比较正常，但唯有从一家B信托公司借款一亿元的合同，约定的年利率是10%，而且借款期限是10年。

凭借自身的信用，A集团公司无疑是金融机构的优质客户，明明有利率比较低的钱可以借，为什么要按那么高的利率从B信托公司借，而且一借就是10年呢？检查人员甲隐隐感到哪里不对劲。他马上询问A集团公司财务人员，财务人员只是轻描淡写地说：这是集团公司出于战略的考虑，因为长期合作且资金供应稳定，所以虽然利率高，也愿意签订长期借款合同。

虽然疑虑没有完全消除，但没有别的证据和信息，检查人员甲只能相信财务人员的说法。几天后，检查人员甲参加战友聚会，聚会要求夫妻同时参加。聚会现场，互相介绍时，检查人员得知，其中一位战友乙的妻子恰好就是A集团公司下属单位的员工。吃饭聊天时，不知是谁提起工资增长赶不上物价增长以及理财的话题，说到这个话题时，乙战友马上接上话茬说道：“我媳妇他们单位厉害，集资，而且利息很高！”话还没说完，他媳妇却扯了他一把，然后他突然止住了话语。一旁正在夹菜的检查人员甲默不作声，但听到他的话突然一下子明白了！

第二天一上班，他立刻向领导汇报，然后与搭档履行相关手续后，一道直奔B信托公司……调查的过程很顺利，让检查人员甲疑惑的问题终于有了答案。原来，A集团公司自身有大量的融资需求，为了满足公司融资需要，最主要是为了给员工搞“福利”，他们根据税务筹划机构的建议，找到一家信托公司，通过该信托公司发行信托产品的形式向集团内部员工集资一亿元。员工集资金额根据其职级确定，募集的资金以贷款的形式借给A集团公司，年利率为10%（手续费另外支付），A集团公司按年支付利息，B信托公司收到利息后，支付给员工个人，但未代扣代缴相应的个人所得税。A公司之所以“曲线”集资，就是为了规避个人所得税的扣缴义务——毕竟A集团公司目标太大，而信托公司目标比较小。调查结束，B公司向个人支付利息未按规定履行个人所得税扣缴义务受到了处理。

二、税务处理错弊

本案中，B公司向A集团公司员工个人发行信托计划属于个人向信托公司借出资金，其取得的固定收益，应按“利息、股息、红利所得”缴纳个人所得税。信托公司向个人支付利息时，应履行但未履行个人所得税扣缴义务。

三、政策依据分析

国家税务总局批复宁夏回族自治区地方税务局的国税函〔2005〕424号文件明确规定：“受托人支付给个人的资金信托业务收益，属于‘利息、股息、红利所得’应税项目，应按20%的比例税率全额缴纳个人所得税。受托人应按个人所得税法的有关规定履行代扣代缴义务。”由于网上无法查询该文件，关于该文件是否有效，曾有人在总局网站提问，总局网站答复：“国税函〔2005〕424号文件是我局对山西、宁夏某涉税案件的批复，未向社会公布。

根据个人所得税法规定精神，个人取得信托产品收益，应按‘利息、股息、红利所得’项目征收个人所得税。对转让信托持股的个人，如果所转让的是二级市场的股票，则免征个人所得税；如果转让的是限售股，则应按财税〔2009〕167号文件执行。上述回复仅供参考。有关具体办理程序方面的事宜请直接向您的主管或所在地税务机关咨询。”

情形5－11　被投资企业为投资者个人负担费用未代扣个人所得税

一、业务描述

M公司是一家民营医疗机构，注册资金100万元，投资者为李先生、王女士，且二人为夫妻。检查人员接受任务对该单位2016年、2017年的纳税情况进行检查。由于账簿资料不多，检查人员采取了详查法进行检查。对一些私营企业来说，费用类涉税问题出现的概率较大，因此，检查人员重点对费用列支情况进行了详细检查。

检查发现如下问题：

2017年2月第54号凭证记载，“销售费用——保险费”列支保险费21 632元。投保车辆为沪N××××、苏A××××，两辆汽车的车辆登记信息显示，车主均为王女士，不属于M公司资产。

2017年5月第21号凭证记载，“销售费用——保险”列支保险费7 306.72元。查看保险合同，检查人员查明，该保险合同保险内容是健康保险，被保险人为李先生。

2018年2月第19号凭证记载，“管理费用——差旅费”列支差旅费96 731.5元，票据内容为旅游发票。旅游合同显示，这笔支出为李先生、王女士及其子女出国旅游的费用。

检查人员经调查确认，上述支出均为李先生、王女士夫妻个人费用，与单位取得收入无关，李先生、王女士对检查人员的认定无异议。

二、税务处理错弊

在一些私营企业投资者的意识中，“肉早晚都是烂在锅里”，所以，并不能严格区分和核算投资者个人的财产、收入、支出与被投资企业的财产、收入、支出。在被投资企业报销应由个人负担的费用，是一件再平常不过的事情。不过，这样做显然会有税务风险——单位为个人承担应由个人负担的费用，属于与取得收入无关的支出，应纳税调整增加，计算补缴企业所得税，同时还需要按股息红利代扣代缴个人所得税。

本案中，为投资者报销应由个人负担的费用，这类涉税问题之所以被查证，最主要的一个原因是列支的凭证能精确指证支出的用途。比如，报销的车辆保险费，保险费发票上会有车牌号信息，而通过车牌号就能查到车主。再如，旅游费支出，可以通过旅游合同查证是谁参加了旅游——旅游合同一般不会造假，因为造假的后果是，一旦出现意外，旅游者的利益不能得到保护。但是，实务中，投资者在被投资企业报销个人费用，调查难，取证难。因为很多支出，即使应当由个人承担，也伪装成公务支出。有时，即使明知是替个人报销的应当由个人负担的费用，但由于没有确凿的证据，检查人员也只能作罢。

三、政策依据分析

本案例中，被投资企业为投资者个人报销应由个人负担的费用的税务处理，《财政部 国家税务总局关于规范个人投资者个人所得税征收管理的通知》（财税〔2003〕158 号）第一条“关于个人投资者以企业（包括个人独资企业、合伙企业和其他企业）资金为本人家庭成员及其相关人员支付消费性支出及购买家庭财产的处理问题”明确规定：“除个人独资企业、合伙企业以外的其他企业的个人投资者，以企业资金为本人、家庭成员及其相关人员支付与企业生产经营无关的消费性支出及购买汽车、住房等财产性支出，视为企业对个人投资者的红利分配，依照‘利息、股息、红利所得’项目计征个人所得税。企业的上述支出不允许在所得税前扣除。”

第四节　财产租赁所得类

《中华人民共和国个人所得税法实施条例》第六条第七项规定：财产租赁所得，是指个人出租不动产、机器设备、车船以及其他财产取得的所得。对于企业来说，常见的就是向个人支付的财产租赁所得，如向个人支付房屋租赁费、汽车租赁费、电脑租赁费、其他个人财产的租赁费用。根据个人所得税法规定，作为支付所得的单位应当按规定在支付所得时，履行个人所得税扣缴义务。

《中华人民共和国个人所得税法》第六条“应纳税所得额的计算”明确：财产租赁所得，每次收入不超过4 000元的，减除费用800元；4 000元以上的，减除20%的费用，其余额为应纳税所得额。

情形5－12　租赁员工设备租赁费，未正确履行个人所得税扣缴义务

一、业务描述

Z公司是一家软件企业，主要从事行政信息管理系统的开发。其成本费用中，最大的部分就是人力成本，且由于行业的特殊性，员工有着较高的工资薪金收入，因此，工资薪金涉及个人所得税的检查是重点。检查人员调取了该单位2017年、2018年的电子账，对“应付职工薪酬”科目的检查，未发现什么问题。检查“生产成本”科目时，发现该科目下有一个名称为“设备使用费”的二级科目。打开其中一张凭证，显示如图5－6所示的信息。

记 账 凭 证

单位：Z 软件公司　　2018 年 1 月 9 日　　记账凭证 12 号

凭证摘要	科目名称	借方金额	贷方金额
设备使用费	生产成本——设备使用费	11 000.00	
设备使用费	银行存款		11 000.00
合计		11 000.00	11 000.00

填制人：×××　　审核人：×××　　主管人：×××　　附件张数：2

图 5-6　Z 公司记账凭证

该凭证后面，附有一张银行转账凭据和一个明细表。明细表显示，凭证所载明的业务是支付给各开发部员工共计约 50 人、每人 150 元到 200 元不等的设备使用费。类似的业务，几乎每个月都有——这是什么样的支出？相应的税务处理是否正确？这是检查人员需要落实的问题。询问被查单位财务人员及相关当事人后，检查人员了解了相关情况。

原来，该单位为了降低成本、提高相关设备的使用效益，对开发人员所用电脑采取了特别的管理办法：与所有开发人员签订电脑租赁合同，约定开发人员一律使用自己购买的笔记本电脑（自带电脑上岗，电脑上的开发软件由公司采购并安装），公司按月向开发人员支付一定的电脑租赁费，不再为其配备笔记本电脑。上述支付给员工个人的租赁费，被查单位按工资、薪金所得合并员工当月工资计算并扣缴了个人所得税。

二、税务处理错弊

目前，我国的个人所得税实行的是分类税制，即根据收入来源性质的不同，分别适用不同的税率和计算方法，计算并代扣个税。本案例中，员工取得的设备租赁收入，并不属于工资、薪金所得，应按租赁收入计算并扣缴个人所得税。

三、政策依据分析

员工工作时使用个人电脑，单位支付一定的租金，这种所得，并非任职或受雇而取得的工资薪金所得，实际上是个人出租其财产而取得的所得（出租财产，与个人是否任职或受雇没有直接关系，只不过本案中恰好租用的是被雇用员工的资产罢了。也就是说，单位即使租赁了雇用员工的个人财产并支付了租金，也不能将租金所得判定为工资、薪金所得），应适用财产租赁所得计算并扣缴个人所得税。本案例中，员工取得的每月 150 元到 200 元不等的设备租赁费，未超过扣除费用，因此，不需要代扣个人所得税。被查单位按工资、薪金所得计算并扣缴个人所得税，适用税目错误，反而多扣了员工个人所得税。

类似的情况还有：企业租用员工的私家车，如果签订了租赁合同，则应按"财产租赁所得"计算并代扣个人所得税。如果发放的是车补，则按工资、薪金所得计算并扣缴个税。车补与租金是不同的：租金的金额与被租赁的车型及使用时长有关，被租用的车辆一般可在企业安排下供任何员工使用；而车补金额一般与员工的任职或岗位有关，且获得车补的员工，其个人车辆的使用权并不会因此转移至所在单位。

情形 5－13　租入自然人不动产支付租金取得代开发票，未正确履行个人所得税扣缴义务

一、业务描述

检查人员接受了对 H 公司 2015 年、2016 年地方各税缴纳情况进行检查的任务。他们了解到，该公司是甲房地产开发公司的全资子公司，负责某商业房产项目的运营管理。该商业房产由甲公司开发，于 2007 年交付购房者。当初销售这些商业房产（商铺）时，开发商承诺：购房者购房后，开发商回租，期限为 10 年，租金逐年增加，最终总租金等于购房款。H 公司的业务就是兑现甲房地产公司的承诺，向购房者支付租金将商铺回租，然后统一对外出租。H 公司的主营业务收入就是转租收入，主营业务成本就是回租商铺所支付的租金。检查人员通过与 H 公司负责人及财务人员沟通还了解到，为了确保商业

地产日常业务相关税收不漏管、漏征，他们按要求与所在地主管税务机关签订了《委托代征协议》。协议约定，H 公司要到主管税务机关代开租赁发票，并按相应的比例代征营业税、房产税、个人所得税、印花税等（2016 年 5 月 1 日后代征营业税改为代征增值税）。其中，向自然人房主支付租金，按照开票金额 1.5% 的预征率征收了个人所得税。

相关明细账及凭证印证了财务人员的说法。按合同约定，该公司每季度初向自然人房主支付该季度租金时，借记"其他应收款——回租款"，贷记"银行存款""其他应付款——应付代征税费款"；取得代开发票后，借记"营业成本"，贷记"其他应收款——回租款"；缴纳代征的税费时，借记"其他应付款——应付代征税费款"，贷记"银行存款"。

当检查人员询问该单位财务人员，支付给自然人房主的租金，个人所得税的扣缴义务是否正确履行时，财务人员回答道："到税务机关代开发票时，我们已经代征并且缴纳了，没有问题。"并且，代征时，是按《××省个人房屋出租税收管理办法》规定的综合征收率，该管理办法第十五条规定："纳税人应依照本办法的规定，向主管地税机关或代征人缴纳税收及附加。"

二、税务处理错弊

向自然人房主支付房屋租金并从税务机关代开发票，H 公司虽按税务机关要求，以 1.5% 的预征率代征了财产租赁所得的个人所得税，但并不能免除其作为房屋租入方的个人所得税完全扣缴义务。H 公司应按个人所得税法的相关规定，扣除允许扣除部分，按 20% 税率计算并补扣补缴相应的个人所得税，按开票金额 1.5% 已经预征的部分可从中抵减。

三、政策依据分析

新旧个人所得税法均明确：个人所得税以所得人为纳税人，以支付所得的单位或者个人为扣缴义务人。本案例中的租入方 H 公司应当依法对支付的财产租赁所得履行法定扣缴义务——代开发票、预征税款并不能成为免除其扣缴义务的理由。

类似业务，规范的做法应当是：单位向自然人支付所得并取得自然人从税务机关代开的增值税发票时，应当查看相应的预征个人所得税完税凭证。如果征收税目不是“个体工商户的生产、经营所得”，则应依法履行个人所得税代扣代缴义务，按规定计算并申报补缴预征税款以外的应扣缴个人所得税款。

这一点，湖北省地方税务局2016年第4号《关于个人所得税征收管理有关问题的公告》第三条“关于零散代开票个人所得税问题”第二项规定得非常明确：“对不属于生产、经营所得项目的所得，应由支付所得的单位和个人依法代扣代缴个人所得税，扣缴义务人在向主管地方税务机关进行全员全额扣缴申报时，对纳税人在代开增值税发票环节已按1.5%预征缴纳的个人所得税，应作为已缴税款予以抵减。”

第五节　财产转让所得类

《中华人民共和国个人所得税法》第六条第五规定：财产转让所得，以转让财产的收入额减除财产原值和合理费用后的余额，为应纳税所得额。

《中华人民共和国个人所得税法实施条例》第六条第八项规定：财产转让所得，是指个人转让有价证券、股权、合伙企业中的财产份额、不动产、机器设备、车船以及其他财产取得的所得。第十六条明确，个人所得税法第六条第一款第五项规定的财产原值，按照下列方法确定：

（1）有价证券，为买入价以及买入时按照规定缴纳的有关费用。

（2）建筑物，为建造费或者购进价格以及其他有关费用。

（3）土地使用权，为取得土地使用权所支付的金额、开发土地的费用以及其他有关费用。

（4）机器设备、车船，为购进价格、运输费、安装费以及其他有关费用。

情形5－14　履行对赌协议“吐”出来的股权转让款是否应退个人所得税？

一、业务描述

A公司是一家互联网企业，2010年设立，甲、乙二自然人分别持有A公司51%、49%股权，初始投资成本分别为510万元、490万元。公司成立后发展迅速，截至2014年12月31日，该公司净资产已经达到2 000万元。此时，另一家大型互联网企业B公司看中了这家公司的发展潜力，经B与甲、乙两人的多轮谈判，最终达成协议，B以2 000万元总价收购甲、乙两人分别持有的A公司股权，股权转让时点为2014年12月31日。但该协议同时约定，甲、乙二人虽不再持有A公司股权，但继续履行对A公司的管理职责，并且确保股权转让后的3个年度内的审计后会计利润分别不低于2015年的150万元、2016年的175万元、2017年的200万元。如不能完成预定的利润指标，则差额部分由甲、乙两人以现金形式在2018年4月30日前退回。

股权转让后，甲、乙二人分别按约定收到了B公司支付的股权转让款，同时在规定的期限内申报缴纳了股权转让个人所得税，总计200万元［(2 000－1 000)×20%］。2015年，A企业实现预定利润目标；2016年实现利润160万元，与目标金额相差15万元；2017年实现利润170万元，与目标金额相差30万元，3个年度共计少实现利润45万元。按合同约定，甲、乙二人在规定的时间内分别按原持股比例将总计45万元现金退回B公司。

辛苦干了3年，拿到手的股权转让款还没有完全“捂热”，个人所得税已经全额缴纳的情况下，又要“吐”出45万元，这让甲、乙二人郁闷不已。他们的问题是：“股权转让款我们“吐”出来一部分，那相应的个人所得税款还能不能退？”

二、税务处理错弊

认真研读对赌协议，我们会发现，合同约定的股权转让价款其实并非最终的股权转让价款，只是相当于一个暂估价款。观察期满后，最终“吐”或“不吐”确定后，双方才能最终确定股权转让价格。本案例中，股权转让协议约定的股权转让价格是2 000万元，这是“暂估”的，因为该合同还附有一个对赌协议。对赌协议履行后，股权转让方要支付给股权收购方45万元对赌价款，则最终股权转让价格“校正”为2 000 - 45 = 1 955（万元）。该股权交易价格下，应申报缴纳的个人所得税为191万元［（1 955 - 1 000）×20%］，而不是200万元。根据《中华人民共和国税收征收管理法》第五十一条“纳税人超过应纳税额缴纳的税款，税务机关发现后应当立即退还；纳税人自结算缴纳税款之日起3年内发现的，可以向税务机关要求退还多缴的税款，并加处银行同期存款利息，税务机关查实后应当立即退还”规定，多缴的税款，自然应当退还。少缴税款是错弊，多缴自然也是错弊。

三、政策依据分析

甲、乙二人与B公司签订的股权转让协议约定了股权转让价款，同时也约定了对赌条件。对赌条件的设立，是双方特别是收购方对股权公允价客观性的一个保全性条款。这一条款的设立，设定了一个观察期（如3年），可以尽量减少原股东虚增业绩和利润以便股权有较好卖价的可能性，也可以促使原股东并不因转让股权而削弱对A企业的持续管理。对收购方来说，对赌协议相当于为股权转让公平交易加了一道保险锁，好处是显而易见的。脱离对赌协议，不考虑对赌协议的落实情况，简单地把股权转让合同约定的价格作为股权转让价款，对纳税人是不公平的。

与此相似的是企业间转让股权履行对赌协议的涉税处理——《海南省地方税务局关于对赌协议利润补偿企业所得税相关问题的复函》（琼地税函

〔2014〕198 号)，该文件对海南航空股份有限公司明确：“你公司《关于对赌协议利润补偿企业所得税相关问题的请示》收悉，经研究，现答复如下：依据《中华人民共和国企业所得税法》及《中华人民共和国企业所得税法实施条例》关于投资资产的相关规定，你公司在该对赌协议中取得的利润补偿可以视为对最初受让股权的定价调整，即收到利润补偿当年调整相应长期股权投资的初始投资成本……”文件提到，收到对赌协议补偿可以视为受让股权的定价调整。依此类推，转让方支付对赌协议补偿同样也可以视为转让股权的定价调整，定价调整会带来计税依据的调整，相应地，转让方转让股权涉及的企业所得税应纳税额也应调整——多退少补，该文件寥寥数语道出了股权转让对赌协议的本质，其精神应当引入个人转让股权附带对赌协议的情形上来。

但是，目前关于股权转让对赌协议的税收政策仍不够明确。本案例中，甲、乙二人若手持对赌协议的股权转让合同去办理退税，恐怕还有技术上的难题，期待相关部门能有权威的规定或解释。

情形 5－15　个人收回投资取得补偿金未申报缴纳个人所得税

一、业务描述

检查人员对 N 房地产开发公司 2018 年纳税申报情况进行检查。该年度“营业外支出”明细账显示，12 月该公司向自然人张某支付赔偿金 1 亿元，记账凭证后附有收款收据、撤资协议。询问财务人员，财务人员如实讲述了该业务背后的故事：原来，N 公司开发项目缺少资金，经人介绍认识了“金主”张某。双方协商后，于 2011 年签订合作开发房地产项目合同，张某投入资金 2 亿元与 N 公司合作开发房地产项目。2018 年，由于存在分歧，双方协商后决定解除合作开发合同，N 公司退还张某原投入资金 2 亿元。同时，另外支付张某赔偿金 1 亿元，张某不再对房地产开发项目主张任何权利。

检查人员同时查看了股权变动情况，发现张某与N公司合作开发项目，约定是以货币资产投资的形式，但未办理股权登记手续，N公司的实收资本未变化，收到张某投入的1亿元资金记入了“其他应付款”科目。

检查人员询问：支付张某的赔偿金是否代扣了个人所得税？财务人员回答：1亿元款项是按合同约定支付投资人的赔偿款，是因为违约而给对方的补偿，不是对方所得，所以，没有也不需要代扣个人所得税。

二、税务处理错弊

实务中，个人终止投资经营、收回款项的现象比较常见，但纳税人往往忽略了该业务存在的个人所得税代扣代缴义务。

三、政策依据分析

《国家税务总局关于个人终止投资经营收回款项征收个人所得税问题的公告》（国家税务总局公告2011年第41号）第一条规定：“个人因各种原因终止投资、联营、经营合作等行为，从被投资企业或合作项目、被投资企业的其他投资者以及合作项目的经营合作人取得股权转让收入、违约金、补偿金、赔偿金及以其他名目收回的款项等，均属于个人所得税应税收入，应按照‘财产转让所得’项目适用的规定计算缴纳个人所得税。”该文件还明确应纳税所得额的计算方法：应纳税所得额=个人取得的股权转让收入、违约金、补偿金、赔偿金及以其他名目收回款项合计数-原实际出资额（投入额）及相关税费。

本案中，张某与N公司终止经营合作，包括赔偿金在内，共收到款项3亿元，减去实际出资额2亿元，应纳税所得额为1亿元，N公司应补扣补缴个人所得税2 000万元。

需要说明的是，与税法的表达不同，日常人们所说的投资，更宽泛一些。除了投资企业获取股权外，还有投资于合伙企业，或者与其他任何单位和个人进行单项目合作等形式。而个人所得税法规定的财产转让所得，是指个人转让有价证券、股权、建筑物、土地使用权、机器设备、车船以及其他财产取得的所得。在个人所得税法中，投资似乎只有股权一种，如果仅对收回股权投资进行征税，而其他的“投资”形式不涉及，无疑为避税提供了便利条件，41 号公告拓展了终止投资收回款项应税的范围，纳税人应当注意。

第六节　稿酬、特许权使用费、其他所得等

情形 5 – 16　购买礼品对外赠送，未按规定代扣个人所得税

一、业务描述

这是一家投资公司，检查人员调取了该单位 2017 年、2018 年的电子账进行检查。检查人员深知，在企业经营活动中，不可避免地要发生各类公关支出，公关的对象主要是管理机构有管理权的相关个人、会对企业日常经营产生影响的社会各类人员、客户单位对企业经营产生重要影响的有关人员等。这类礼品支出有较明显的特征，一是摘要关键字会标示出该业务的礼品属性，如摘要中会有“礼”“礼品”“走访”“协调”“客户维护”等类似关键字；二是这类业务在每年的 9 月、10 月和次年的 1 月、2 月以及采购单位集中招标的季节会比较集中发生；三是该类支出一般列支在“管理费用”“销售费用”中，也有一些企业会列支在“应付职工薪酬——应付福利费”或“生产成本”“制造费用”中。购买的礼品则五花八门，什么都有，如电子产品、烟酒、服饰、金银、茶叶、瓷器、购物卡等。根据这些特点，被查单位只要在账上列支（有相当一部分企业的这部分灰色支出是在小金库或内账上列支的），检查人员就可以很方便地找出来。而大多数情况下，企业不会为赠送给自然人的礼品代扣个人所得税。

本着这个思路，检查人员通过查账软件的关键字检索功能，很快从该投资公司的“管理费用”中发现了大量的礼品支出凭证。查看原始凭证，基本印证了检查人员的判断。当检查人员询问企业财务人员是否代扣个税时，企业财务人员看上去似乎一头雾水——他解释道：这些礼品是全资子公司 B 公司（一家房地产企业）销售房屋时附赠给客户的，由于是上市公司，大量的礼品支出不便在账上体现，所以在其母公司账上列支了。检查人员很是诧异，接下来反复询问，财务人员都一口咬定是替子公司负担的费用，但却提供不出更多的证据。检查人员并未采信财务人员的说法，依法做出了补扣补缴个人所得税的处理。

二、税务处理错弊

个人所得的形式不仅仅是货币，还有实物或其他形式的、可计量的经济利益。礼品即实物所得，赠送方是法定的扣缴义务人。当企业进行公关需要赠送礼品时，应当慎重考虑自身是否有代扣个税义务，虽然代扣这类个税是企业极不愿意做的事。

三、政策依据分析

《财政部 国家税务总局关于企业促销展业赠送礼品有关个人所得税问题的通知》（财税〔2011〕50 号）第二条“企业向个人赠送礼品，属于下列情形之一的，取得该项所得的个人应依法缴纳个人所得税，税款由赠送礼品的企业代扣代缴”第一项规定：“企业在业务宣传、广告等活动中，随机向本单位以外的个人赠送礼品，对个人取得的礼品所得，按照‘其他所得’项目，全额适用 20% 的税率缴纳个人所得税。”本案例即符合此项规定，被查单位虽主张是企业在销售商品（产品）和提供服务过程中向个人赠送礼品，但没有相应证据支撑，补扣补缴税款自然不能避免。

2019 年 1 月 1 日起，新的个人所得税法实施后，“其他所得”已经失效，针对财税〔2011〕50号及其他文件所规定的、应按其他所得征税的事项，《财政部 国家税务总局关于个人取得有关收入适用个人所得税应税所得项目的公告》（财政部 税务总局公告2019年第74号）第三条明确：“企业在业务宣传、广告等活动中，随机向本单位以外的个人赠送礼品（包括网络红包），以及企业在年会、座谈会、庆典以及其他活动中向本单位以外的个人赠送礼品，个人取得的礼品收入，按照‘偶然所得’项目计算缴纳个人所得税，但企业赠送的具有价格或折让性质的消费券、代金券、抵用券、优惠券等礼品除外。”

情形5－17 支付租赁权转让费未代扣代缴个人所得税

一、业务描述

大华公司是一家较大的商业连锁超市，检查人员在对其2016年、2017年纳税情况进行检查时，发现其2016年“销售费用——商铺转让费”中列支有近百万元的商铺转让费用。经询问财务人员，检查人员了解到，该单位2016年开始在某市大量开设新的门店。根据客户购买习惯预测、客流及购买能力测算，该单位会精心选择门店位置。一经选中，他们会尽量从商铺实际使用人手里取得房屋承租权，该单位“销售费用——商铺转让费”支付的款项就是为取得承租权而向原承租人支付的转让费。该单位提供的商铺转让合同表明，双方转让的标的物就是商铺的租用权。经查，上述支出由于未取得发票，该单位已经在企业所得税汇算清缴时纳税调整增加，转让费支付对象均为自然人。

二、税务处理错弊

其他个人转让商铺承租权，取得转让费，属于特许权使用费所得，应按规定申报缴纳个人所得税。被查单位作为支付所得人，应就支付的特许权使用费代扣代缴相应的个人所得税。

大华公司支付时未充分考虑自己可能存在的个人所得税扣缴义务而埋下了

隐患。另外，该公司针对其他个人的业务，没有索取发票导致企业所得税不能扣除也非常可惜，向个人支付租赁权转让费完全可以凭双方合同到税务机关代开发票，哪怕税款由大华公司承担，也比因为没有取得合法票据完全不能在企业所得税税前扣除要好。

三、政策依据分析

需要说明的是，本案所涉及的房屋租赁权转让不同于房屋转租。房屋租赁权的转让，是指承租人将租赁权转让给第三人，原承租人解除租赁合同，租赁权受让人与出租人之间重新建立租赁关系，租赁权受让人向转让人支付的款项是权利让渡应收取的费用，租赁权受让人仍需要另外向出租人（即房主）按租赁合同约定支付租金。房屋租赁权转让是一种权利的转让，针对的是房屋的租赁权。而房屋转租，承租人不退出租赁关系，租赁关系仍存在，只是承租人与第三人又签订了转租合同（依法律规定应经房主同意），第三人只需要向承租人支付租金即可。

《中华人民共和国个人所得税法实施条例》第八条第六项规定："特许权使用费所得，是指个人提供专利权、商标权、著作权、非专利技术以及其他特许权的使用权取得的所得；提供著作权的使用权取得的所得，不包括稿酬所得。"根据此项规定，本案中商铺租赁权的转让所得应属于其他特许权转让所得（新法无变化，见新法第六条第四项），大华公司向其他个人支付的商铺租赁权转让费，应按特许权使用费代扣代缴个人所得税。

实务中，这个问题的处理会有争议。本案例中，转让的是租赁权，但是个人所得税法实施条例规定的特许权使用费所得并没有这一项，可能靠得上的就是"其他特许权"，但总局并没有出台对"其他特许权"进一步解释的规范性文件。所以，税务机关并不能自作主张判定转让租赁权取得的所得为特许权使用费所得。这种说法，也有一定的道理。

第六章

其他税种

第一节　印花税

情形 6－1　建设工程勘察设计合同未足额申报缴纳印花税

一、业务描述

这是一家在当地知名度较高的设计机构，主营业务是建设工程勘察设计。在印花税的检查中，检查人员从“金三”系统提取了该单位归属期为 2017 年、2018 年两个年度的印花税申报缴纳情况（见表 6－1）。

表 6－1

应征凭证种类	税款所属期起	税款所属期止	开票时间	征收项目	征收品目	入库时间	税款属性	入库金额
印花税纳税申报表	2017/12/1	2017/12/31	2017/12/25	印花税	建设工程勘察设计合同	2017/12/26	一般申报	116 489.9 元

提取的数据中，未发现归属期为 2018 年的建设工程勘察设计合同印花税缴纳记录。2019 年印花税申报缴纳记录显示，该单位 2019 年 1 月缴纳了一笔归属期为 2019 年 1 月的 133 921.76 元建设工程勘察设计合同印花税。经检查人员核对，2017 年的 116 489.9 元入库记录、2019 年 1 月的 133 921.76 元入库记录分别对应 2017 年、2018 年主营业务收入数。检查人员还在账簿检查中发现，该单位每年支付有数千万元的设计分包费。

检查人员认为，上述印花税申报缴纳记录与该单位日常经营情况不符：一是建设工程勘察设计合同不可能全部集中在一个月签订；二是2018年无建设工程勘察设计合同印花税申报记录，但当期建设工程勘察设计收入有两亿多元；三是可能存在签设计分包合同未申报缴纳印花税的问题。

经与该单位财务人员沟通，检查人员了解了相关情况。原来，该单位嫌按月、按合同申报印花税麻烦，于是到年底一次性按当期主营业务收入数计算出应申报缴纳的建设工程勘察设计合同印花税金额并申报缴纳。至于为什么没有2018年申报缴纳记录，财务人员的解释是：2018年年末时，由于工作忙，未在当年申报，到2019年年初时才申报，并没有少缴2018年的印花税税款。同时，财务人员承认，分包设计合同未申报缴纳相应的印花税。

二、税务处理错弊

一是未按月汇总缴纳印花税；二是应按当期书立合同的金额申报缴纳印花税而不是按主营业务收入数（会有差异）；三是税款归属期错误，把应为2018年归属期的税款申报为2019年；四是分包设计合同也属于建设工程勘察设计合同，也应照章纳税。税务机关的处理：将两个年度书立的所有合同重新梳理，按月汇总计算应缴纳的印花税，归属期错误的，按月加收万分之五的滞纳金；少缴税款的，处以少缴税款的罚款。

三、政策依据分析

《中华人民共和国印花税暂行条例》第二条规定，建设工程承包合同为应税凭证。《中华人民共和国印花税暂行条例施行细则》第三条规定：“条例第二条所说的建设工程承包合同，是指建设工程勘察设计合同和建筑安装工程承包合同。”建设工程勘察设计合同包括勘察、设计合同。因此，本案例中，被查单位与其他单位签订的建设工程勘察设计合同应按收取费用的万分之五贴花。

《中华人民共和国印花税暂行条例施行细则》第二十二条规定：“同一种类应纳税凭证，需频繁贴花的，应向当地税务机关申请按期汇总缴纳印花税。”《财政部 国家税务总局关于改变印花税按期汇总缴纳管理办法的通知》（财税〔2004〕170号）规定：“同一种类应纳税凭证，需频繁贴花的，纳税人可以根据实际情况自行决定是否采用按期汇总缴纳印花税的方式，汇总缴纳的期限为一个月。”

一些纳税人未对印花税这一税种给予足够的重视，申报时跟着感觉走，但实际上，就税种来说，出现问题数额不大但概率最大的，印花税“首当其冲”。

情形6-2　本该查账征收，却按核定征收缴纳了印花税

一、业务描述

乙市Q有限公司是一家从属于某知名啤酒生产企业的一家独立法人销售企业，乙市地方税务局稽查局检查人员对该单位2018年度、2019年度的纳税情况进行检查。

就印花税申报缴纳情况，检查人员询问了该单位财务人员，该单位财务人员说：每年都是按销售收入的100%申报缴纳购销合同印花税。检查人员询问该单位是否收到了主管税务机关下达的“其他纳税核定表”（印花税核定）？财务人员回答说：不清楚。检查人员询问财务人员：所有购销业务，是否有相应的合同？财务人员回答说：没有。检查人员通过“金三”平台查询确认，该单位印花税申报缴纳方式为查账征收。

接下来，检查人员检查该单位账簿资料发现，该公司所有销售业务、从啤酒生产企业采购的业务，每一笔记账凭证后面都附有销售结算单，销售结算单注明了采购或销售啤酒的种类、单价、交货时间、付款方式、双方签章等内容。经过仔细核对和查询相关文件规定，检查人员认为，上述销售结算单应属于具有合同性质的应税凭证，Q有限公司仅按销售收入的100%申报缴纳购销合同印花税，少缴了采购业务印花税，应按采购金额补缴相应的印花税。

该单位财务人员辩解：销售结算单并不是合同，简单地按销售结算单金额让他们补税，于法无据。并且，当地主管税务机关按照《印花税核定征收暂行办法》的规定给他们确定了印花税缴纳的方法，他们按照税务主管机关明确的方法一直缴纳至今，没有错。如果有错，也是主管税务机关的问题，他们不应当承担责任……

检查人员耐心向财务人员解释：该单位印花税征收方式为查账征收，没有任何部门变更过被查单位的纳税方式，所以，该单位应该按照查账的方式进行纳税。而所谓的销售结算单，虽然名称不是合同，但根据其用途和性质，可以判定为合同性质凭证，应按规定作为购销合同申报缴纳印花税。

二、税务处理错弊

查账征收与核定征收分别是两种不同的征收方式，纳税人应按主管税务机关确定的征收方式申报缴纳相关税款，而不能擅作主张改变征收方式。特别是改变之后，造成少缴税款的，会被税务机关追缴税款、加收滞纳金，甚至会被处以少缴税款50%到5倍的罚款。

三、政策依据分析

该案例中，检查人员判定被查单位销售结算单属于合同性质凭证的主要依据如下：

《中华人民共和国印花税暂行条例》第二条和《中华人民共和国印花税暂行条例施行细则》第四条规定："纳税人代替合同使用的信函、电报、传真形式的订单、要货单，是当事人之间建立供需关系，以明确供需各方责任的常用业务凭证，属于合同性质的凭证，应按规定贴花。"

《国家税务总局关于企业集团内部使用的有关凭证征收印花税问题的通知》（国税函〔2009〕9号）规定："对于企业集团内具有平等法律地位的主体之间自愿订立、明确双方购销关系、据以供货和结算、具有合同性质的凭证，应按规定征收印花税；对于企业集团内部执行计划使用的、不具有合同性质的凭证，不征收印花税。”

对印花税核定征收，《国家税务总局关于进一步加强印花税征收管理有关问题的通知》（国税函〔2004〕150号）第四条“纳税人有下列情形的，地方税务机关可以核定纳税人印花税计税依据”规定：“（一）未按规定建立印花税应税凭证登记簿，或未如实登记和完整保存应税凭证的；（二）拒不提供应税凭证或不如实提供应税凭证致使计税依据明显偏低的；（三）采用按期汇总缴纳办法的，未按地方税务机关规定的期限报送汇总缴纳印花税情况报告，经地方税务机关责令限期报告，逾期仍不报告的或者地方税务机关在检查中发现纳税人有未按规定汇总缴纳印花税情况的。”

各地省一级地方税务机关一般都制定有较详细的核定征收管理办法，如《山东省地方税务局印花税核定征收管理办法》（山东省地方税务局公告2015年第4号）第五条第一项规定：“……商业批发企业：商业批发采购环节和销售环节应纳印花税，按不高于销售收入的100%核定征收。”第六条第一款规定：“对纳税人实行印花税核定征收的，应填写“其他纳税核定表”（印花税核定），制作《税务事项通知书》送达纳税人执行，纳税人按规定进行纳税申报和缴纳税款。”

第二节　房产税问题

情形6－3　新购进房屋装修费未计入房产原值申报缴纳房产税

一、业务描述

检查人员在检查一家企业的2017年、2018年企业所得税税前扣除情况时看到，“长期待摊费用”科目里每个月固定会有一笔30万元的费用摊销，对应的凭证，摘要注明“装修摊销”。凭证后面有一个计算表，表中显示：摊销金额1 800万元，摊销年限为5年。固定资产卡片显示，该单位2011年购进一座写字楼。相关资料显示，共计1 800万元的装修支出，是该单位新购写字楼的装修费用。当年购买时，写字楼是毛坯房，买来后，公司精心装饰了一番，安装了功能区隔断、灯光、安全防护设备，重新粉刷了墙面、铺装了地面，装修了卫生间等。由于该笔支出记入了长期待摊费用，未记入房产原值，因此，未计算申报房产税。

二、税务处理错弊

新购（建）房屋初次装修费用应计入房产原值征收房产税。该单位将新购进房产装修费用记入“长期待摊费用”，少计了房产原值，少缴了房产税。

三、政策依据分析

《财政部 国家税务总局关于房产税、城镇土地使用税有关问题的通知》（财税〔2008〕152号）第一条“关于房产原值如何确定的问题”规定：“对依照房产原值计税的房产，不论是否记载在会计账簿固定资产科目中，均应按照房屋原价计算缴纳房产税。房屋原价应根据国家有关会计制度规定进行核算。对纳税人未按国家会计制度规定核算并记载的，应按规定予以调整或重新评估。”

这条规定表明，如果是对照房产原值计税的房产，其房屋原价的确定，应遵从会计制度。会计制度规定是多少就是多少。那么，会计制度对这类房产的原价是如何规定的呢？

《企业会计准则第4号——固定资产》“初始计量”第八条规定：“外购固定资产的成本，包括购买价款、相关税费、使固定资产达到预定可使用状态前所发生的可归属于该项资产的运输费、装卸费、安装费和专业人员服务费等。”第九条规定：“自行建造固定资产的成本，由建造该项资产达到预定可使用状态前所发生的必要支出构成。”

可见，按照会计准则的规定，新建或新购进的房产所发生的装修费用均是使固定资产达到预定可使用状态前发生的必要支出，应当构成房屋原价，作为房产税计税依据。对新建房屋进行首次装修时，属于房屋不可分割的吊顶、高档灯具、墙饰、地砖、门窗等投资，不论其如何进行账务处理，应并入房产原值征收房产税。

情形6－4 购进新建商品房交付后至办理房产证期间未申报缴纳房产税

一、业务描述

A公司为一家商业地产开发公司，为B公司的全资控股母公司。检查人员在检查A公司固定资产账时，发现其在2015年“转让”一处房产，转让价约2 000多万元。记账凭证如图6－1所示。

记 账 凭 证

单位：A公司　　2015年10月22日　　记账凭证111号

凭证摘要	科目名称	借方金额	贷方金额
房产清理	固定资产清理	27 078 947.37	
房产清理	累计折旧	4 500 000.00	
	固定资产		31 578 947.37
合计		31 578 947.37	31 578 947.37

填制人：×××　　审核人：×××　　主管人：×××　　附件张数：2

图6－1 A公司记账凭证

凭证后附有一纸公司会议纪要，大致内容是：根据公司产权明晰的要求，将产业园1号楼转至B公司名下，同时从B公司收回相应的款项。检查人员知道，一笔房产的交易会涉及很多税的问题，有必要弄清整个交易的真实情况以做判断。检查人员可以看到的A公司资料有限，如果继续索要，A公司有可能选择性提供资料以掩盖真实交易情况，所以，检查人员同时发起了对甲公司、B 公司的延伸检查。经过一番努力，检查人员查明了如下事实。

A 公司在开发商业地产的过程中，欠 B 公司工程款。双方协商，签订合同，用产业园 1 号楼顶账。2012 年该楼竣工后，本来应按合同约定交付给 B 公司，但 A 公司出于战略布局考虑，直接接手，同时记入固定资产账并供本公司使用。2015 年办理产权证时，出于各种原因的考虑，决定将产权办理到 B 公司名下。2015 年 10 月，A 公司将产业园 1 号楼房产转出，B 公司入账后，按规定申报缴纳了房产税和城镇土地使用税。A 公司使用期间，房产税、城镇土地使用税均未申报缴纳。

二、税务处理错弊

本案中，购进的房产已经交付、投入使用，房产税纳税义务已经发生，但复杂的产权关系使使用人忽略了相应的纳税义务。不动产的“进”和“出”，无论是什么样的形式，都是企业的一个重大经营行为，几乎都面临税的问题，而且是重大的税收问题，没有理由不重视。讲规则的纳税人，对重大资产的归属问题不会任性而为——三思而后行，对可能会遭遇的经营、核算及税收风险做出充分的判断后再做出决策才是明智之举。

三、政策依据分析

《国家税务总局关于房产税、城镇土地使用税有关政策规定的通知》（国税发〔2003〕89 号）第二条“关于确定房产税、城镇土地使用税纳税义务发生时间问题”第一项规定：“购置新建商品房，自房屋交付使用之次月起计征房产税和城镇土地使用税。”

《财政部 国家税务总局关于房产税城镇土地使用税有关问题的通知》（财税〔2009〕128 号）第一条“关于无租使用其他单位房产的房产税问题”规定：“无租使用其他单位房产的应税单位和个人，依照房产余值代缴纳房产税。”

根据上述规定，产业园 1 号楼为购置的新建商品房，自房屋交付使用之次月起计征房产税。本案例中，按照合同约定及最后的产权登记，该房屋的产权人为B公司，但交付后到2015年年末，实际上是A公司一直在使用，且未向B公司支付任何租金，为无租使用，A公司应依照房产余值代缴纳房产税。

但是，A公司按无租使用代缴房产税又带来一个问题：其实际代缴的房产税能否在企业所得税税前扣除？这个问题2010年10月11日总局网站有答复："只要能取得合法凭证，证明由本企业负担的房产税，可以在税前扣除。上述回复仅供参考。有关具体办理程序方面的事宜请直接向您的主管或所在地税务机关咨询……"个人认为，此案例中A公司代缴的房产税可以在A公司的企业所得税税前扣除。

情形6－5　单独记账与核算的中央空调未计入房产原值计算缴纳房产税

一、业务描述

P公司是一家颇具规模的软件企业，员工人数达数百人。由于老总有眼光，在2008年楼市低迷的时候，他们从L市高新区软件园购买了一处房产。如今，几年过去，房产增值部分已经超过他们辛苦写代码获取的利润，在该单位进行实地检查的税务人员也不得不佩服他们老总决策的英明。检查人员楼下楼上转了转，很自然地，他们关心的是这处房产的房产税是否进行了正确申报缴纳。

从"金三"系统，他们查询了房产的基本数据以及该单位2017年、2018年检查年度的房产税申报缴纳数据。这些数据表明，两个年度其持有的房产，房产税是根据账载的房产原值申报的。检查人员随后想知道，房屋原值是否存在问题，是否有应计而未计入房产原值导致少缴房产税的情况？他们打开了电子账中的"固定资产卡片"，输入"空调"进行检索，果然发现有一套中央空调，价值200万元，列入了"办公用具"类别中。检查人员询问财务人员：单独核算的中央空调，是否作为房屋原值计算缴纳了房产税？财务人员答：不属于房产的组成部分，不应计入房屋原值计算房产税。检查人员问：何时安装的？财务人员答：买入的房产是毛坯房，在装修的同时，安装了中央空调，然后入住。

二、税务处理错弊

会有各种原因导致账载的数据不同于房产税法对房屋原值的规定，如果简单地以账载的房屋原值计算应缴纳的房产税，可能会出现差错。

三、政策依据分析

《国家税务总局关于进一步明确房屋附属设备和配套设施计征房产税有关问题的通知》（国税发〔2005〕173 号）第一条规定：“为了维持和增加房屋的使用功能或使房屋满足设计要求，凡以房屋为载体，不可随意移动的附属设备和配套设施，如给排水、采暖、消防、中央空调、电气及智能化楼宇设备等，无论在会计核算中是否单独记账与核算，都应计入房产原值，计征房产税。”第二条规定：“对于更换房屋附属设备和配套设施的，在将其价值计入房产原值时，可扣减原来相应设备和设施的价值；对附属设备和配套设施中易损坏、需要经常更换的零配件，更新后不再计入房产原值。”

上述规定清晰地表明，本案例中的中央空调应将其价值计入房产原值计征房产税。

情形 6－6 开具不动产租赁发票开出了大麻烦

一、业务描述

某市高新区一家企业的财务人员接到了所在地税务机关的约谈电话，财务人员一头雾水——因为他所在的这家企业自 2010 年成立以来，无任何业务，一直是零申报。唯一的一笔业务是9月刚发生的，该公司自有的房产对外出租，收取了租金，但是已经按规定申报缴纳了增值税。虽然感觉没问题，但财务人员内心依旧很忐忑。

到了地方税务机关，税务人员的一席话，财务人员才恍然大悟，但接下来却是难以言表的担心和忧虑。税务人员约谈的话不多，只询问一件事：对外出租的不动产，房产税交了吗？

这件事情说起来话长。原来，该公司于2010年成立并购买了所在市高新开发区泰府广场的几个写字间，花了200多万元，当年即交付使用，但由于各种原因，一直没有办房产证。该公司认为未办房产证不需要缴纳房产税，所以未申报。由于没有房产登记信息，地方税务机关也未掌握该公司持有房产的信息，征管平台也没有体现该公司有应纳房产税的数据。

一晃7年过去，这7年间，该公司未发生任何经营业务，购进的写字间，一直想转让。但是因为没有产权，所以没有找到合适的下家接手。并且，因为位置的原因，写字间也一直没有租出去。今年下半年，好不容易联系到一家企业要租赁。

但是，万万没想到，持有房产的事情暴露，被地税机关约谈，要求补缴2010年以来的房产税、城镇土地使用税及相应的滞纳金。补税时，这家公司还动了点儿脑筋，想少缴点儿税。他们找到物业公司，请其帮忙提供证明，证明该公司持有的写字间2017年才交付使用（目的是推迟纳税义务发生时间），但物业公司考虑到风险问题，断然拒绝了。最终，该公司补缴了自2010年开始少缴的房产税、城镇土地使用税，同时被加收滞纳金，加在一起，是一个不小的数字。麻烦的是，这个税款想不缴都不行，因为如果不补缴，企业法人代表可能会被列入黑名单，并且，因为有欠税，将来这个写字间想卖都没法卖。

二、税务处理错弊

本案中的房屋，2010年就已经发生纳税义务，但未按规定申报缴纳房产税，留下了隐患。无论是何种方式取得房产，纳税人都应关注取得时可能发生的房产税纳税义务，特别要关注房产税纳税义务发生时间，否则，被税务机关查处，经济上会受到损失。

税务机关检查时，会提取购房合同，核对房产取得的时间，同时，还要调查房产的实际使用时间，主要方法是调查与房产有关的水电费支出发生的时间、装修发生的时间、搬家费用发生的时间等，这此时间点可能直接证明房产实际使用的时间。

三、政策依据分析

《国家税务总局关于房产税城镇土地使用税有关政策规定的通知》（国税发〔2003〕89号）第二条第一项规定："购置新建商品房，自房屋交付使用之次月起计征房产税和城镇土地使用税"。这里的交付时间，应当理解为，如果购买人与开发商签订合同中约定了交付使用时间，应以合同约定时间为准。如果因开发商原因未能如期履行，应以实际交付使用权（如交钥匙）的时间为准。

四、启示

目前，在"金三"环境下，国、地税信息是互通的，国税那边缴了不动产出租的增值税，地税这边会自动比对是否有对应的房产税缴纳，如没有，就会发出预警，接下来可能就是被约谈、评估或被稽查。因此，纳税人应当对此类风险有充分认识，规范纳税申报。

情形6－7 已投入使用房产未转固定资产、未申报缴纳房产税

一、业务描述

L公司为一家饮料制造企业，为增值税一般纳税人。检查人员在对该公司

2016年度、2017年度的纳税情况进行检查时，两个年度的资产负债表显示，该单位“在建工程”年末均有余额约1 000万元。根据经验，“在建工程”如果是房产，则常见的税务问题是房产已经投入使用，但并未按规定的纳税义务发生时间申报缴纳房产税。

检查人员又通过系统平台查看了2013年、2014年、2015年“在建工程”余额的变化情况，发现“在建工程”余额2013年度开始产生，2014年已经达到1 000万元，而后的年度不再变化。金额的变化基本反映了一个建设项目从开始到竣工的情况，但疑点是，如果已经竣工，为什么迟迟不转固定资产？正常经营企业的项目建设具有一定的周期性，该企业“在建工程”长期挂账不合情理。

检查人员提取了这几个年度房产税缴纳情况，查明该单位2012~2017年房产税申报缴纳计税依据及金额无变化。这表明，该单位并未申报与“在建工程”竣工投入使用可能产生的房产税。

检查人员询问该单位财务人员，财务人员解释：该公司为扩大生产能力，新建了一个厂房，但一直未验收，所以，未申报缴纳房产税。

检查人员通过实地检查确认，该公司新建厂房已经投入使用。但财务人员坚称该厂房2017年12月才投入使用。检查人员并不相信财务人员的解释，可是怎么确认房屋投入使用的时间呢？检查人员发现，新建厂房，该公司命名为二号车间，从该公司制造费用明细账发现，该公司实际上2015年1月即有入账的二号车间电费。这表明，2015年1月该厂房已经投入使用。当检查人员提交这一证据时，该单位财务人员对该单位新建厂房未按规定的纳税义务发生时间申报缴纳房产税问题不再有异议。

二、税务处理错弊

资产负债表是纳税人按规定应当向税务机关提报的资料。本案中的房产税问题，能较容易从资产负债表中发现疑点，所以，对纳税人来说，有较大风险。企业发生本案中的业务，应当准确把握房产税纳税义务时间，按期申报缴纳。

三、政策依据分析

《关于房产税若干具体问题的解释和暂行规定》（财税地字〔1986〕第8号）第十九条“关于新建的房屋如何征税?”规定：“纳税人自建的房屋，自建成之次月起征收房产税。纳税人委托施工企业建设的房屋，从办理验收手续之次月起征收房产税。纳税人在办理验收手续前已使用或出租、出借的新建房屋，应按法规征收房产税。”

《财政部 国家税务总局关于房产税、城镇土地使用税有关问题的通知》（财税〔2008〕152号）第一条“关于房产原值如何确定的问题”规定：“对依照房产原值计税的房产，不论是否记载在会计账簿固定资产科目中，均应按照房屋原价计算缴纳房产税。房屋原价应根据国家有关会计制度规定进行核算。对纳税人未按国家会计制度规定核算并记载的，应按规定予以调整或重新评估。”

根据上述规定，本案例中，纳税人委托施工企业建设的房产虽然没有办理验收手续，也没有记载在固定资产科目中，但已经实际投入使用，所以，应按规定从使用的次月起申报缴纳房产税。

第三节 其他综合问题

情形6-8 “公关”支出应如何正确进行税务处理?

企业为了达到联络“感情”、宣传推广产品、服务的目的，会在一些特殊的时间段，如春节、端午、中秋这些大的节日，以及客户企业集中招标采购时等，向其他单位的特定人员，如客户单位负责人员、有关单位管理人员、潜在的个人客户等赠送礼品、礼金，这就是“公关”支出。目前，“公关”支出的处理，从形式是不是合法、有没有在账面体现，可以分成三种情况。

一、用账外资金购买和赠送

这些账外资金，可能来自各种未入账的收入。比如，有的私营企业，企业主的个人银行卡一个月的流动资金就有上千万元，而这些钱，其实很大一部分属于未入账收入，这类问题在一些销售钢材的个体户、销售煤碳的私营企业、运输企业、物流企业等表现得更明显一些。这种情况下，因为"公关"支出使用的是账外资金，账簿上不反映，所以赠送本身存在的涉税问题很难被发现。不过，用这种方式处理"公关"支出，背后的问题，是收入不入账，少缴企业所得税和增值税。一旦被查，会被定性为偷税。严重的，甚至会涉及刑事责任，所以风险极高。

二、为了规避纳税义务，通过找票、买票、让别人代开等各种不合法方式取得发票，然后用这些发票入账套取现金用于"公关"支出

这种情况，账上有反映，不过形式表现为"合法"支出。比如，通过不合法途径取得一些差旅费、咨询费、广告费、服务费等发票入账，然后套取现金。有的单位看似比较正规，但这种正规是"双面"的。一方面，他们不允许有账外资金；另一方面，他们又可以允许以这种方式套取现金用于"公关"支出。这种方式下，由于是虚构业务，入账的发票与对应的业务是不相符的，常见的就是假票假业务、真票假业务。由于"公关"支出具有较强的时间性特点，所以相关费用支出会在特殊时间段明显异常增长或明显占比太大。比如，春节之前的月份，企业的业务招待费会异常增加等。这种异常表现，是纳税评估和税务稽查关注的重点，如果经检查，被认定为虚增费用、偷税，纳税人会受到追缴企业所得税款、处以少缴税款一定倍数的罚款，并且加收滞纳金的处理、处罚。

这方面，有的企业认识上有误区。比如，有的企业就说，我们购买礼品对外赠送是真实发生的业务，只不过因为某种原因，没有取得发票，没有办法才

找别的单位“代开”，难道这也不能扣除？

答案当然是不能扣除，因为企业所得税法扣除的基本规则，一是要真实发生，二是要取得合法票据。购买货物对外赠送用于“公关”支出，如果扣除凭据是通过不合法途径取得的，即使购买并赠送的业务是真实的，也不能在企业所得税前扣除。

三、纳税人发生的“公关”支出，据实取得合法票据、据实进行账务处理

账面上真实反映的“公关”支出，也可分为两类。

一类是“灰色的”或“黑色的”。比如，有的医药企业为了推销产品，会请医生出国旅游、送给他们大面额的购物卡等。这类行为，其实可能已经涉嫌违反了刑法、反不正当竞争法等相关法律，已经属于不合理支出。《中华人民共和国企业所得税法》第八条规定：企业实际发生的与取得收入有关的、合理的支出，包括成本、费用、税金、损失和其他支出，准予在计算应纳税所得额时扣除。这条规定所说的“有关的支出”，是指与取得收入直接相关的支出，如使用生产设备生产产品发生的折旧支出。规定中所说的“合理的支出”，是指符合生产经营常规，应当计入当期损益或者有关资产成本的必要的、正常的支出。曾有家企业花了39 800元买了一尊弥勒佛入账，该笔支出不具合理性，与取得收入也不直接相关，所以不能在企业所得税前扣除。

另一类“公关”支出，其金额在合理范围内，不会被界定为“灰色”或“黑色”的支出。比如，企业为发展客户、推广产品，向个人赠送金额不大的礼品等。这类“公关”支出，根据送出物品的不同，可分为三种情况。

（1）直接购买购物卡、加油卡、ETC卡、其他各种有价证券等类似于现金的物品，然后对外赠送。其账务处理，一般是记入管理费用——业务招待费、销售费用——业务招待费，或者是销售费用——业务宣传费，也有记入职工福利费或其他相关科目里的，目的是“伪装”成正常费用，以规避纳税或者扣缴义务。

①企业所得税处理。营改增后，类似于购物卡这种单用途预付费卡，购买方只能取得“601”项目编码开具的增值税普通发票。那么，这种情况下，企业所得税的处理应当如何呢？这一类预付费的售卡或充值，由于没有实质性的业务，取得的发票不允许在企业所得税税前扣除，只有在实际消费时才允许税前扣除。比如，天津市国税局认为，企业购进预付费卡时，取得了发票，如果没实际使用，应该按资产管理，企业不得税前扣除。只有在实际发放时，凭借相关内部凭证、外部凭证，证明购买的预付费卡所有权发生了转移，才能按规定税前扣除。

实务中，购买预付费卡，应该分成两种情况，一种是内部使用，一种是对外赠送。内部使用的，应当凭实际消费的小票这一类凭据在税前扣除。比如，单位购买1 000元面值的购物卡，取得601编码的发票，然后计入管理费用，但该年度实际允许扣除的，应当是用1 000元购物卡实际采购办公用品的消费金额，如果当年只消费了800元，那么应当凭消费小票按800元扣除，多余的200元，应当纳税调增，次年消费时，再调减。当然，这种情况，从实务的角度来说，可能是个伪命题。因为单位采购物品，基本不太可能先买购物卡，再用购物卡去采购。大多数情况下，单位购买入账的预付费卡，都是用于“公关”支出的。

那么，对外赠送的这种预付费卡，企业所得税应当如何扣除？扣除时，除了发票、付款凭证，还应当有领用记录、赠送记录等，通过这些资料证明预付费卡对外赠送，所有权已经发生转移。当然，允许扣除时，也应当根据它们的用途，分别按业务招待费或业务宣传费限额扣除。需要说明的是，“公关”支出，直接对外赠送储值卡，相当于交付现金，所以不存在企业所得税视同销售问题。

②增值税处理。增值税处理与企业所得税一样，由于赠送的是类似于现金的等价物，所以也不存在增值税视同销售问题。

③个人所得税处理。《财政部 国家税务总局关于企业促销展业赠送礼品有关个人所得税问题的通知》（财税〔2011〕50号）规定：“企业向个人赠送礼品，属于下列情形之一的，取得该项所得的个人应依法缴纳个人所得税，税款

由赠送礼品的企业代扣代缴：1. 企业在业务宣传、广告等活动中，随机向本单位以外的个人赠送礼品，对个人取得的礼品所得，按照‘其他所得，项目，全额适用20%的税率缴纳个人所得税。2. 企业在年会、座谈会、庆典以及其他活动中向本单位以外的个人赠送礼品，对个人取得的礼品所得，按照‘其他所得’项目，全额适用20%的税率缴纳个人所得税。”2019年1月1日后，根据《财政部 国家税务总局关于个人取得有关收入适用个人所得税应税所得项目的公告》（财政部 税务总局公告2019年第74号）规定，应按“偶然所得”征税。

根据上面的规定，赠送储值卡，属于礼品，如果不界定为“灰色”“黑色”支出，应当代扣个人所得税。不过，一般情况下，赠送方不会代扣个人所得税。比如，赠送价值500元的加油卡，应当代扣100元个人所得税，但实际上赠送方不可能再要求受赠方拿出100元缴个税。当然，这是一般情况，也有特殊情况。比如，有一家饮料企业，他们搞促销时，只要当事人来领赠品，就要先缴20%的个税，这样处理，当然没有问题。

那么，实务中如果不能扣缴，怎么办？只能由赠送方负担，也就是根据赠送金额换算成不含税金额，再计算应扣缴的个人所得税进行扣缴。比如，对外赠送价值500元的加油卡，如果赠送方承担个人所得税，那么还原计算后，应当代为申报缴纳个人所得税 $500 \div 0.8 \times 0.2 = 125$（元）。

还有一种情况，如果纳税人赠送出去后，没有履行扣缴义务，同时赠送方又不愿承担应当扣缴的税款，怎么办呢？根据《中华人民共和国税收征收管理法》第六十九条规定，扣缴义务人应扣未扣、应收未收税款的，由税务机关向纳税人追缴税款，对扣缴义务人处以应扣未扣、应收未收税款50%以上3倍以下的罚款。

那么，扣缴义务人可不可以根据第六十九条规定，要求税务机关向纳税人追缴呢？理论上是可以的，实践中也有成功的案例。建议扣缴义务人被稽查时，如果遇到这类问题，与稽查人员进行沟通。

（2）用自产或购进的货物对外赠送用于“公关”支出。

①个人所得税处理。此种情况下，个人所得税处理，和第一种赠送储值卡

等类似现金等价物一样，应按规定代扣20%的个人所得税。不过，由于赠送的是实物，会存在赠送的服务或货物，个人所得部分能不能分割的问题。如果不能分割，就不需要代扣个人所得税。

比如，某大酒店邀请客户集体聚餐，然后到歌厅K歌，来参加聚餐的客户吃了饭、唱了歌，有所得，但由于是集体享受、不可分割的，所以，该酒店并不需要因此而代扣客户的个人所得税。

②企业所得税处理。《中华人民共和国企业所得税法实施条例》第二十五条规定，企业发生非货币性资产交换，以及将货物、财产、劳务用于捐赠、偿债、赞助、集资、广告、样品、职工福利或者利润分配等用途的，应当视同销售货物、转让财产或者提供劳务，但国务院财政、税务主管部门另有规定的除外。

《国家税务总局关于企业处置资产所得税处理问题的通知》（国税函〔2008〕828号）规定：企业将资产用于市场推广或销售；交际应酬；职工奖励或福利；股息分配；对外捐赠等，因资产所有权属已发生改变而不属于内部处置资产，应按规定视同销售确定收入。视同销售收入应按照被移送资产的公允价值确定。

需要说明的是，如果账务处理上按会计准则要求，已经记了收入，如购进货物对外赠送用于广告和业务宣传，会计上已经进行了收入处理。税会没有差异，那么就不需要进行视同销售处理。但是，如果购进或自产的货物、服务用于职工福利和交际应酬，会计上并没有进行收入处理，有税会差异，那么，根据企业所得税法的规定，需要进行视同销售处理。也就是说，要在“企业所得税年度纳税申报表”的“A105010视同销售调整明细表”中进行填写。该表已经根据企业所得税法实施条例的规定，把视同销售收入和视同销售成本分成九个类别，纳税人可以根据自己“公关”支出的类型进行填写。

比如，购进含税价117元的电子产品用于交际应酬，则视同销售收入为100元，视同销售成本100元，分别填到对应的栏次里。有这样一个案例，一家汽车4s店在进行业务宣传时，向客户赠送配件，计入了销售费用，年度企业所得税汇算清缴时，只填写了视同销售收入，没有填写视同销售成本，这样做显然是错误的——因为对政策不了解，企业多缴了税款。

③增值税处理。《中华人民共和国增值税暂行条例实施细则》第四条第八项规定："单位或者个体工商户将自产、委托加工或者购进的货物无偿赠送其他单位或者个人，视同销售货物"。根据这一规定，企业发生的将自产、委托加工或者购进货物赠送的行为应按增值税视同销售处理。例如，购进含税价117元的电子产品，取得增值税专用发票，然后用于对外赠送，应当把不含税价100元作为"未开票收入"申报本期增值税。那么，购进时取得的进项税额能否抵扣呢？毫无疑问可以抵扣，这是由增值税的抵扣原理决定的。

但是，购进货物对外赠送，实务中会出现购进时没有取得抵扣凭证，没有可用于抵扣的进项税额的情况，这种情况下，纳税人是比较吃亏的，即有销项，没进项，要按适用税率全额纳税。曾经有纳税人提过这样一个问题：单位购买一批烟酒，对外赠送，用来"公关"，大部分没有取得增值税专用发票，一小部分可能是从批发环节采购的，取得了专票，那么增值税怎么处理？

从增值税角度来说，这需要视同销售，按同期同类市场价格计提增值税销项税额，那么，购买烟酒如果取得了进项税额，能否抵扣呢？如果对外赠送，视同销售，又进入了增值税的链条，那么，进项税额也应当是可以抵扣的。但是，也有的地方税务机关是这样处理的：购进烟酒，就是用于交际应酬，即使取得进项税额，也应转出，但是这个处理方法，违背了增值税的抵扣原理。

对于企业来说，如何避免类似风险？建议购买礼品对外赠送，要取得增值税专用发票，以便可以有进项税额用于抵扣。特别要注意的是，要避免购买烟酒等不太容易取得增值税专用发票或虽取得增值税专用发票，但税务机关对可抵扣有异议的货物对外赠送，否则，视同销售却没有进项可用于抵扣，会比较吃亏。

（3）"自产"的服务用于"公关"支出的税务处理。"自产"的服务，就是企业自己提供的服务。比如，保险公司向客户赠送自己提供的保险服务用于宣传；酒店为促销，向客户提供在本酒店就餐、住宿的免单服务等。

①企业所得税处理。《中华人民共和国企业所得税法实施条例》第二十五条视同销售的规定，提到了劳务，而劳务是企业所得税的说法，这和增值税中

提到的销售服务或劳务其实是一回事，所以，对外赠送自产的服务也应当像自产货物对外赠送一样视同销售。比如，某酒店为促销，对外赠送本酒店的自助餐券，自助餐对外销售价格是212元，成本假定是160元，那么，根据企业所得税法的相关规定，该单位应当在“企业所得税年度纳税申报表”中的“A105010视同销售调整明细表”中填写视同销售收入200元，视同销售成本160元。

②增值税处理。营改增后，关于视同销售，《财政部 国家税务总局关于全面推开营业税改征增值税试点的通知》（财税〔2016〕36号）第十四条第一项规定：单位或者个体工商户向其他单位或者个人无偿提供服务，应当视同销售服务、无形资产或者不动产，但用于公益事业或者以社会公众为对象的除外。

根据这一规定，类似于酒店的免单赠送服务，增值税要视同销售。比如，以上酒店对外赠送自助餐券的例子，当客户持券消费时，应当视同销售计提12元的增值税销项税额。

当然，自产的服务对外赠送，很少有企业主动进行视同销售的申报。比如，某游泳馆答谢客户，给客户企业的销售经理们一人办了一张面值1 000元的游泳卡，持卡人可以免费游泳20次。那么，对这些赠送出去的卡，一般情况下，游泳馆不会做任何的账务处理，也不会在企业所得税、增值税上做视同销售处理，最多记个自己备查的台账。这类业务，账上不反映，即使稽查，也比较难发现。查不出来，纳税人也不申报，这样的政策其实价值不大。显然，新的增值税法支持了笔者的个人意见，征求意见稿中，已经取消了服务的视同销售。

情形6－9 “两票制”下，医药企业费用类税务问题有何风险？

“两票制”的实行，对医药生产企业的影响非常巨大。“两票制”以前，医药企业和销售有关的业务，不管是不是合法，基本不参与。销售代理从医药生产企业进货，然后通过走票、过票等各种方式高价卖给医院，同时套取现金用来返佣，来实现药品销售的目的。

“两票制”前，所有的风险都集中在销售环节，类似虚开发票、虚增费用、洗钱、行贿等——这些行为，有的违反了刑法、反不正当竞争法，当然也有税法，风险都非常大。“两票制”前，也有风险，但是，由于人为地增加了很多道销售环节，风险被分散到各个环节，比较隐蔽，被发现的概率小。退一步说，就算出现问题，也是在流通环节出问题，而流通环节出问题，对实际控制方影响不大——大不了就是流通企业被注销，而流通企业是轻资产型的，核心资产和核心业务并不会受到影响。

“两票制”后，情况发生重大变化。现在，医药企业只能向经销商开一次发票，经销商再开给公立医院，原先由经销商通过多道环节向医院“高开”，变成医药生产企业向经销商“高开”，然后再通过其他形式提现、“高返”。这样，一下子就把“高开”“高返”等这种行为所涉及的税务、法律风险全部集中到医药生产企业，风险突然加大！

第1部分，“两票制”对医药企业的影响，从医药企业的报表上就可以很直观地反映出来——利润表反映，就是收入巨量增长，销售费用巨量增长，然后是生产成本、管理费用基本没变化，这种情况是非常不正常的。从资产负债表上看，最大的变化就是“往来科目”余额变化较大，如应收账款余额、其他应付款等余额大幅度增加。这些异常的表现，带来的后果就是招致纳税评估和稽查，所以，对医药企业来说，“两票制”后应当认真规划自己的业务流程，认真梳理可能存在的税务风险，认真应对，规范纳税非常有必要。“两票制”后，医药企业费用类税务问题的风险最大。

对医药企业来说，日常发生的费用，主要是管理费用、销售费用、财务费用，这其中，涉及问题最多、风险最大的是销售费用、管理费用。因为，“两票制”后，医药生产企业不能再采取底价包销的模式，大多数情况下需要采取底价“高开”的形式，大量的业务推广费用要医药企业自己来处理，那么，医药生产企业自己处理的时候，如果不合规就会面临很大的税务风险。

一、风险分析

（1）不当列支或虚列咨询费的税务风险。

关于咨询费，《财政部 国家税务总局关于全面推开营业税改征增值税试点的通知》（财税〔2016〕36号）附件一税目注释是这样表述的：咨询服务，是指提供信息、建议、策划、顾问等服务的活动，包括金融、软件、技术、财务、税收、法律、内部管理、业务运作、流程管理、健康等方面的咨询，市场调查服务按照咨询服务缴纳增值税。根据企业所得税法的规定，咨询费支出，只要真实、合理，内容上不属于业务宣传费，那么就应当可以全额扣除。

对于医药企业来说，可以接受的咨询服务有很多：从产品线的规划、产品的生产、销售和产品的售后服务，每个环节都有可能接受各种咨询服务。比如，对产品线进行规划的时候，可以委托有关企业提供新产品研发方面的咨询；产品销售过程中，可以委托有关企业进行市场销售调查。这些咨询服务对于企业来说，是必需的。现代社会的发展，分工越来越细，专业的人做专业的事，所以，把一些不是本企业专长的事，外包给其他更专业的企业和个人来做是非常正常的。现在，很多医药企业已经广泛的与CSO公司合作，发生大量咨询费业务，但是这种服务外包需要防范可能出现的税务风险。

①单笔金额比较大，业务真实性可能存在问题。比如，数十万元甚至上百万元，这个数字的判定与该单位的规模有一定关系。对于一个企业来说，如果一年销售费用属于千万元数量级的，那么上百万元的一笔咨询费支出就属于比较大了。这些大额的咨询费支出，虽然取得了发票，但是没有相关资料来证明这项业务的真实性，或者有，也很简单、牵强，不能让税务机关信服，也会有比较大的风险。

那么，怎样才能证明咨询费支出的真实性呢？相关的合同、协议要有，而且清晰、明确，对咨询服务的内容、成果，计价方式、付款方式，咨询成果的审核确认，双方履约的法律责任都要有清晰明确的约定才可以，还要有相应的支付凭证，如银行转账的相关凭证等，用来证明相关支出符合“三流一致”

的要求。

②购买的咨询服务明显与提供方的经营能力不相匹配。比如，A 医药企业收到了一张 500 万元的发票，发票内容是技术服务费，开票方是一个个体工商户。但是，这个个体工商户的登记信息显示，公司登记地址在同一地点某写字楼，已经有好几家这样的个体工商户。如果税务机关从后台查到这样的信息，会非常怀疑这笔业务的真实性，很自然地想到这个发票可能是虚开。因为这样的个体工商户可能没有能力提供这样的服务，所以，医药生产企业这类业务要确保其真实性。

③支付其他个人的费用，没有履行个人所得税代扣义务。这里说的其他个人是相对于个体工商户，指的是自然人。一些纳税人有一个误区，就是自然人提供服务到税务机关代开发票的时候，一些地方的税务机关会直接附征一定比例的个人所得税，如 1.5%、2% 等，从个人那里取得这样的发票，支付款项时，认为税务机关已经代扣了个人所得税，所以就不需要再代扣个人所得税。这种看法是不正确的，代开发票的时候，附征的个人所得税，并不是税务机关在履行扣缴义务，而是为了留住税源而采取的一项措施，并不能代替支付所得人的扣缴义务。那么，根据个人所得税法的规定，支付所得人为扣缴义务人，所以，如果从自然人那里购买了咨询服务，同样要根据个人所得税法的规定，按 20% 的税率代扣代缴个人所得税。当然，计算的时候，要区分 4 000 元以下和 4 000 元以上，计算时，已经附征的 1.5%、2% 的个人所得税可以扣除。新个人所得税法实施以后，代开发票时，主管税务机关已经不再附征劳务报酬所得的个人所得税，这时，支付所得的医药企业应当全额承担起预扣预缴义务。

案例：一家医药企业上报税务机关的财务报表显示，2015 年和 2014 年相比，收入稳步增长，销售费用却大幅度增长。税务机关检查发现，这家单位销售费用增加的原因，主要是大量列支咨询费和业务宣传费，2014 年是 50 万元，2015 年是 620 万元，金额增加了十多倍。作为一个正常经营的企业来说，这是非常不正常的。

检查人员调取了这家单位的账簿资料进行检查，重点检查销售费用中列支的咨询费和业务宣传费。通过核对记账凭证、原始凭证、相关合同协议等资料，特别是查看合同，发现了问题：有的合同，乙方公司和发票上的公司名称相近但不相同，比如，乙方叫娃哈哈，合同上名字却写着娃娃哈；有的合同只有薄薄两张纸，内容很少，但是发票的金额却是50万元，权利义务不对等；再就是，有的合同只有咨询公司的简单介绍，没有咨询内容和计价方式，付了款，却不知道买的是什么东西，这是很奇怪的……最后，通过检查确定，这家单位让别人为自己代开发票，目的就是虚增费用，套取现金。处理结果当然就是调增应纳税所得额，补税，罚款。

那么，这类风险纳税人该如何防范呢？最基本的，当然是规范纳税申报，合规经营，在这个基础上，还要做到：

第一，签订合同形式要素要齐备。服务对象、服务内容、服务内容质量的保证、服务时间、服务价款的支付方式与时间确定、违约责任，争议解决方法等都要有。

第二，合同价款与服务内容的约定要符合常理。服务内容和价款结算要直接关联，合同要能够回答，你买的是什么，花了多少钱，不管买的是货物还是服务。

如果是一个真实的业务，甲方从维护自己的利益出发，必须关注的点，合同上都必须明确。否则，合同及业务的真实性会很难站住脚。最简单的理解就是，任何一个单位购买业务支付一笔款项，这家企业一定会非常关心，这笔钱花得值不值，买的到底是什么东西。如果合同和相关资料没有任何这方面的意思表示，那么，会很让人怀疑这笔业务属于虚构，纯粹是为了套取现金。

（2）不当列支或虚列广告费、业务宣传费的税务风险。

关于企业发生的广告费和业务宣传费的企业所得税税前扣除，《财政部 税务总局关于广告费和业务宣传费支出税前扣除政策的通知》（财税〔2017〕41号）规定，医药制造企业发生的广告费和业务宣传费支出，不超过当年销售（营业）收入30%的部分，准予扣除；超过部分，准予在以后纳税年度结转扣除。

实务中，需要注意广告费和业务宣传费的界定。广告费，就是经由工商部门批准的专门机构制作，并且通过一定的媒体传播而发生的支出。例如，为介绍、宣传本企业的商品、服务，企业通过广告机构，利用图书、报纸、杂志、广播、电视等各种形式进行宣传、推广，然后向广告公司支付费用等。

企业发生的符合条件的业务宣传费，主要是指没有通过媒体的广告性支出，包括：发放印有企业标志的礼品、纪念品；召开新产品上市新闻发布会；印刷并对外发放的各种产品宣传册；以及一些活动的冠名费用；在一些内部刊物上刊登广告；为推广产品召开宣讲会而发放的会议用品；为展览会消耗的宣传资料、参展样品等费用。广告费和业务宣传费支出可能存在的税务风险有：

①虚构业务。因为“两票制”后，医药企业面临“高开”“高返”问题，会有虚列广告费特别是业务宣传费的动机。

②业务宣传或推广活动中，如果涉及向个人赠送现金或现金等价物，如各种预付费卡、储值卡、购物券、餐券等，以及各种实物礼品，需要代扣相应的个人所得税。如果对外赠送的是实物，不管是自产的，还是购进的，企业所得税和增值税都要视同销售，计算申报缴纳企业所得税和增值税。

③向个人赠送的礼品（如实物和储值卡这类现金等价物），如果金额不适当，会被认定为不合理支出，而不允许企业所得税税前扣除。企业所得税法第八条规定：企业实际发生的与取得收入有关的、合理的支出，包括成本、费用、税金、损失和其他支出，准予在计算应纳税所得额时扣除。这条规定中所说的“有关的支出”，是指与取得收入直接相关的支出，如使用生产设备生产产品发生的折旧支出。规定中所说的“合理的支出”，是指符合生产经营常规，应当计入当期损益或者有关资产成本的必要的和正常的支出。“灰色”或“黑色”支出，就属于不合理支出，按规定不能在企业所得税前扣除。

案例：检查人员在对A医药公司进行检查时，报表显示，这家公司以前年度都有盈利。但是，和同行业相比，利润率明显偏低，影响利润的主要是销售费用占比太大。检查人员重点查看了销售费用，从中发现四笔广告费支出，总额是300万元。但是，记账凭证后面只有发票，没有合同协议，也没有留下任何媒体传播或发布的记录。询问财务人员，也不能提供更多能说明业务真实性的资料。检查人员延伸检查到开票方，最终确认A公司入账的发票都是虚开。

类似案例还有：国家税务总局去年查处辽宁抚顺一个虚开案件，顺着查处的线索追踪，发现分散在全国的数家大型医药企业，有的还是上市公司接受虚开，金额巨大！

上述这个案例，A公司出现问题，一方面是虚增费用占比太多，导致利润率偏低，表现出异常；另一方面，在稽查时，虽然发票没有问题，但并没有相关证据证明业务的真实性。所以，纳税人要关注自己的税负是不是在正常范围内，是不是有异常变化。如果有，就应当分析原因，及时补税，解决问题。另外，凡是发生的业务，入账的时候，财务人员要审核业务的痕迹资料，如合同、协议、付款凭证等，能否印证支出的真实性。如果不能，要找出原因，并且解决，这样才能把税务风险提前化解。

（3）不当列支或虚列会议费的税务风险。

对于医药企业来说，大量的业务宣传和推广活动需要通过研讨会的形式去做，所以会议费可能带来的税务风险应当关注。从企业所得税法的相关规定来看，限额扣除项目中并没有会议费，也就是说，会议费的扣除，只要是真实发生的，与取得收入有关的，都是可以全额扣除的。那么，扣除的时候，需要什么凭证呢？

《企业所得税税前扣除办法》（国税发〔2000〕84号）虽然已经废止，但依旧有参照价值，该文件要求会议费在税前扣除时，应当能够提供会议费证明材料，包括会议时间、地点、出席人员、内容、目的、费用标准、支付凭证等。所以，纳税人的会议费扣除时，应按这个标准掌握。列支会议费可能存在的税务风险有：

①虚列会议费。

②把应归集到业务招待费的支出，处理成会议费列支。二者的差别是，一个全额扣除，一个限额扣除。

③办会过程中，在进行产品宣传和推介的时候，可能会向个人赠送礼品，此时需要代扣代缴个人所得税，企业所得税、增值税要视同销售。

案例：税务机关在检查一家大型医药制造企业时，发现这家企业“销售费用”下的二级科目“会议费”列支占“销售费用”70%以上。进一步查看记账凭证、原始凭证，稽查人员发现，这家企业在“会议费”里报销用于接待的餐费，占了这个二级科目金额的80%以上，检查人员简单测算了一下，这家医药企业近3年的餐费竟高达近8亿元！最终通过调查确认，这家医药生产企业把限额扣除的业务招待费混到全额扣除的会议费里，少缴了企业所得税，最终被处理、处罚。

那么，医药企业如何应对会议费可能存在的税务风险呢？

一是对会议费支出，要按照会议证据材料的要求去准备，确保这些材料能支持会议召开的真实性。二是“两票制”以后，医药企业要顺应时代发展，改变过去依靠“高返”促销的方式，当然，这个道路可能会比较漫长。

实务中，还会遇到这样的问题，就是医药企业召开研讨会，会为参会人员报销差旅费、住宿费还有餐费，这类支出，如何进行税务处理？

如果召开的研讨会与企业生产经营有关，那么发生的相关支出允许作为会议费扣除，不涉及个人所得税。但是，如果研讨会期间，招待客户用餐、组织参会人员旅游、向参会人员赠送礼品，那么，这已经不属于会议费的内容，应当计入业务招待费限额扣除。其中，组织参会人员旅游、向他们赠送礼品，还要按其他所得代扣个人所得税。

这类问题，各地税务机关的处理口径可能不太一样。不过，一般掌握的原则有两点：一是与企业正常生产经营无关的支出不得在企业所得税前扣除，支付给个人的，应根据所得项目代扣个人所得税；二是与企业生产经营有关的，可以在企业所得税前扣除，由于是企业生产经营的正常费用，不是支付的个人所得，所以，这部分支出，即使对方是个人也不征收个人所得税。

（4）不当列支或虚列业务招待费的税务风险。

根据企业所得税法的规定，业务招待费限额扣除，按照发生额的60%扣除，但是最高不得超过当年销售（营业）收入的5‰。业务招待费的列支范围一般是宴请开支、赠送纪念品开支、接待时发生的旅游景点参观费、交通费及其他费用开支等。

从企业所得税的角度来说，业务招待费的扣除要把握这么几个原则：一是实际发生，二是限额扣除，三是要取得合法票据，四是要在合理范围内。这个合理，是指用于交际应酬的支出在适度合理的范围内，而不是指金额任意大，涉及灰色或黑色支出。业务招待费常见的税务问题有：

①虚列业务招待费，虚增费用，达到少缴企业所得税的目的。

②业务招待活动中，向客户赠送礼品没有代扣个人所得税，企业所得税、增值税未视同销售。

③被认定为不合理支出而不允许税前扣除。前段时间查一家企业，这家企业花了39 800元"请"了一尊弥勒佛，记入业务招待费，说是送客户了。那么，这笔支出是不是可以在企业所得税前扣除呢？笔者认为是不可以的，因为这笔支出，既不合理，也不相关。

案例：有一家医药企业汇算清缴结束后，评估部门对申报表进行审核的时候发现，申报扣除的管理费用为1亿元。其中"期间费用明细表"显示，管理费用中的"其他"项目金额就高达8 000万元。通过评估人员实地核查后确认，这家医药公司财务人员把几千万元的礼品招待支出放进了"管理费用——其他"科目里，目的是规避业务招待费纳税调增应纳税所得额。实地核查还发现，这家企业的业务招待费还大量列支替客户报销的个人费用，属于与取得收入无关的支出，应当纳税调增，另外，还有赠送礼品没有代扣个税的问题。最终的结果，当然是补税、加收滞纳金。

这个案例给医药企业的启发是：首先，日常业务中，要注意业务招待费的归集审核，要对业务性质进行正确判定，避免应当归属于业务招待费的支出，计入其他项目。另外，万一归集时有遗漏的，年度所得税汇算清缴时，要做纳税调整。其次，发生针对个人的赠送事项，无论是服务还是货物，如果个人份额可区分，要注意履行个人所得税的扣缴义务。

（5）不当列支佣金、手续费的税务风险。

关于佣金、手续费的扣除，针对保险企业之外的其他企业，《财政部 国家税务总局关于企业手续费及佣金支出税前扣除政策的通知》（财税〔2009〕29号）主要明确两点：一是支付对象必须是具有合法经营资格中介机构或个人；二是限定扣除的额度是协议或合同确认的收入的5%。该文件对佣金手续费的扣除，设定了"具有合法经营资格中介机构或个人"这么一个条件。如果对方不具备资质，则不能扣除，哪怕限额也不行。某地税务稽查进行纳税检查时，发现一家公司向另一家公司支付了佣金，对方没有合法资质，最终，做出了支付的佣金不允许税前扣除的处理。医药企业支付的佣金或手续费存在的风险有：

①虚假列支，真实性存在问题。

②不具有合理性，被判定为灰色或者黑色支出，那么，企业所得税不允许扣除。

③支付个人佣金未代扣代缴个人所得税。

实务中还会遇到这种情况：医药生产企业在向 CSO 公司支付业务推广费的时候，约定支付的金额按销售药品数量、金额进行计算。这种情况下，税务机关有可能把它判定为佣金支出，即使业务真实，也只能限额扣除。

案例：检查人员在对一家医药公司检查时，发现这个公司主营业务收入中有一笔红字冲减记录，金额是 50 万元。但是，这个会计处理，并没有冲减相应的销项税额，这与一般的销售退回、销售折让不一样，比较可疑。然后检查人员询问这个单位的财务人员，他的解释是：这是支付境外的佣金，所以，就冲减了来自境外的收入。然后，检查人员查看支付的相关资料，从财务提供的付汇申请书发现，支付的境外账号为 OSA1100××××，检查人员不太明白这个账号有什么含义。后来，上网上一查，这是离岸账户，也就是境内单位和个人，在境内银行开立的境外账户。检查人员就感到很奇怪，于是向离岸账号的开立方——一家境内的银行发出协查请求，查询这个离岸账号的相关信息，以及资金往来信息。另外，通过银行查询这家公司法定代表个人账户的资金往来明细。最终通过检查确认：收取佣金的离岸账号是被查单位法人代表在境外设立的关联企业的账户，对外支付的佣金已经分两笔又转回到法人代表境内的个人账户。这就是典型的虚列佣金和手续费，已经构成偷税。

（6）不当列支或虚列燃油费、交通费、差旅费支出的税务风险。

可以明确的是，只要真实发生的，与企业生产经营有关的燃油费、交通费、差旅费等，取得合法票据，就可以在企业所得税前全额扣除。但是，实务中，医药企业这些费用的列支会存在很多问题。这些问题，形式上的表现，一是票据是真实的，但票据间的勾稽关系不能成立，明显指向是虚列。比如，明明报销的是上海往返北京的高铁票，时间也吻合，但后面却附了一张长沙的住宿发票。再如，将各种类型的出租车票、过路过桥费发票、住宿发票、机票、火车票凑在一起入账报销，这些票据不能支持任何一个出差业务等。

有的企业有这样的误区：只要发票是真的，税前扣除就没有问题。当有一些支出没有办法取得发票时，就找来各种差旅费、交通费发票入账套取现金用于支出。由于票据是找来的，与业务实质不相符，肯定不能在企业所得税税前扣除。

除了票据间的逻辑关系不能证明业务真实性之外，还存在的一个问题就是这类支出金额太大或占比太高，明显与单位的经营情况不符。有这样一个案例，检查人员在对某公司进行检查时，发现该公司管理费用中列支有大量的燃油费，一年将近 100 万元。查看该公司的固定资产账，发现他们共有五辆小汽车，平均计算下来，每辆车每天要消耗 22 公升汽油，行驶近 250 公里，这非常不符合常理，其中大部分燃油费都是虚列的。那么，对医药企业来说，列支燃油费、交通费、差旅费，应当怎样规范处理比较好呢？

首先，交通费、差旅费支出，要完善报销流程。报销的时候，要有完整的审批材料和原始凭证来说明出差人员姓名、地点、时间、任务等。而且，上述信息的时间、空间逻辑关系要成立，不能自相矛盾。这不仅是内控的需要，也是说服税务人员相信业务真实性的一个必备的措施。

其次，燃油费支出，也需要有相应的原始凭证证明其支出的合理性。比如，刚才的例子，可能医药企业只有五辆小汽车，但是一年就是支出了近百万元的燃油费，看上去好像很不合理。不过，可能的一种情况是，企业销售人员跑市场时，用的是私家车，然后为他们报销燃油费。这从一定程度上解释得过去，但是需要相应的资料和手续来证明。如何证明呢？公司可以与员工签订租赁合同，约定使用个人汽车所发生的费用由公司承担。要建立一套燃油费支出审批报销的流程，单位要根据经过批准用于公务的行使里程对应的油耗定期结算报销。比如，单位与销售员签证了私车公用协议，那么，当销售员外出拜访客户时，行驶里程和行驶路线事先要经过审批。月底结算时，销售员拜访客户使用自己的车共行驶200公里，根据车型测算，应当耗油20公升，假定结算时95号汽油价格是7.5元/公升，那么应当为其报销油费150元。这150元，是单位发生的费用，可以在企业所得税税前扣除，同时不属于个人所得，也无须代扣个人所得税。需要说明的是，车辆保险费、维修费、车辆购置税这一类属于车主个人应承担的费用，不仅不允许在企业所得税前扣除，还会被要求代扣相应的个人所得税。

二、医药企业如何采取有效措施避免问题、减少风险？

（1）日常财务、税务处理的时候，要注意进行合规性审核。

①业务是不是真实。这个重点要从资料的完备性上进行审核。比如，上面提到的会议费列支、差旅费列支、咨询费列支所必备的资料，财务人员要审查，如果没有，相关人员要提供。

②票据是否合法。这也是基础工作，因为票据不合法，会一票否决，不允许扣除，所以，要通过审核，确保票据的合法性不出问题。

③是否符合权责发生制。对一些受益期是好几年的费用支出，即使一次性支付，也要考虑当期可以扣除的金额，而不要一次性扣除，这个要看合同对服务期限的约定。比如，咨询费、广告费，一次性签订了三年的合同，一次性付款，扣除的时候，应当分期。

④是否超限额。这主要是指企业所得税限额扣除的项目，如业务招待费、广告费等。日常报销入账的时候，要注意按用途归集；汇算清缴时，超过限额部分要按规定进行调整。

⑤是否超范围。对于企业所得税来说，限额扣除项目和全额扣除项目都有各自规定的范围，限额扣除的，不能混入到全额扣除范围内。比如，原本是业务招待费，却记入了会议费，而会议费是可以全额扣除的，这样做，少缴了企业所得税。

⑥是否与取得收入有关？如果报销入账的，与取得收入无关，财务人员应当考虑到不能扣除的风险，如果不能扣除，那就相应地做纳税调整。

（2）规范账务处理。

①依会计准则来进行账务处理，依据税法进行税务处理。税务处理和会计处理有时是一致的，有时有差异，有的财务人员有这种倾向，就是会计处理向税务处理趋同，这是不对的。会计处理和税务处理，应当依照各自的规定进行，财务人员要学会切换，否则，容易出错，带来风险。

②要关注一定期间的财务指标和各项税负指标是否正常。这些指标能在一定程度上反映企业的经营及纳税申报情况。如果报表反映和计算的指标明显异常，说明可能存在纳税申报问题，应及时查找、纠正。

③重大经营行为会计、税务处理要正确。“两票制”后，有的医药企业为了应对经营环境的变化，会重新调整企业架构，而这种调整，如果处理不好，就会有很大的税务问题。比如，某医药企业，“两票制”前，已经与一家代理企业进行深度合作，代理企业已经投入大量资金进行渠道建设，但“两票制”一实行，这种合作方式已经不可行。于是，双方协商，医药企业向这家代理企业支付5 000万元作为“分手费”，那么，这5 000万元“分手费”会带来一系列的税务问题，如果不能正确处理，风险会非常大。

后　记

笔者所稽查过的案件中，被处以罚款和加收滞纳金最多的合计达数千万元，而被查单位查账年度的会计利润也不过数百万元。类似的因税收违法行为受到处罚的例子还有很多。伴随着中国法制化的进程，纳税人因出现税收违法行为遭受经济损失的可能性在加大。同时，伴随着黑名单等信誉惩戒制度的引入，违法纳税人还将会越来越多地遭受信誉上的损失。所以，企业在其整个生命周期可能遭遇的税务风险不亚于经营风险，而很多企业可能并不在意。

东北财经大学（位于大连）门前的公交站点，每天晚高峰时，都会有一大群“90后”“00后”学生很规矩地在排队乘坐公交车，这一场景在很多城市都能见到。这一现象表明了这样一个事实：规则意识已经开始深入到年轻一代心中，他们有如此的表现意味着中国的未来充满希望。

规则意识要学日本，创新思维要学美国，工匠精神要学瑞士，爱国情怀要学韩国，公民道德要学新加坡，战斗精神和民族血性要学俄罗斯，包容不同种族、不同文化、不同宗教要学华夏！当所有这些都成为公民发自内心的自觉行动时，中国必将成为世界的楷模、理想的国度。

母亲一生经历战乱、饥饿、动乱、疾病的痛苦，她一字不识，直到临终前才学会摹写“济南”两个字。她知道，她的儿子在济南工作。如今，我写下的每段文字，其实都是在替母亲完成一生未了的心愿——谨以此书献给我九泉之下的母亲……

本书内容均为个人见解，不当之处恳请业内人士批评指正！

2020年1月29日
于澳大利亚悉尼

后记